浄土教の展開

石田瑞麿

本書は、一九六七年一一月二〇日、「現代人の仏教・仏典」として春秋社より刊行された。その第二刷（一九七三年六月刊）を底本とした。

はしがき

日本浄土教の展開を扱った著述は少なくない。とくにここ十年ばかりの間に、注目されるものがいくつか発表された。しかしそれらのほとんどは、成立史に関して細かい考証に走るか、教理史に片寄るか、どちらかであって、それらを含めて一つに扱ったものは少ないようであるし、また個人的な研究欲を満足させるに急で、浄土教の展開を包括的全般的に捉えたものは存外、見あたらない。これでは、日本浄土教の研究としては、じゅうぶんではない。そこにある溝を埋めて、研究を少しでも前進させるための努力が必要である。

もちろん、本書がそうした前進をもたらすなどとは考えられない。その要請を満たすものとしては、余りに欠けるところが多く、それもいまは止むをえないが、しかし現段階としてはできるだけ、その方向を取るよう努めてみたつもりである。本書の体裁としては、これ以上を期待できない。

ただ、わたくしが今後も注目して行きたいと思い、また本書でも少しく扱った念仏と本覚思想との関係は、いままでの日本浄土教研究では未開拓の分野である。この視点は本書では一つの意味をもつものになるだろうと考えている。今後、この方面に着目して、ここから念仏思想の展開を掘り起こす研究がなされることを期待したいし、またみずからもつねに心掛けて行きたいと思っている。鎌倉浄土教はこの方面の研究を土台として、はじめて大きく展開できるのであって、従来の視角に止まるかぎりは、新しいものは望めないだろうと思われる。

最後に一言、付記したい。本書は春秋社神田竜一氏のお勧めによって、「現代人の仏教・仏典」という叢書の一巻に加えられることになった。お勧めがなかったら、本書のような形のものができあがらなかったかも知れない。厚く謝意を表したい。また校正、索引等については、春秋社編集部の方々のお世話をいただいた。併せて謝意を表したい。

昭和四十二年九月二十四日

石田瑞麿

目次

浄土教の展開

第一章　序　説

浄土教の発祥

浄土の思想は大乗仏教で生まれた。それは仏の国をさしたものである。したがって大乗経典がさまざまな仏を想定したように、浄土もそれらの仏の国としてさまざまであった。しかし歴史的にはその成長過程があって、現在の大乗経典に特定の仏の、特定の浄土が成立するためには、それに先行する時間の経過があったものと見なくてはならない。そのような成立までの準備期を経て、今日みられるような大乗経典のなかにさまざまな仏とその浄土が固定するようになったのであろう。

しかしいずれにしても、さまざまな仏の存在は仏教の開祖、釈尊（ゴータマ・ブッダ）の投影にほかならない。さとりを開いた覚者としての釈尊の、そのさとりの実証が、釈尊以前の過去七仏に求められたように、さまざまな仏の存在は釈尊を通して生まれた。ここでは大乗仏教の成立について触れるいとまはないから、細説はできないが、いってみれば、遠く世を去った釈尊を仰ぎ見て、追慕と鑽仰《さんごう》と崇敬とが釈尊の再現を大乗の仏たちの形に託したものである。だから、仏たちはそのまま釈尊と一つであり、釈尊を永遠化し、絶対化したものということができる。ただ大乗経典は、その理念において、釈尊のさとりをその完全性において示そうとするから、釈尊がほぼ経典の主体であり、したがって釈尊と仏たちはまったく同時的に捉えられている。かの『維摩経《ゆいまぎょう》』の「仏国品」に説かれている仏の不思議はそれを語ってもいようか。釈尊が供養された五百の日傘を一つの日傘に変え、そのなかに三千大千世界（あるかぎりの一切の世界）を覆いつくして、十方の仏やその国を現わしだした、という、この不思議は釈尊の絶対化にほかならない。そしてこうした釈尊の口を通して現にいる他の仏たちの姿やその国が語られるから、それはまさに釈尊の自己投影として捉えられたものと見られる。『維摩経』ではその一つが香積仏《こうしゃくぶつ》として示され、また阿弥陀仏《あみだぶつ》や阿閦《あしゅく》仏、あるいは宝徳・宝炎・宝月・宝厳・難勝・師子響・一切利成などの仏の名で示されている（香積仏品、観衆生品）。

したがって釈尊がどのように具象化されるかによって、大乗の仏たちはさまざまに表現され、そこにおのずから差異が生じたものであって、その仏の国としての浄土もさまざまであり、阿弥陀仏の西方極楽浄土、阿閦仏の東方妙喜浄土、薬師《やくし》仏の東方浄瑠璃《じょうるり》世界などはその主なものである。釈尊についても、『法華経』を説いた場所である霊鷲山《りょうじゅせん》はそのまま浄土にちがいないから、これを霊山浄土と称するが、さらに西方無勝世界が考えられている。

　しかし浄土は仏とともにさまざまに説かれたけれども、シナの天台宗の六祖湛然がいったように、さまざまな経典が多く讃えているところは阿弥陀仏にあったし（止観輔行伝弘決・二ノ二）、日本の今様にも「浄土は数多《あまた》あんなれど、弥陀の浄土ぞ勝《すぐ》れたる」とうたわれたように、極楽浄土は浄土の代表のように捉えられるようになってきたから、浄土といえば極楽を連想するようになり、ひとり浄土の名をほしいままにするようになっている。(1)したがってここでも浄土教とは当然、阿弥陀仏の浄土を土台として、その上に展開した思想、教理一般を捉えていっているのである。

浄土経典

　このように阿弥陀仏を讃えた経典は数多くつくられた（たとえば『法華経』「薬王菩薩本事品」はその一例）が、とくに阿弥陀仏を経典の主題として扱ったものがあって、その主なものは『般舟三昧経《はんじゆざんまいぎよう》』や後に「浄土三部経」と総称されるようになった『無量寿経』・『観無量寿経』（『観経』と略称する）・『阿弥陀経』などである。

　ただこれらの成立年代には先後関係があって、これらのうちでは『般舟三昧経』が比較的に早く、『無量寿経』の原初形態と相前後して紀元前後から紀元後一世紀にかけて成立した、と見られている。この経典は浄土経典の先駆として重要な意味をもっているが、ここにいう「般舟」はサンスクリット語ではプラティウトゥパンナ（Pratyutpanna）で、その意は「対して近く立つ」ということであって、漢訳では「仏立《ぶつりゅう》」などと訳する。三巻本（漢訳にはこのほか一巻本のものと、『大集経《だいじっきょう》賢護分』とがある）『般舟三昧経』の「行品《ぎょうぼん》」によると、これについて、この三昧（三昧とは、心をある対象に集中して、乱れない心の平静を保った状態である）を得るとき、現在の諸仏が悉く前にあらわれて立つから、これを「現在諸仏悉在前立三昧」というといい、それは阿弥陀仏を心に念ずることによるものだとし、さらにまた、ここにいるままで阿弥陀仏を見るとも説くのである。この三昧は後にシナ天台宗の開祖、智顗《ちぎ》の『摩訶止観《まかしかん》』に、四種の三昧をあげたなかの一つとして取り入れられ、常行《じょうぎょう》三昧とよばれたもので、日本では念仏三昧法としてはもっとも重要な意義を担ったものである。

　ところで、「浄土三部経[2]」のうち、古く成立したものは『無量寿経』と『阿弥陀経』である。このうち、『無量寿経』は、現存の漢訳（五存七欠と称し、全部で十二回訳出されたとされる。現存のものは五本で、支婁迦讖訳『平等覚経』〈漢訳〉、支謙訳『大阿弥陀経』〈呉訳〉、康僧鎧訳『無量寿経』〈魏訳〉、菩提流支訳『大宝積経』「無量寿如来会」〈唐訳〉、法賢訳『大乗無量寿荘厳経』〈宋訳〉の五であるが、今日用いられているものは〈魏訳〉である。しかし〈魏訳〉までの初め三本はともに訳者及び訳出年代に異論が多く、決定を見ていない）から見て、初期の形態から後期のものへと発展したことが推定され、原形は世紀前に成立していたと見られる。しかし異論がないわけではない。ただ阿弥陀仏の誓いを二十四願とする「初期無量寿経」（漢訳と呉訳がこれに属する）はインド大乗仏教の最初の組織者である竜樹《りゅうじゅ》（ナーガールジュナ Nāgārjuna ほぼ一五〇—二五〇）のころには流行していた、と見られているし、「後期無量寿経」（魏訳と唐訳がこれに属する）は少しく下って、インド浄土教の最初の組織者である世親《せしん》（ヴァスバンドゥ Vasubandhu ほぼ三二〇—四〇〇）のころには既に流行していたと見られている(3)。

この『無量寿経』の原形ができあがった後に、一世紀には成立したと見られているのが『阿弥陀経』である。シナには鳩摩羅什《くまらじゅう》（クマーラジーヴァ Kumārajīva 三四四—四一三あるいは四〇九）によって四〇二年ごろに翻訳された。この訳は訳文が流麗であるため、この後に訳出されたもの（求那跋陀羅訳『仏説小無量寿経』が四五五年ごろに訳出されたが、これは現存しない。その後、玄奘によって『称讃浄土仏摂受経』の名で、六五〇年に詳細な翻訳がなされたが、これは余り用いられていない）を遥かに凌駕《りょうが》し、日本でも広く用いられた。

三経のうちでもっとも遅れて成立したのが『観経』である。他の二経にはサンスクリット語原典が現存しているけれども、この経にはそれがないので、一部にシナ撰述が説かれているが、また他方、西域《さいいき》成立説もある。いずれにしても、シナには西域地方で盛んに行なわれた他の禅観《ぜんかん》系統の経典とともに訳出された（畺良耶舎《きょうりょうやしゃ》が元嘉年中、四二四—四五三に訳出）。したがって禅観の盛行と相俟って、この経も広く用いられ、シナ浄土教はこの経をめぐって一つの頂点をつくったともいえる。

「浄土三部経」の内容

さて上記「三部経」の内容について簡単に触れておく必要がある。

まず『無量寿経』についていうと、この経でもっとも注目されることは、阿弥陀仏が法蔵菩薩であったときに四十八の願を立てたこと、その願に従って修行を行ない、それがついに完成を見て、ここにいま阿弥陀仏として西方極楽浄土を建立している、ということとであろう。

このうち、願については、後世に及ぼしたものという観点からするときは、主なものはおのずから制限され、仏自身の身については、その光明（智慧）の無量を誓った第十二願、寿命の無量を誓った第十三願が注目され、浄土については、その国に地獄・餓鬼・畜生の三悪道《さんまくどう》（悪業のむくいとして存在する三つの境界《きょうがい》）がないことを誓った第一願、あるいはその国土の清浄やさまざまな宝玉・妙香などで飾られていることを誓った第三十一・第三十二などの願が見られるが、とくに留意されるのは第十七から第二十までの四願であろう。なぜなら、この四願が阿弥陀仏の救いにかかわるものだからである。

すなわち、第十七願は、法蔵が仏となったことを諸仏の讃歎という形で実証することを誓ったものであり、実証はさとりの真実の証明であるから、仏としての救済の実現に直結することになる。そしてその実証としての讃歎が「わが名を称する」という形で示されていることは留意される。しかし次の三願は直接、世のひとの救いにかかわるため、より重視されてきたと考えられる。いまこれを列記すると、そこにはこう誓われている。

たとい、われ仏となるを得んに、十方の衆生《しゅじょう》（世に生を受けたひとたち）、至心に信楽《しんぎょう》してわが国に生まれんと欲し（漢訳の原文では、至心信楽欲生我国）、乃至《ないし》十念せん。もし生まれずば、正覚《しょうがく》を取らじ。ただ五逆《ごぎゃく》（父を殺す、母を殺す、聖者の位に達した阿《あ》羅漢《らかん》を殺す、仏の身体を傷つけて血を出させる、教団の一致和合を破壊して分裂させる、の五）と正法《しょうぼう》を誹謗《ひほう》するものとを除かん（漢訳では、唯除五逆誹謗正法）。（第十八願）

たとい、われ仏となるを得んに、十方の衆生、菩提心《ぼだいしん》（さとりを求める心）を発《おこ》し、もろもろの功徳を修め（漢訳では、発菩提心修諸功徳）、至心に願を発してわが国に生まれんと欲せば、寿《いのち》の終わらんとする時に臨んで、もし大衆に囲繞《いにょう》（周りをかこまれ

ること）せられてその人の前に現われずば、正覚を取らじ。（第十九願）
たとい、われ仏となるを得んに、十方の衆生、わが名号を聞き、念《おも》いをわが国に係《か》け、もろもろの徳本（善根・功徳）を植えて（漢訳では植諸徳本）至心に廻向《えこう》（廻らし、さし向けること）し、わが国に生まれんと欲せんに、果遂《かすい》せずば、正覚を取らじ。（第二十願）

この三願によって、ひとはどのような方法や手段を講じて、どのようにして浄土に生まれるか、が示されたわけであるが、浄土に生まれた後の在り方については、第十一願と第三十五願がとくに重視されている。前者では、正定聚《しょうじょうじゅ》（仏になることが正《まさ》しく定まった位）に住して、ついには必ず仏のさとりをうることが示され、後者では、女の身体を嫌悪するものは男となって生まれることが示されている。

これらは願について特色のあるものを拾ったにすぎない。そのほかにも注目されるものがないわけではなく、たとえば第二十二願では、この浄土に生まれた菩薩は必ずついには、仏のあとを継いでさとりを開く一生補処《いっしょうふしょ》の菩薩（次に生まれてくるときは仏と生まれることが約束された菩薩）となることが誓われていて、重要な意味を持っているのである。

さて次に、この誓いが長い間にわたったさまざまな修行によって完成・成就したと示されている。おのずからここでは仏と浄土の様相が語られてくるが、しかし、ここでとくに注目されているのは、浄土に往生するための因であって、第十七・十八の二願に示された誓いの内容が今度は事実に置き換えられて示されたことである。つまり、諸仏は阿弥陀仏の「威神功徳の不可思議を讃歎」し、衆生は讃歎された仏の「その名号を聞いて、信心歓喜し、乃至一念」するとき、往生して、不退転に住する、というのである。これは直接には第十七・十八の二願の成就を説いているものとして、とくに「願成就文」といわれているが、ここで示されたものが、いわゆる念仏による往生であることはすでに明らかである。そしてこの後、浄土に生まれるひとを三つの部類に分けて、上・中・下に配し、それぞれの浄土に生まれるための修行内容を示している部分が続いている。これは「三輩段」と呼ばれていて、そこには念仏以外にもさまざまな往生の行があることを示し、第十九願に誓われたような、臨終来迎《らいこう》（臨終に仏が迎えにくること）が語られている。

次に『阿弥陀経』についていうと、この経の中心は三つで、一つは浄土のすがたとその国のひとたちが叙述されていること、次は念仏による浄土の往生、そして第三は諸仏による阿弥陀仏の不思議な功徳の讃歎である。しかしこれらはほぼ『無量寿経』に説くところと合致するもので、第一は、さきの第三十一・三十二の願や第二十二願などその他と相応し、第二は第十八・十九・二十の三願に一致する。それはたとえば、「衆生にして聞かん（阿弥陀仏とその浄土および浄土にいるひとたちのことを聞くこと）者は、まさに願を発してかの国に生まれんと願うべし、……少なる善根・福徳の因縁を以てかの国に生ずることを得べからず（漢訳では「不可以少善根福徳因縁得生彼国」）」ということや、「若し善男子《ぜんなんし》・善女人《にょにん》有りて、阿弥陀仏を説くを聞き、名号《みょうごう》（阿弥陀仏という名）を執持《しゅうじ》すること、もしは一日……もしは七日、一心不乱ならば、その人命《いのち》終わる時に臨んで、阿弥陀仏は諸《もろもろ》の聖衆《しょうじゅ》とともに、その前に現在したまい、この人終わる時、心顚倒《てんどう》せずして、即ち阿弥陀仏の極楽国土に往生することを得ん（漢訳では「一心不乱、其人臨命終時、阿弥陀仏、与諸聖衆、現在其前、是人終時、心不顚倒、即得往生阿弥陀仏極楽国土」）」などといった表現となって現われている。また第三の東西南北上下六方の諸仏の讃歎（この箇所を「六方段」という）は第十七願に相応している。したがってこのように見てくるときは、これら二経がきわめて密接な関係のもとにあることはおのずから明らかである、といえよう。

さて最後に『観経』であるが、ここではその名のとおり、阿弥陀仏の観想を中心に構成された十六の観想がこの経の主眼点である。いまこの十六を整理すると[4]、第一の、西に没しようとする太陽を心に懸けて、専心に観想する、いわゆる日想観から、第六の、極楽の宝で飾られた楼閣を観想する、いわゆる宝楼観まで（この間の観想は、水想・地想・樹想・池想などの観想である）が阿弥陀仏の観想に至るまでの導入部で、次の第七の仏の坐っている蓮華の座を観想するものから、第二類の観想になる[5]。ここではこの華座の観想から、第八の、仏のすがたを観想する、いわゆる像観、第九の、仏の「身相と光明」とを観想する、いわゆる真身観と移り、第十の観音の観想、第十一の勢至の観想と続くが、これらの観想を締め括《くく》る意味で、みずから浄土にある想いを抱き、浄土のすがたを総括して観想する第十二の、いわゆる普観と、阿弥陀仏の「変現自在」なすがたや観音・勢至などのすがたを総括して観想する、第十三の、いわゆる雑想観とが、これらに付加されている。したがって後の二つを別のものとして第三類と分けて考えることもできる。

以上のうちで、とくに中心をなしているものはもちろん、第八と第九である。念仏がこの二つにおさまっているからであるが、ここで経が説くところを少しく跡づけてみると、第八像観ではこう述べられている。

次に当《まさ》に仏を想うべし、所以《ゆえん》はいかん。諸仏・如来（仏・如来は同じものをさす）はこれ法界身《ほっかいしん》にして、一切衆生の心想の中に入りたまえばなり（漢訳では「諸仏如来、是法界身、入一切衆生心想中」）。この故に汝等、心に仏を想う時は、この心は即ち三十二相・八十随形好《ずいぎょうこう》なれば、この心、仏となり、この心これ仏なり（漢訳では「是心作仏、是心是仏」）。諸仏正偏知海《しょうへんちかい》（正偏知は正しく完全に真実をさとったひとの意で、仏の異名。ここは諸仏といったから、これを海にたとえたもの）は心想より生ず。この故に応当《まさ》に一心に念《おも》いを懸けて、諦《あきら》かにかの仏・多陀阿伽度《ただあかど》（如来のこと）・阿羅訶《あらか》（阿羅漢のことで、ここでは仏の異名の一つ）・三藐三仏陀《さんみゃくさんぶつだ》（さきの正偏知と同じ。したがってここでいうことはいずれも仏に収めてよい）を観ずべし。かの仏を想わん者は、まず当に像を想うべし。

こう述べたあと、仏のすがたの観想から転じて、浄土のすがたなどを観想するように教えている。ただ説明にはいささか雑然とした感がある。次の第九では仏の「身相と光明」の観想が細かに説かれている。ここで注目される表現を少しく拾ってみると、

> 無量寿仏の身は百千万億の夜摩天《やまてん》の閻浮檀金《えんぶだんごん》の色の如し。……眉間《みけん》の白毫《びゃくごう》は右に旋《めぐ》りて婉転《えんてん》せること、五つの須弥山《しゅみせん》の如し。仏眼は四大海の水の如く青白《しょうびゃく》にして分明《ぶんみょう》なり。……かの仏の円光は百億の三千大千世界の如し。……無量寿仏に八万四千の相《そう》有り。一一の相におのおの八万四千の随形好有り。一一の好《こう》にまた八万四千の光明有り。一一の光明、偏《あまね》く十方世界を照らし、念仏の衆生を摂取《せっしゅ》して捨てたまわず（漢訳では「一一光明、偏照十方世界、念仏衆生、摂取不捨」）。……ただ当《まさ》に憶想して、心眼《しんげん》をして見せしむべし。この事を見る者は、即ち十方の一切の諸仏を見る。諸仏を見るを以ての故に、念仏三昧と名づく。この観を作すを、一切の仏身を観ず、と名づく。仏身を観ずるを以ての故に、また仏心を見る。仏心とは大慈悲これなり。無縁の慈を以て諸の衆生を摂す。……

などと記されている。

ところで、以上で観想が終わったわけではない。このあとにもう三つ観想があって、これは、先の『無量寿経』が浄土に生まれるひとを部類分けして上・中・下の「三輩」としたものと同じ分類法をとった、上・中・下の「三品」を観想するものである。しかし三品にさらに三つの差を設けるから、全体では九品になる。これら九品は浄土に生まれるひとの能力や素質によって差をつけたものであって、上品は大乗のひと、中品は小乗のひと、下品は悪人とおさえることができる。いまこのうち注目されるものを幾つかあげてみると、まず三つのうちで最高の「上品上生《じょうぼんじょうしょう》」のひとについて観想することを述べたところでは、そのひとが次のようにして往生すると記している。

若し衆生有りて、彼の国に生まれんと願う者は、三種の心を発《おこ》して即便《すなわ》ち往生せん。何等をか三と為す。一には至誠心《しじょうしん》、二には深《じん》心、三には廻《え》向発願《こうほつがん》心なり。三心《さんじん》を具するものは必ずかの国に生まる。また三種の衆生有りて、当《まさ》に往生を得べし。何等をか三と為す。一には慈心にして殺さず、諸の戒行《かいぎょう》を具《そな》う、二には大乗の方等《ほうどう》経典を読誦す、三には六念を修行し、廻向発願してかの国に生まれんと願う。この功徳を具すること、一日ないし七日ならんに、即ち往生を得。

したがってここでは、上品上生のひとは三心をおこして浄土に生まれることを願い、また慈心などをおこして修行にはげむとき、往生が可能になるわけで、さらに経が説くところでは、往生のときには、阿弥陀仏が観音・勢至などとともに現われ、金剛の台《うてな》に乗って、瞬時にしてかの国に往き、無生法忍《むしょうぼうにん》（真実をさとった心の安らぎ）をえて、やがて仏になるという予言を受けることになる。

さて、いまこれらの九品のいちいちについて語ることは煩雑だから、後世の浄土教が注目した下品に視点を当てると、この下品の三生では、まず上生は、大乗を誹謗することはないが、「悪業を作る」「愚人」とおさえられ、中生は「五戒（殺すこと、盗むこと、よこしまな淫にふけること、酒をのむこと、嘘をいうこと、の五つの戒め）・八戒（八斎戒ともいう。とくに淫について、夫婦間の性交を禁ずるほかは上の五戒と同じで、それに、高い座具に坐ったり、立派な寝具でねないこと、香油や装身具を身につけたり、歌舞音楽を見聞きしないこと、正午をすぎて食事しないこと、の三を加える。在家が一日だけ守る戒）及び具足戒《ぐそくかい》（正式の僧尼が守る完全な戒）を毀犯する」「愚人」、そして下生は「不善業たる五逆、十悪（殺すこと、盗むこと、姦淫すること、嘘をつくこと、二枚舌をつかうこと、悪口や、無駄口をたたくこと、むさぼること、怒ること、よこしまな考えを抱くこと、の十）を作り、諸の不善を具す」「愚人」とされている。いずれも念仏によってその罪を滅して浄土に生まれるが、浄土に迎えられるときの迎えられ方や、蓮華のなかに生まれてからそれが開くまでの時間などに差があって、下生に至っては「十二大劫《こう》」という量りようもない長い時間の経過を必要とする、という。また下生の念仏については、臨終において「至心に、声をして絶えざらしめて、十念を具足して南無阿弥陀仏と称《とな》」えることが示されている。

とにかく下品についてこのような往生のすがたを観想するのが「下輩生想」とよばれる「第十六観」である。したがってこれら第十四以下の観想は先の十三とは少しく趣きを異にしていることがわかる。ここにこれら三観を、観想の内容を示したものと捉えないで、直接、浄土に生まれるひとの九つの能力や素質の差、ないしは浄土での差と見て、これらを先の十三の観想ができない散心のひとの往生の仕方とみる見方も、生まれる可能性があるのである。[6] しかし経の当相としてはどこまでも三品についての観想が示されている、と見られる。それが穏当であろう。

竜樹・世親の浄土思想

さて以上で「三部経」の概略を終えたことにして、次に後世の浄土教思想に大きな影響を与えた二人の人物の浄土思想について触れることにしたい。二人とはさきにその名をあげた竜樹《りゆうじゆ》と世親《せしん》で、その著述としてここで注目されるのは『十住毘婆沙《じゆうじゆうびばしや》論』[7]「易行品《いぎようぼん》」と『無量寿経優婆《うば》提舎願生偈《だいしやがんしようげ》』(『浄土論』または『往生論』という通称が一般化している)である。
まず「易行品」で注目されることは、仏の教えによる悟りの道を難易の二つに分け、その違いはちょうど「陸道の歩行は則ち苦しく、水道の乗船は則ち楽し」といったものだとして、後者を「信方便の易行を以て疾《と》く阿惟越致地《あゆいおっちじ》（不退転地のこと）に至る者」とおさえ、「若し人疾く不退転地に至らんと欲する者は、応《まさ》に恭敬心を以て執持《しゅうじ》して名号（仏のみ名）を称すべし」と詠《うた》いあげたことである。そしてこのような仏の名号を称えることによって不退転に至る道としては、諸仏がその仏の名を称え、その本願を憶念している阿弥陀仏こそ、それにふさわしいものとしたことが注目される。かれはここで、『無量寿経』が説いた願や仏及び浄土のすがたをたよりとして、四句三十二首の長い讃歌をつくって、帰依のまことを捧げている。[8] しかしそのような讃歌の、依って来るところは、かれが仏の誓いとして見出した「若し人、われを念じ、名を称して自《みず》から帰すれば、即ち必定《ひつじょう》に入りて、阿耨多羅三藐三菩提《あのくたらさんみゃくさんぼだい》（anuttara-samyak-saṃbodhi の音写。無上正偏知と訳する。最高至上のさとりのこと）を得ん」という言葉と、それによって「この故に常に応《まさ》に憶念すべし」と銘記したものとによることを注意しなくてはならない。かれはここに仏の誓いの中心を第十八願の至心の念仏と、第十一願の正定聚に求めたのである。そしてこれがかれの易行の中心理念と合致していることは、すでに明らかといってよいだろう。「信方便の易行」

としての念仏、すなわち称名と憶念は、ここにかれによって確立したのである。またとくに「信」については「若し人、善根を植えて、疑えば則ち華《はな》開かず。信心清浄なる者は、華開けて則ち仏を見る」として、疑心の往生を許す一方、信の往生者が往生後まもなく仏にまみえることを通して、第十八願の「至心信楽」の念仏に着目している。

「易行品」によって知ることができるかれの念仏思想はこの程度のものである。そこでは後世に注目される願の中心が早くも的確に捉えられているが、やはりもっとも重要な視点は、難行・易行という類別であって、これが浄土教を仏教のなかに位置づける大きな役割を果たすことになる。

次に『浄土論』である。この書はさきの正確な呼び名が示すように、『無量寿経』を依りどころとしたもので、内容は、浄土に生まれることを願った讃歌（「願生偈」という）とその歌の説明の部分とからなっている。

まず讃歌であるが、これは「世尊、われ一心に、尽十方無《じんじっぽうむ》碍《げ》光《こう》如来に帰命し、安楽国に生ぜんと願う（漢訳では「世尊我一心、帰命尽十方無碍光如来、願生安楽国」）」という、釈尊への呼びかけと、阿弥陀仏への信仰の表明に始まり、以下、浄土のすがたや、仏及び浄土の菩薩などの徳を讃え、「願わくは弥陀仏を見たてまつり、普く諸の衆生と共に、安楽国に往生せん」と結ばれている。讃歌としては竜樹の「易行品」や『十二礼』と、さして異質なものではない。たとえば、その浄土が「三界《さんがい》の道を勝過し」ているということも、「易行品」の「三界の獄を超出し」ているという表現と別のものではないし、「女人及び根欠と、二乗《にじょう》との種は生ぜず」も、『十二礼』の「女人、悪道の怖れ無し」と相応している（「易行品」では「声聞衆《しょうもんしゅ》無量」とあって、少しく説明を必要とするけれども）。おおよそ竜樹の浄土思想を少しく拡大発展させると、こうなるといった感がある。ただこの讃歌をみずから解釈したところには、おのずからかれの考え方が闡明になっていて、注目されるものがある。

まず世親はここで、この詩が仏及び浄土をどのように「観」じ、どのように「信心を生じ」ようとすることを示すものであるかを論じて、これは礼拝・讃歎・作願・観察・廻向の五つ（これを五念門という）を修することによって浄土に生まれることを示したものである、とした。したがって念仏を五つの面から眺めようとしたものであるが、すでに問いがそうであったように、五つの中心は作願（作願を説明して、「心に常に作願す。一心に常に、畢竟《ひっきょう》じて安楽国土に往生せんと念ず」る、といっているところは、さきの「信心」に相応する）と観察にしぼられていると見られる。そしてこの観察についてとくに細説して、浄土の荘《しょう》厳《ごん》に十七種、仏の荘厳に八種、菩薩の荘厳に四種があって、それらが完成・成就していることを、讃歌の詩句を引いて説明するのである。

ところで、こうした、浄土と仏と菩薩との三種の荘厳の成就はもちろん、仏の「願心の荘厳」にほかならない。それは言葉をかえていえば、「真実の智慧」としての「無為法身《むいほっしん》」の顕現ということができる。世親はこれを「此の三種の成就は願心をもって荘厳せり。応に知るべし、略して一法句《いっぽっく》に入ることを説くが故に。一法句とは謂《いわ》く、清浄句なり、清浄句とは謂く、真実の智慧無為法身なるが故に」と表現しているが、いわばこの無為法身としての清浄の一法句が浄土の一切の清浄となってあらわれることを語ったのである。ここには阿弥陀仏及びその浄土と菩薩たちがどのようなものとして理解されなければならないかをよく語っている。

こうして最後に、一切のひとをおさめ取って、共に安楽国に生まれようと願う廻向が説かれるが、この廻向の成就にはさとりにふさわしい智慧と慈悲とがその心において完全にえられなければならないとし、それをえた心を無染清浄心・安清浄心・楽清浄心と呼び、略していえば妙楽勝真心である、というのである。

さて以上が讃歌の解釈の綱格であるが、しかし五念にはそれに応じた功徳があるから、これを五念門との対応の上で説いている。それが「五種功徳」門である。すなわち近《ごん》門・大会《だいえ》衆門・宅門・屋門・園林遊戯地《おんりんゆげじ》門の五で、これをかれは自利と利他とに分け（前の四が自利、後の一が利他）、初めの四門は「入の功徳を成就」し、第五は「出の功徳を成就」

するものとしている。

いまこれらについての説明を見ると、まず第一門については、「阿弥陀仏を礼拝して彼の国に生ぜんと為るを以ての故に、安楽浄土に生ずることを得」とし、第二については、「阿弥陀仏を讃歎し、名義に随順して如来の名を称し、如来の光明智相に依りて修行するを以ての故に、大会衆の数（浄土の菩薩たちの仲間）に入ることを得」としている。とくに第二の表現は、称名讃歎が仏の「名義に随順」し、「光明智相」に則ったものでなければならないことを示して、注目される。またこの二つはこの現世の功徳であるが、第三からはかの国での功徳で、これについては「一心に専念し、作願して、かれに生まれて奢摩他《しゃまた》（śamatha の音写。止と漢訳する。心の散乱がおさまった状態）寂静三昧《じゃくじょうさんまい》の行《ぎょう》を修するを以ての故に、蓮華《れんげ》蔵《ぞう》世界（安楽浄土を指す）に入ることを得」と説いている。第四は観察による功徳で、これについては、「彼の所に到ることを得て、種々の法味楽（法悦といってもよい）を受用す」るといっている。したがって以上の四は自利の功徳であるが、第五はこの自利の功徳をふまえて、この生死の世界に再び現われてくる功徳で、すなわち世のひとを教え導く利他の功徳である。ここに自利・利他の成就によって最高至上の仏のさとりがえられるわけである。

この五念門と五功徳門は世親の考えをよく語るものとして注目されるものである。後世の浄土教がいかにこの書の影響を受けたか（後には「三部経」と合わせて「三経一論」と総称するほど、これが重視される）、それはこの後の記述によって明らかになろう。

シナにおける初期浄土教

シナにおける浄土教の展開は当然、経典によって始まる。そしてその最初を飾ったものは『無量寿経』の翻訳であるが、これについては先にも触れたから、いまは書かない。次に訳出を見たのは『般舟三昧経』で、これは後漢霊帝の光和二年（一七九）、月支の支讖《しせん》（詳しくは支婁迦讖《しるかせん》、一四七—一八六）によって訳出された（出三蔵記集・二）。この訳出は一巻（あるいは二巻に作る）であるが、旧録には「大般舟三昧経」といったというから、これが現存の三巻本かと思われる。そのほかに同じ支讖訳の一巻本が現存するが、後に隋の闍那崛多《じやなくつた》（五二三—六〇〇）による異訳『大方等大集経賢護分』が訳され、さらに失訳の『抜陂菩薩経』も現存する。そしてこの『般舟三昧経』の訳出後二世紀以上を経て、羅什による『阿弥陀経』の翻訳、畺良耶舎（三八三—四四二）による『観経』の訳出などが行なわれ、その間、東晋安帝（三九六—四一八）の時、仏陀跋陀羅《ぶつだばつだら》（三五九—四二九）らによって『観仏三昧海経』が訳出され、同じく曇無讖《どんむしん》（三八五—四三三）によって『悲華経《ひけ》』が訳されている。

こうして「浄土三部経」をはじめ、その外にもさまざまな関係経典が翻訳されることによって、浄土信仰はようやく行なわれる気運になるが、思想として形を整えだすのは『般舟三昧経』を基盤とした慧遠《えおん》（三三四―四一六）の見仏思想と、その思想の裏付けを提供した『阿弥陀経』や『十住毘婆沙論』などの訳者、羅什の大乗空観《くうがん》の思想（一切を空と観ずるもので、阿弥陀仏の観想も畢竟空《ひつきようくう》を観ずるものであるとする考え方）とである。慧遠は白蓮社《びやくれんしゃ》という僧俗百二十三人から構成された結社をつくって、羅什の理論を実践の場に移し、般舟三昧の実修によってまのあたり仏を見ることを期したのである。そしてこの念仏三昧をとくに選んだことについて、「諸の三昧はその名甚《はなは》だ衆《おお》きも、功高くして進み易きは、念仏を先と為す」（念仏三昧詩集序、広弘明集・三〇所収）として、その三昧の功を讃え、この三昧によって、同人たちが共に等しく浄土に至ることを誓っている（慧遠法師伝、出三蔵記集・一五所収）。またかれが書いた「隠士劉遺民《りゆういみん》（名は程之。白蓮社の代表的な一人）等に与うる書」には、遺民の見仏を述べて、「専念禅坐すること始めより半年に渉《わた》り、定《じよう》（三昧のこと）中に仏を見、行路にて、像仏の空に於て光を現じ、大地を照らして、皆金色を作し、又袈裟《けさ》を披《き》、宝池に在りて浴するに遇う」（広弘明集・二七）といっていて、実際いかに見仏したかを伝えている。

しかしこのような見仏の実修を重んじたかぎりにおいて、浄土教の思想的発展としてはまだ過渡的な段階であった、といわなくてはならない。そうしてその意味では、つぎの曇鸞《どんらん》（四七六—五四二）の出現をまってはじめて、浄土教は大きく展開するのであるが、それを促したものは、かの世親の『浄土論』の訳出である。この書は北魏の普泰元年（五三一）に菩提流支《ぼだいるし》によって訳出された。曇鸞は羅什やその弟子たちによって道を与えられた大乗空観の思想を基盤としてこの『浄土論』の注釈『往生論註』（『浄土論註』ともいう）を著わし、[10]浄土教思想の確立に巨歩をふみだしたのである。

曇鸞

曇鸞がなしとげた浄土教における功績は、まず竜樹の称名念仏の易行を阿弥陀一仏に限り、かの土《ど》に生まれて正定聚《しょうじょうじゅ》に住するのも「仏の願力」の「住持」による（往生論註・上）、と強調したことである。そこには『浄土論』の「世尊我一心帰命尽十方無碍光如来」の精神が大きく働いていることはもちろんであるが、しかしさらにこれを「仏願力」という形において超出させたことが注目される。かれにおいては浄土に生まれて正定聚に住し、滅度《めつど》（仏のさとり）に至るのも、またこの世にすがたを現わして世のひとを教え導くのも、すべて仏の願力による以外のなにものでもない、と考えられた。『往生論註』巻下が「自利利他」の注釈をして、「他利と利他と、談ずるに左右有り。若し仏よりして言わば、宜《よろ》しく利他と言うべし。衆生よりして言わば、宜しく他利と言うべし。今まさに仏力を談ぜんとす。この故に利他を以てこれを言う」(同・下)といっていることは、それを端的に物語っている。そしてここから自動的に、かれは難行を「自力」、「信仏の因縁を以て浄土に生まれんと願う」「易行」を「他力」と置きかえ、この他力こそ増上縁としたのである(同・上、下)。

このようにかれは仏の願力(四十八願と、仏としての神力)を極度に強調したが、その願に相応した衆生の側の修行としては当然、五念門を取った。しかしここで注目されることは、一心に無碍光如来の名を称することが、五念のなかの讃歎であって、これが『浄土論』にいう「かの如来の名を称し、かの如来の光明智相の如く、かの名義の如く、如実に修行し相応せんと欲す」という意である、としたことである。そして如来の名義にかなった如実の修行と相応とは、如来を正しく「実相身(実相そのもののあらわれ)」であり、「為《い》物身《もっしん》(世のひとを救うためにあらわれたもの)」であると知ることであり、また淳一にして決《けっ》定《じょう》・相続する信心を保持すること、つまり「一心」である(同・下)ことである、とも説くのである。これはいわば、信心決定の称名が仏の名義にふさわしい修行として、その往生の願いを成就させる、というのであって、『浄土論』の意をとりつつ、大きく飛躍したものといえる。

こうした飛躍は作願の説明にも見え、作願とは浄土に往生しようと願って、「如実に奢摩多（止と訳し、心の散乱を静めること）を修行せんと欲す」ることである、という『浄土論』の言を取りつつ、止には三つの意味があるとし、要するに一切の悪を止める如来のはたらきをさすとみ、それは「如来の如実の功徳より生ず」る（同）、とした。ここでは止が衆生の修行であるまえに、如来の側からもよおされるものであることを語っていて、如来によって一切の悪を止めることにより、作願がなされるかのようでさえある。

また観察についても、かれはこれをこの土《ど》のことと、かの土に往生してからのこととの二つで説明する。これも世親の意とは異なっている点である。しかし廻向にはもっと注目されるものがある。それはこれに往相《おうそう》と還相《げんそう》の二つがあるとしたことである。このうち、往相は共に浄土に往生しようとするものであるが、還相は浄土から再びこの「生死の稠林《ちゆうりん》に廻入《えにゆう》して一切衆生を教化し、共に仏道に向」（同）かわせようとするものであるから、さきの第二十二願に相応するものと見られる。世親では五種功徳の第五門に説かれているところがこれに当たる。

またかれは廻向について、その「巧方便《ぎようほうべん》の廻向」にふれ、衆生と共に浄土に生まれようと願うものはかならず「無上菩提心」をおこさねばならないとした。これは作願とも当然、連絡するはずのものであって、かれはこの無上菩提心について、「即ちこれ願作仏心なり。

願作仏心とは即ちこれ度衆生心《どしゅじょうしん》なり。度衆生心とは即ちこれ衆生を摂取して仏国土に生ぜしむる心なり」（同）と説いて、廻向のためには無上菩提心をおこすことを強調したのである。

以上、曇鸞は五念門について極めて特色のある解釈を展開した。このうち讃歎において説かれた称名と観察としての観念は、かの第十八願「成就文」の「一念」及び下下品の衆生の臨終の「一念」との関連においてとくに注目されている。これをかれは上巻の末尾に総結として八つの問答（これを八番問答という）を通して述べているが、ここで問題の焦点となったものは「五逆・十悪」と「誹謗正法」で、かれは、誹謗正法のものは一念・十念に関係なく往生できないとし、五逆・十悪は十念によってその罪を消除されるとして、その理由を心と縁と決定の三つに在ると説明した。その一端を示すと、この十念は、善知識が手だてを講じて「実相の法」を聞かせたことに依って生じたものだから、「心に在る」といったのだ、といい、「縁に在る」とは、「この十念は無上の信心に依止し、阿弥陀如来の方便・荘厳・真実・清浄・無量の功徳の名号に依って生」じた、そのことを指す、というのである。よく「十念」の心を捉えたものといえる。またこの「十念」(11)の理解については、「阿弥陀仏の、若しは摠相、若しは別相を憶念して、所観の縁に随って心に他相無くして、十念相続するを名づけて十念と為す。ただ名号を称するもまたまたかくの如し」といって、観念と称名をこのなかに包摂し、さらに「十念とは業事《ごうじ》の成弁《じょうべん》を明すのみ、必ずしも頭数を知ることを須《もち》いず」とし、あえて「十」の数を知ろうとするなら、「口授」しようといって、終わっている。「十」をたんに数として捉えなかったところに、かれの創見が躍如としている。

ところで、さきにも述べたように曇鸞は仏願の力を極度に重視した。それはこの第十八願の着目においても知られるが、しかし願としてかれがもっとも重視したものは、「十念の念仏」による往生を説く第十八願[12]と、往生後の正定聚と滅度を約束する第十一願、及び一生補処を約束する第二十二願との三願で、かれは前二を自利、後一を利他として、この三によって、衆生も自利利他の行に参加できるとした。五念門の期するところが自利利他によって仏のさとりを得ることにある以上、この三願の把握もまた重視されるといえよう。

さて以上によってかれの念仏思想の叙述を終わりたいと思うが、最後にかれが阿弥陀仏やその浄土をどのように考え、往生をどうみたか、簡単に触れたい。まず仏について、かれは先にも述べたように「実相身」・「為物身」（同・下）という捉え方をしたが、また「一法句」を解釈した中で、諸仏・菩薩には法性法身《ほっしょうほっしん》と方便法身の二があることを説き、両者の関係を相由《あいよ》り相生ずる関係として、「この二法身は異にしてしかも分かつべからず、一にしてしかも同ずべからず」と述べた。しかし浄土について『論』が「荘厳清浄功徳成就」を述べた箇所の注釈では、虚偽と輪転と無窮とをすがたとした「三界の道を勝過」しているから、これを清浄という、と捉え、「荘厳性功徳成就」の性について四つの意味を説明（同・上）したところからみると、仏は報身、土は報土と見たものであろう(13)。したがってその浄土に往生するということについても、「かの浄土はこれ阿弥陀如来の清浄本願の無生《むしょう》の生《しょう》なり、三有《さんう》（欲界・色界・無色界の三界）虚妄《こもう》の生の如きにはあらず。何を以てこれを言うとならば、それ法性清浄にして畢竟《ひっきょう》無生なり。生と言うは、これ得生の者の情《こころ》のみ。生は苟《まこと》に無生なり。生何ぞ尽くる所あらん。それ生を尽くさば、上は無為・能為の身を失し、下は三空（我空・法空・空空）・不空の痼《やまい》に酖《よ》わん」（同・下）と説かれている。ここには大乗空観の思想が遺憾なく発揮され、浄土や往生をどのように受けとらなくてはならないか、その意とするところは極めて明確に示されている（『論註』下巻に、羅什の弟子僧肇の言を引用していることは注目される）。

慧遠と智顗

曇鸞がシナ浄土教思想に占めた位置は極めて大きい。それが後世に与えた影響のほどを見ても、じゅうぶん納得のいくところで、かれによって、浄土教の他力性が正しく把握されたといえる。

さてここで曇鸞を崇敬して、その流れを継承した道綽について触れるまえに、これとは流れを異にした他の浄土思想について少しく触れておく必要がある。それは浄影《じょうよう》寺慧遠《えおん》（五二三—五九二）と天台智顗《ちぎ》（五三八—五九七）の二人である。

まず慧遠についていうと、かれには浄土経典の最初の注釈として注目される『無量寿経義疏』や『観無量寿経義疏』があり、また『大乗義章』には「浄土義」という部分があって、後者には浄土一般について委曲をつくした説明が見られる。いま『無量寿経義疏』にこの「経の大宗」として、仏のかつて修めた行願（所行）、所得の身土（所成）、衆生の摂取・教化（所摂化）の三を立てているから、この分け方に従ってかれの念仏思想の一端をうかがってみる。まず仏の身土について、こういっていることが注目される。すなわち「此の仏の寿長は凡夫《ぼんぶ》・二乗《にじょう》（声聞《しょうもん》と縁覚《えんがく》。小乗をさす）の、測度してその限算を知る能わず。故に無量と曰《い》う。命の限りを量と称す。云何《いかん》がこれ応にして真に非ずと知るや。『観世音及大勢至授記《じゅき》経』に説くが如し。無量寿仏、寿は長遠なるもまた終尽有り。かの仏滅の後に、観音・大勢至、次第に仏と作る。故に知る、これ応なりと」（無量寿経義疏・上。同様の説明は他にも見える）というのである。これによると、かれは仏に真身・応身を分け、弥陀は応身と配したことがわかる。したがって真土・応土の分類では、応土であり、浄土を事浄土・相浄土・真浄土に分けた場合でも、弥陀の浄土は「凡夫所在の土」として、事浄土であるとするが、みずから応土は真実の悲願より起こったものであるから真土ではないか、と設問して答えたところを見ると、真と応との密接な関係を考えたようである。「大悲願力《がんりき》の行《ぎょう》等は正に真土を得、増上縁力《ぞうじょうえんりき》は兼ねて応土を生ず。正起に非ざるに由るが故に真と名づけず、縁力兼ねて生じ、人をして見聞せしむるが故に説いて応と為す」（大乗義章・一九）といっていることは、阿弥陀の浄土を真土にして応土と見たことを語るといえよう。その点、曖昧で明確を欠くとも考えられる。

次にかれの四十八願の理解の仕方をうかがうと、これを三種に分類したことに特色がある。すなわち第一は「摂法身の願」で、第十二・十三・十七の三願であるとし、第二は「摂浄土の願」で、第三十一・三十二の二願とし、他はすべて「摂衆生の願」としたものである。いまとくに「摂衆生の願」についてうかがうと、第一・二の二願は「無苦を生ぜんことを願」ったもの、第三より第十一までは「得楽を生ぜんことを願」ったものとし、第十四以下の三願については触れるところがないが、第十八願以下については、これを「自国衆生を摂」するものと、「他国衆生を摂」するものとに分けて、第十八・十九・二十・二十二などを後者としている（無量寿経義疏・上）。しかし願について総じて細説をしていない。

ただ浄土に生まれるための生因《しょういん》と関連して、第十八願の「唯除五逆誹謗正法」は『観経』との関係において問題を含んでいるから、曇鸞が論じたように、かれもこれを扱っている。かれはこのうち「五逆」について「両義」があるとして「人」と「行」の上からこれを論じ、「人」については、先に久しく大乗の心を発し、逆罪を犯したものは、懺悔によって浄土に生まれることができる（『観経』の立場）が、そうでないものは生まれない（『無量寿経』の立場）とし、「行」については定《じょう》・散の二善に立って逆罪を犯しても「能く十六正観の善根を修し、深く仏徳を観ずれば、重罪を除滅して、則ち往生を得。『観経』これに拠る」とし、逆罪を犯して観仏三昧も修めないものは、このほかの作善をしても生まれることはできない（『無量寿経』の立場）としている（無量寿経義疏・下）。

さてここでもわかるように、かれは生因の行として『観経』十六観をすべて定善正観としたもので、さらに『観経義疏』では第十三以下の三について、これらは「他人の九品の生相を観察」するものと明示した（同・末）。だからこの限りでは、愚かな下品のものの往生は不可能となるが、かれは生因について『涅槃経』や『維摩経』・『往生論』の立場を説明し、『観経』については「修観往生（十六観によるもの）」・「修業往生（父母に孝養をつくすことをはじめとする、いわゆる三福《さんぷく》によるもの）」・「修心往生（至誠心・深心・廻向発願心の三心によるもの）」・「帰向《きごう》往生」の四を分け、第四については、みずからはなんの行が無くても、ひとの仏を讃歎するのを聞いて「一心に帰向」するもの、あるいは「中に於て或いは念じ、或いは礼し、或いは歎じ、或いはその名を称するもの、悉く往生を得」（同・末）とした。これはさきの定・散を細説したもので、第四はその散善に当たるものである。また『無量寿経』の三輩は『観経』の九品と相応するから、その上で下輩を論じ、「この人は過去に曽《かつ》て大乗を修め」たから、『無量寿経』には往生すると説いたもので、これは「帰向の力の故に往生を得る」のである、とした。

以上は慧遠の念仏思想の簡単な概略にすぎない。したがって洩れも多いが、とにかくかれの該博な知識が念仏について高い評価を許さなかったことだけは認められよう。かれは信仰としては弥勒《みろく》信仰を抱いていたようで、没後は兜率《とそつ》天（弥勒の居るところ）に生まれた、という（続高僧伝・一二、霊幹伝）。

次に智顗について触れると、かつてはかれにも『観経疏』をはじめ『阿弥陀経疏』・『浄土十疑論』など、浄土教関係の著述があるとされてきたが[14]、今日ではすべて偽撰として否定されている。その意味では強いて触れる必要はないようであるが、別に浄土や念仏について触れたものがあるし、また天台の修行法として念仏を取り上げたものは、日本の浄土教の源泉をなしたといっても過言ではないから、かれを看過することはできない。

まず浄土についてみると、かれは『維摩《ゆいま》経』第一「仏国品」を注釈して、仏国には四種があるとし、「一、染浄国、凡聖共居《ぼんしょうぐご》。二、有余方便人住。三、果報純法身《ほっしん》居、即ち因陀《いんだ》羅《ら》網無《もうむ》障碍土《しょうげど》なり。四、常寂光《じょうじゃくこう》、即ち妙覚所居なり」（維摩経略疏・一）(15)として、これを細説しているが、それによれば、前の二は応仏の土、第三は応と報の両方にまたがり、報仏の土、後の一は応・報いずれでもない真実清浄の法身の土である、とする。そして阿弥陀仏の浄土については「果報殊勝にして、比喩すべきこと難しと雖も、然れども染浄凡聖同居」であるとして、その理由を、この土には四趣（地獄・餓鬼・畜生・修羅の四）はないから浄であり、権《ごん》・実《じつ》の聖者がいるから聖居であるけれども、臨終にわずかに懺悔・念仏しただけの未得道の人・天もいるから、染であり、凡居である、と説明している。そしてこれに対応するものを穢土《えど》である娑婆《しゃば》とおさえ、これら二つを界内（三界のうち）と考えたもので、極楽を「勝過三界道」とした『浄土論』の思想は取られていない。

このように智顗では阿弥陀仏の浄土は余り高く評価されない。したがって仏身についても同様に、阿弥陀仏は応仏であるから、無量寿とはいっても、実は有量であるとして、慧遠と同じ論拠に立ってこれを説明するのである（法華文句・九下）。

しかし仏身としては阿弥陀仏をこのように見てはいても、天台の修行法の一つとして念仏を採り上げた段階においては、阿弥陀仏は異常な評価を与えられ、「法門の主」（摩訶止観・二上）と高められる。そしてここから、この仏を中心にした「常行三昧《じょうぎょうざんまい》」と称せられる三昧法が天台における四種の三昧（これを四種三昧という）の一つとして導き出されている。

いまこの三昧について簡単に説明すると、この三昧は『般舟三昧経』によったものとされ、方法としては九十日を一期として道場内に籠るものであり、「九十日、身に常に行じて休息すること無く、九十日、口に常に阿弥陀仏の名を唱えて休息すること無く、九十日、心に常に阿弥陀仏を念じて休息すること無かれ」と示される。そしてより具体的には、「或は唱と念と倶に運び、或は先に念じ後に唱え、或は先に唱え後に念じ、唱と念と相継《つ》ぎて休息する時無かれ」といい、「要を挙げてこれを言わば、歩々声々念々、ただ阿弥陀仏に在り」といわれる。

しかしその念の方法としての止観《しかん》（止は心の散乱を静めて、ある対象に心を向け、観はその対象を正しい智慧によって観ること）については、かれは二つの面から説明を加えている。その一は、『観経』が説くような浄土のすがたや仏の相好《そうごう》の観想（いわゆる事観《じかん》）、二は、仏を観想する心とその対象としての仏について、その究極真実のすがたを「不可得」と捉える観想（いわゆる理《り》観）である。後者についてはかれは三つの例をあげて、これを細説しているが、要するにこの二つの観想によって「色身に貪著せず、法身にもまた著せず。善く一切の法は永寂なること虚空の如しと知る」ことが要求されている。そしてかれはこの三昧こそ一切の功徳のうち最第一であるとして、「これ諸仏の母、仏の眼、仏の父、無生大悲の母」である、という讃辞さえ書き記している。かれがいかにこの常行三昧を重視したかがよく理解できる。また同時にかれの浄土信仰のほどもうかがえ、かれが臨終に西に向かって念仏して終わったと伝えられる（智者大師別伝）のも当然なことと頷ける。

この常行三昧の骨格は『般舟三昧経』にあるから、その意味では遠く白蓮社を創した廬《ろ》山の慧遠に受けたものと言ってよく、後世に多大の影響を与えたものとして長く銘記されるものである。

以上で、曇鸞とほぼ同じ時代の二人の人物について終わった。このほかに三論宗の吉蔵（五四九―六二四）があるが、浄土思想としては曇鸞や慧遠・智顗を踏襲し、時に折衷的な考えを述べているだけで、新鮮さはない。

道綽

さて、曇鸞を敬慕して念仏したのは道綽（五六二―六四五）である。かれは曇鸞の建てた石壁の玄中寺に住し、この寺にあった曇鸞の碑に心を動かされて、大業五年（六〇九）以来、一重《ひとえ》に阿弥陀仏を専念するに至ったといわれる。また『無量寿経』を講ずること二百回に及び、念仏には小豆を用いてその数をはかった（いわゆる小豆念仏のおこり）といわれるから、いかに念仏一向のひとであったかがわかる。かれには『安楽集』二巻がある。

道綽が念仏をとってみずからの行としたもっとも大きな理由は、念仏を時機相応のものと痛感したことにある。時はまさに末法であったが、[16] 念仏者でかれほど末法を意識したひとも少ない。かれは自分の生きた時代を「仏、世を去りたまいて後の第四の五百年」（安楽集・上、第一章）としたから、[17] この時にふさわしい道を求めて、念仏を見出したのである。そしてそれと同時に、ひともまた「聖（釈尊）を去ること遥遠」になるにつれて、「機解《きげ》浮浅暗鈍」であるから、このような素質も能力も劣った愚かなものにこそ、念仏は「修し易く、悟り易い」道である（同）、とされたのである。したがって、かれはこれに導かれつつ、竜樹が立てた難・易の二道を手懸かりとして、聖道《しょうどう》・浄土の二門を立て、「聖道の一種は、今の時に証し難し。一つには、大聖を去ること遥遠なるに由る。二つには、理《り》深く解《げ》微なるに由る」と整理し、「当今は末法にして、現にこれ五濁悪世、ただ浄土の一門のみ有りて通入すべき路なり」（同・上、第三章）とのべて、浄土往生を鼓吹している。この思考法が長く後々まで、一つの規準となったことは注目されるところである。

しかし道綽についてさらに留意される点は、曇鸞では分明を欠いた阿弥陀仏及びその浄土に対する判属である。かれはこれについてとくに「三身（法身・報身・化身）・三土」の論を展開して、「現在の弥陀はこれ報身、極楽宝荘厳国はこれ報土なり。然るに古旧相伝えて皆、阿弥陀仏はこれ化身、土もまた化土と云う。これを大失と為す」（同・上）とし、

『大乗同性経』を証拠とした。そして早くから問題になった『観音授記経』との調整をはかって、阿弥陀仏はなくなるのではなく、報身の五相の一つである「休息隠没」を示されただけにすぎないと論じ、さらに論を進めて、「阿弥陀仏もまた三身を具す」とした。かれは阿弥陀仏を報身として極楽にあるとし、化身となって、この穢土に姿をあらわすとしたところから、三身を報身の一身に具する弥陀を考えたのである。

さらに「三土」について見ると、かれは報・化の二身に三土を考えたもので、報身については「真より報を垂るるを名づけて報土と為す」とし、[18]「今この無量寿国は即ちこれ真より報を垂るる国」であると判じている。しかしかれはさらにこの浄土をここに生まれるものの機根によって判別し、ここに『論註』の「法性法身」と「方便法身」の分け方を導入して、智慧の浅い「多く相を求める」ものは「相土に生じてただ報・化の仏を観《み》る」が、「能く生《しょう》・無生を知って二諦に違《たが》わざるもの」は「上輩の生」(同・上)であって、いわば法性土に生まれる、とした。かれの他の表現をかりていえば、「法性浄土は理《り》、虚融に処し、体《たい》、偏局無し。これ乃ち無生の生にして、上士《じょうし》(自利・利他を完成したもの)のみ入るに堪えたり」、「中・下の輩有り。未だ相を破するあたわず。要《かなら》ず信仏の因縁に依り、浄土に生ぜんことを求め、かの国に至ると雖も、また相土に居《こ》す」(同・上、第二章)とも述べているから、要するに報土を無相と有相の二つに分けたことが明らかである。こうした考え方をいかに曇鸞から受けたか、(19)よく理解することができるが、しかし娑婆を「穢土の終処」として、「安楽世界は既にこれ浄土の初門。即ちこの方と境次相接す。往生甚だ便なり」(同)とした考え方はかれのものとして注目される。

次に、往生の生因についていうと、まず発菩提心をもって『無量寿経』の意としたが、またやはり曇鸞の考え方に導かれて論を進めている(同・上、第二章)ことが注目される。ここには智慧・慈悲・方便という自利・利他に立った論証が『論註』下巻の言葉によって述べられている。しかし念仏三昧についてはまったく独自の立場から多くの経典を引いて念仏専修でなければならないことを強調し(同・下、第四章)、その功徳についても多くの言葉をついやすとともに往生の教証についても、『無量寿経』以下、『観経』・『起信論』・『鼓音声陀羅尼経《くおんじょう》』・『法鼓経』・『十方随願往生経』・『大悲経』などを引いて、これを示した(同)。ここでとくに注目されることは、かれの引用した念仏三昧を勧める経典の多くが見仏を説いていることで、これは、かれの念仏が観想の念仏を期したものであることを語るものであろう。またかれが「声々相次いで十念を成ぜしむ」(同・上、第二章。この部分は『略論安楽浄土義』の文と全く一致するところ)といっているものも、これを語っている。伝えるところによると、かれは日に七万遍の称名念仏を行なったという(続高僧伝・二〇)から、おそらくこのような念仏の相続によって、それが自然、観想を呼びおこし、移行して、見仏することを期待したものであろうか。これは、『安楽集』が『観経』をその支えとした[20]こととも応ずると考えられる。

ところで、かれは末法という自覚の上では称名を強調した。末法は「正《まさ》しくこれ懺悔し、福を修し、仏の名号を称すべき時」であって、「名を称するはこれ正《しょう》」とおさえられた（同・上、第一章）。したがって経の言を引きつつ、「この故に『大経（無量寿経）』に云く、『若し衆生有りて、たとい一生、悪を造るとも、命終の時に臨んで十念相続してわが名字を称せんに、若し生まれずば正覚を取らじ』」（同、第一章）というように、意を取って述べてもいるのである。しかしこの臨終における「十念相続」をとくに取り上げた箇所では、ほぼ曇鸞により、称名はつけたしであって、念仏の主体は「阿弥陀仏を憶念して、若しは総相、若しは別相を」「観じ、十念を逕《へ》て、他の念想の間雑すべきこと無き」観想相続にほかならない。ここではかれの主張はまだ不徹底に終わっている。かれはまだ称・観の双修に止まっていたと考えられる。

しかしこの壁は早晩越えられなければならないものであった。こうした念仏の曖昧さをさけて、明確に区別する必要があったからである。そしてこれを行なうことによって、新しい念仏の道を開いたのは、道綽の弟子、善導である。

善導

善導(21)の著述として今日伝えるものは『観経』を注釈した『観経四帖疏』をはじめとして、『観念法門』・『往生礼讃』・『法事讃』・『般舟讃』など、五部九帖(22)である。これらのうちその代表とされるものは『四帖疏』であって、これと内容に少しく類似点の見られる『往生礼讃』との比較のうえでは、『四帖疏』には思想的な深さが感じられ、著述としてはもっとも後期のものではないかと推察されている。したがってここではこれを手懸かりとして、かれの思想をうかがって見ることにする。

さてかれの思想は、『観経』の理解の仕方を通して、他の慧遠や三論の吉蔵、あるいはかつて智顗に擬された偽撰の『観経義疏』との対比のうえで、浮彫りにすることができるが、そのかぎりでもかなりの相違点があげられている。したがってこれらの従来試みられた相違点(23)を明らかにすれば、ほぼかれの思想が明らかになるが、それはここでは煩雑であるし、その余裕もない。以下はそうした経典解釈をいちおう離れて、かれの仏身観や浄土観ないしは念仏の特質などについて考えることにする。

まず、かれは阿弥陀仏について報身を考えている。かれもまた『大乗同性経』を取り上げて、その証拠としているが、さらに願によって仏となった「酬因《しゅういん》の身」として報身を考え、臨終の人を化仏とともに迎える仏として化身をも兼ねる、として、その上で報身という結論を提示している。また『観音授記経』がいう、阿弥陀仏の「入涅槃《ねはん》」については『大品般若経』の空《くう》の論理によって、涅槃もまた畢竟空であると論じ、「弥陀は定んでこれ報なり。たとい後に涅槃に入らんも、その義妨《さまた》げ無し」とのべて、このような勝れた報土に罪障煩悩の衆生が往生できるのは、「正しく仏願に託する」からで、これが「強《ごう》縁と作って、五乗をして斉《ひと》しく入らし」めるのである、と論じたのである（観経疏玄義分）。道綽と論証の方法に差があるが、ほぼ道綽の考えを追ったものといえる。ただ善導が阿弥陀仏とその浄土について「指方立相」を改めて論じていることは注目されてよい。それは第八像観の注釈に見られるもので、仏が西方を浄土とし、三十二相をその具体的なすがたとして、それを観想するようにと説くのは、「如来懸《はるか》に末代の罪濁の凡夫を知ろしめして、相を立て心を住」せしめようとしたものである（観経疏定善義）として、経に説くところを明らかにしている。しかしこのような観想が凡夫の浄土に生まれる道でないことは当然であるから、とくに凡夫のための念仏を説きだしてくるのであるが、ここで注目されることは、従来『観経』の十六観をすべて定善とした考え方を捨てて、上・中・下の三品を散善とし、これを凡夫の往生する方法を示す部分とみ、この散善こそは、仏がみずから説きだした「自説」「自開」であって、ここに仏の出世の本懐（本来の目的）があり、ここに前十三観に見られる「観仏三昧」とは異なった「念仏三昧」（つまり称名念仏）が示されているのであって、これは仏の没後の五濁の凡夫を導くために説かれたものであるとした（玄義分）ことである。こうした『観経』の理解は極めて大胆であるが、新たな念仏の道を開拓するに当たって大きな役割を果たすことになったもので、称名を最勝とするためにあえて無理を押し切ったもののようである。

さて、往生が仏の本願の力によって可能となることはすでに明らかであるが、凡夫のがわとしては安心《あんじん》と起行《きぎよう》と作業《さごう》の三つが大きなはたらきをなし、このうち安心とは至誠心・深心・廻向発願心の「三心」で、これこそは往生の「正因」である、とされている。しかしこの三心のうち善導がもっとも重視したのは深心である。かれはこれを「深信の心」とみ、これを二つの面から説明して、「一つには決定《けつじよう》して深く、自身は現にこれ罪悪生死の凡夫、曠劫《こうごう》よりこのかた常に没し、常に流転して、出離の縁有ること無し、と信ず。二つには決定して深く、かの阿弥陀仏の四十八願は衆生を摂取し、疑い無く慮《おもんぱか》り無く、かの願力に乗じて定んで往生を得、と信ず」とのべた。これはいわゆる二種深信であって、ここに知られるように、一つは衆生の機の自覚、他は仏の誓いに対する一切の疑惑を去った絶対の帰投を語っているのである。しかしかれは後者についてさらに説明を加えて、これをまた二つの面から強調する。その一つは「人に就いて信を立つ（就人立信）」と名づけられるもので、ここでは阿弥陀仏の救いを讃える釈尊を信じ、釈尊の言葉の真実を証明した一切の仏たちの言葉を信ずることが述べられる。次は「行に就いて信を立つ（就行立信）」といわれるもので、ここでかれは「五正行《しょうぎょう》」という新しい念仏の形態を創りだしている。これは『浄土論』の五念門にかわる範疇であって、読誦・観察・礼拝・称名・讃歎供養の五つを指し、これらが正しく阿弥陀仏との直接性をもったものの上で行なわれることをさして正行といったのである。したがって阿弥陀仏以外の仏の名を称えるといった類（これも当然五つに分けられる）の行為は「雑行《ぞうぎょう》」である。しかしさらにかれがこの五つのなかから称名を取り出して他の四つと区別し、これについて「一心に弥陀の名号を専念して、行住坐臥、時節の久近を問わず、念念に捨てざれば、これを正定《しょうじょう》の業《ごう》と名づく」といい、その理由を示して「かの仏願に順ずるが故に」と論じたことは大きな意味をもつものである。かれは他の四つを、この正定業を助けるものとして助業《じょごう》と呼んでいる。

こうした整理の仕方は極めて巧みなものということができるもので、これら正行がそのまま起行であるから、ここには安心と起行、信と行の、車の両輪のような関係が、よく理解されるのである（作業については、恭敬・無余・無間・長時の四修を数える。これは念仏修行の規矩である）。

しかしこの巧みさはここに止まらない。それは三心の第三である廻向発願心に至ってさらに明らかにされる。かれはここで一切の功徳を「真実の深信の心の中に廻向してかの国に生ぜんと願う」心が廻向発願心である、といって、これを深心に統合させるとともに、「回向と言うは、かの国に生じ已《おわ》りて、還りて大悲を起こし、生死に回入して衆生を教化する」ことでもある、といっているからである。ここには五念門の作願と廻向がともに収められていると同時に還相廻向をも含んでいるから、曇鸞以来の五念門の解釈が形をかえて、この『観経』の三心のうちにすべておさまっている、と知られるのである。いわばこの三心は念仏をはじめ一切を発動してくるものであって、したがって「三心既に具すれば、行として成ぜざるなし、願行既に成じて、若し生ぜざれば、この処《ことわり》有ること無し」（散善義）なのである。そしてこれをさらに端的に現わすときは、念仏の六字[24]ということになる。

　このように念仏は往生の要行であるが、これをさらに、なぜ念仏のひとだけが仏の救いの光に照らされるか、という設問によって強調した、いわゆる三縁についてみると、そこでは親縁・近縁《ごんえん》・増上《ぞうじょう》縁の三つが説かれている。まず親縁についていえば、念仏のひとが口に仏を称え、身に礼拝し、心に念ずるとき、仏はそれを聞き、見、知るのであって、念仏のひとと仏との三業《さんごう》（身・口・意のはたらき）が相互に結ばれるから、これを親縁という、というのである。そして仏が念仏のひとの前に姿を現わすことを指して近縁といい、臨終に来迎して、どんな悪業もさわりとはならないから、これを増上縁という（定善義）とのべている。

さて以上で善導の念仏をほぼ説明し終えたと思う。ただかれの考えとしては、さらに注目される一、二の点があるから、それに触れておくことにする。その一つは、第十八願の「唯除五逆誹謗正法」と『観経』下下品の調整である。かれは「唯除」について、これは抑止《おくし》であると解し、もしこのような罪を犯せば、阿鼻地獄に堕ちて、抜け出ることができないから、「如来、その（衆生の）、この二過を造らんことを恐れて、方便して止めて、往生を得ずと言」ったもので、実は救わないのではない、とした。したがって下品下生については、ここで謗法が救いのなかから除かれているのは、五逆はすでに犯されているから、これを救うけれども、謗法はまだ犯されていないから、犯したときは生まれることができない、と制止しているのであって、犯してしまったとしても、やはり救いとることにかわりはない（散善義）としている。この解釈は曇鸞など、従来の解釈を一頭抜きんでたもので、仏の救いの絶大さを語って、とくに注目されるものである。そしてこの解釈と関連をもつのは、いわゆる『摂《しょう》大乗論』の「別時意趣」に対する批判である。

この「別時意」の説は、臨終の「十念」について、遠い将来に、それがいつか往生するための因とはなっても、実はこのような念仏では生まれることはできない、と説くもので、たった一日で一銭を千金にすることができないようなものだ、というのである。これに対しては先に道綽が、表立って経にいわれていないが、実は遠い過去の宿因があって「十念成就」する、と解釈していたもので（安楽集・上、第二章）、これは往生を行との関係において調整したものであった。しかし善導は、「別時意」説が「人ただ発願に由りて安楽土に生ずるが如し」といった点をおさえて、これを「十声称仏」と結びつけて遠生の因とするのは誤りであるとし、これを願・行の関係において解釈している。すなわち『阿弥陀経』の「執持名号」の文（前述）、および一切の諸仏の証明を明証として、「仏語を信じ、菩薩の論を執して以て指南と為すべからず」と論じ、称名は発願だけではなく、「行願具足」で、「十声称仏は即ち十願・十行有りて具足」していると、論じたのである（かの六字の解釈もここで説かれる。玄義分）。善導の称名念仏の性格をよくうかがわせる所論である。

　このように善導の『観経疏』には他に類のない卓越した所論が展開されている。その一端はすでに明らかであるが、最後にもう一言蛇足を加えていえば、かれが『観経』の本意を、「仏の本願の意を望まんには、衆生をして一向に専ら弥陀仏の名を称するに在り」とし、凡愚の「臨終十念」を往生の確約ととらえたことである。かれがこの経を注釈して「古今を楷定せんと欲す」という自信のほどを披瀝したのも、懸かってここにあった、と見られる。

その後の浄土教

道綽の弟子、善導はシナ浄土教の大成者とみられている。しかし、道綽の後には、この善導とほぼ相前後したころに、もうひとり『浄土論』を著わした迦才がいることを忘れることはできない。ただかれについては「高僧伝」にしても「往生伝」にしても、その伝を記載したものはないから、わずかに『浄土論』の内容から、かれは道綽の後、善導の前と推定されている。

しかし善導を述べ終わったいま、とくにかれの思想として注目しなければならない点は少ない。そのなかで、弥陀の浄土については法身・報身・化身のそれぞれの浄土を考える立場をとって、法身浄土が報・化の二土に通ずるものと見、報身浄土は『大乗同性経』によって事用土とし、化身浄土は『観音授記経』や『鼓音声陀羅尼経』によって胎生・化生と分け、前者は辺地・胎生、後者は純大乗土・純小乗土・大小乗雑土としたことが注意されよう。とくに化生の三土を上輩三品、中輩上・中、中輩下・下輩三品の所生の土とそれぞれ対応させている点、特異である。しかしそれはどこまでも特異なだけで、浄土思想としては埋没して行くほかないものであった。なぜなら、ここでは凡夫は報土に生まれることができないからである。「三界の中に在る衆生の、みな煩悩を具するを将《ひき》いて、三界の外の報土の中に生まれしむべからず」（浄土論・上、第一）との明言は、かれの限界として、克服されるほかない。したがってかれが、能力や素質の劣った下根や中根のものについてその念仏の在り方をさまざまに説き、「若し能く前の五種の行《ぎょう》（懺悔・発菩提心・常念・観察・廻向）を具する者は必ず往生を得ん」（同、第三）といって、疑ってはならないことを教えていても、かれの焦点が上根にあるかぎり、力は弱い。

ただここに、つとに注目されることは、往生人の実例（ここには道俗男女二十人の伝記が記され、曇鸞や道綽の名も見える。往生伝の最初をなすものとして重要な意味がある）を掲げたなかに、平生、三宝を信ぜず、つねに殺猟を業としていたある男が、臨終に「西方に向かい、至心に念仏して、未だ十念を満たさざるに、即ち衆に告げて云く、『仏、西より来たる、大いに徒衆有り。并びに光明を放ち、われに花坐（ママ）を授く』と。言い畢って即ち卒」（同・下、第六）したことを記していることである。往生人のなかにこのような、因果を信じなかった悪業のひとを加えていることは極めて大きな意味がある。その往生はとうてい報土の往生ではないが、それでもこのような下品を捉えて「信を取ら」せようとした姿勢は、後の『往生西方浄土瑞応伝』（『瑞応刪伝』）をして僧雄俊、張鐘馗などといった殺戮《さつりく》・販雞《はんけい》の徒の往生を収録させるに至ったものであって、それが後に大きな影響を与えてくることを知らなくてはならない。

さて善導の後をながめると、ここには弟子に懐感《えかん》（生没年を明らかにしない）があり、その系譜を受けるものとして少康を立てることができる。前者には『釈浄土群疑論』があるが、別に『観経疏』があった（現存しない）という。しかし『群疑論』が語る思想は、善導からみるかぎりでは、もはや前進ではなく、他の思想を折衷した後退にほかならない。ただ念仏について、事・理、定・散、有相・無相を分けて整理したことや、散心の称名念仏について、それを上・中・下三品の機（機根）と対応させて、生涯にわたって行なわれる念仏は上、七日の念仏は中、一念ないし十念は下とおさえたこと、大念（大声の念仏）によって「声をして絶えざらしめば、遂に三昧を得て仏・聖衆を見たてまつること、皎然として常に目前に在り」（群疑論・七）として、見仏を強調したことなどが留意される。

以上でほぼシナ浄土教の重要なものには触れた。もちろん以後の発展はあるが、それはすでに本書の埒外であり、別に稿を新たにして述べなければならないていのものである。またここまでに至る間にも洩れのあったことはすでに記したとおりである。これもやむをえない。

ただ最後に付記して置かなければならないものは、新羅の浄土教である。義寂・元暁・法位・玄一・憬興・太賢などといったひとたちがあって、日本の浄土教にかなりの影響を与えたものである。しかし多くは現在、その著書が失われていて、後世のものの引用に散見するにすぎないが、現存のものとしては、憬興（—六八一—）の『無量寿経連義述文賛』、元暁（―七一三―）の『両巻無量寿経宗要』・『遊心安楽道』といったものが注目されよう。いまは細説しない。

注

（1） 徳川時代の真宗学者、継成（―一七七四）の『阿弥陀仏説林』によると、阿弥陀仏、及びその浄土に言及した経典は二百余部に及ぶ、と計算されている。

（2） 「浄土三部経」の成立問題などの概略については、宮本正尊編『大乗仏教の成立史的研究』、中村元・早島鏡正・紀野一義訳註『浄土三部経』（岩波文庫）、坪井俊映『改訂増補浄土三部経概説』、水野弘元博士還暦記念『新・仏典解題事典』などが参考になる。また細論については、これらのものがさらに参考文献を指示してくれる。

（3） 『無量寿経』を願の上から分けると、二十四願系と四十八願系のほかに三十六願を説く「宋訳」があって、これを「中期無量寿経」として両者の中間に置く説と、別系統の最後期の成立と見る説とがある。また現存のサンスクリット語原本を整理校訂したものでは四十六願または四十九願、チベット語訳は四十九願に近く、ともに四十八願系である。注（2）参照。

（4） 十六の観想の呼称については、第三章の注（5）を参照のこと。

（5） この華座観からすでに以下の仏の観想が始まるとする見方は、世親・曇鸞などをはじめとして一般に用いられたところであるが、これをとらないのが善導である。善導は、第七と第八の間に一線を画し、第八以下が「正報（仏）」、前の七は「依報（仏の浄土）」で、第七はそのなかの「別依」である、とする（観経疏玄義分）。しかし経では、第六と第七の間に一線を画するかのように、釈尊の説法を受けている韋提希《いだいけ》の前に、阿弥陀仏が空中に姿を現わすという場面が描かれている。

（6）慧遠の項（本書四一—四二ページ）参照。またこの十六観の分類の仕方に関する諸説については、大原性実『善導教学の研究』、坪井俊映『浄土三部経概説』、前掲『浄土三部経』下（岩波文庫）、参照。

（7）『十住毘婆沙論』の著者を竜樹とすることに対して疑義が提出されたこともある（平川彰・十住毘婆沙論の著者について、印度学仏教学研究・一〇、所収）が、いまは従来の説に従って、これをとらない。

（8）竜樹には『十二礼』とよばれる阿弥陀讃歌がある。内容は「易行品」の讃歌を縮圧したような感じのものであるが、とりたてていえば、浄土に女性はいない、といった点が注目される（この問題は『平等覚経』には見えないが、『大阿弥陀経』には第二願に見えている）。またこの『十二礼』は日本の浄土教において源信以来、注目されてきた。

（9）関係経典の名前とその翻訳者については、望月信亨「傍明浄土の経並に論集目次」（浄土教之研究）参照。またその信仰受容の過程については、望月信亨『支那浄土教理史』参照。

(10)『往生論註』のほかに、かれには『讃阿弥陀仏偈』・『略論安楽浄土義』がある。ただし後者には、一時、偽撰の疑いがもたれたが、いまもまだ氷解していない。

(11)「十念」については『略論安楽浄土義』にも別に説明がある。

(12)『讃阿弥陀仏偈』では「成就文」が注目され、「諸聞二阿弥陀徳号一　信心歓喜慶レ所レ聞　乃曁二一念一至心者　廻向願レ生皆得往　唯除二五逆謗正法一　故我頂礼願二往生一」と詠われている。

(13)『略論安楽浄土義』には、疑惑不信と胎生・辺地の問題を取り上げて、細説を行なっている。

(14)『伝教大師将来目録』を見ても、それがわかる。

(15)智顗は『維摩経玄疏』巻六では、苦集滅道の四諦と対応させて、四種浄土を説明している。

(16)当時の末法思想を語る一資料として、「房山雷音洞の石経の静琬刻記」には、「釈迦如来、正法像法凡そ千五百余歳、貞観二年（六二八）まで、既に末法に浸りて七十五歳、云云」とある（常盤大定・支那仏教史蹟詳解）。また慧思の「立誓願文」も注目される。末法の計算法としては、『続高僧伝』巻八「法上」伝にのせる、周の穆王の五三年（前九四九）を入滅として計算する仕方（それによると、梁の天正元年〔五五二〕が滅後一五〇〇年と計算される。末法一年は承徳元年となる）と、『歴代三宝紀』巻一の、周の匡王四年（前六〇九）を入滅とする仕方とがよく知られている。

(17) これは『大集月蔵経』（『月蔵経』巻四六―五六は高斉の那連提耶舎《なれんだいやしゃ》によって、天統二年（五六五）に訳出された）巻五五によって導かれたもので、第四の五百年は「一塔寺を造立し、福を修し懺悔すること堅固」なとき、いわゆる造寺堅固の時とされる。

(18) 「真より報を垂る」という考え方は『論註』巻下の「法身は日の如くして応化身の光、諸の世界に遍ず」に受けたもの、と考えられる。

(19) 極楽を「三界の摂」ではないとする考え（安楽集・上、第一章）も、曇鸞に受けたものである。総じてかれは曇鸞を浄土教師資相承の六祖の一人に数え、とくに傾倒している（同・下、第四・八章）。また『安楽集』の随所に『論註』の言葉が取られているが、もっともはなはだしいのは、巻上、第二章の第三「広く問答を施して疑情を釈去することを明す」以下、第三章の第一に及ぶ部分である。

(20) 「今のこの『観経』」という表現（二箇所ある。同・上、第三章）がこれをよく語っている。

(21) 善導の伝は、時代とともに増広され、混乱を生じているが、それを整理して、正しく捉えようとしたものに、「善導伝の一考察」（岩井大慧・日支仏教史論攷、所収）がある。それによれば、生没年は六一三―六八一と見られる。

(22) 『観念法門』のなかの異質の部分を、別のものと見做して、六部十巻とする考え方がある。これを『依経明五種増上縁義』一巻とするもの（望月信亨・支那浄土教理史）で、あるいはこの見方が正しいのであろう。

(23) その相違点を数えあげて、九異（法海・観経己丑録）、十異（鳳嶺・玄義分庚申記）、二十異（南条神興・四帖疏論草、玄義分講判）、二十二異（霊暟・観経講義、斎藤唯信・浄土教史、大原性実・善導教学の研究）などとする説がある。

(24) その説明には「南無と言うは即ちこれ帰命、またこれ発願廻向の義なり。阿弥陀仏と言うは即ちこれその行なり。この義を以ての故に必ず往生を得」（玄義分）とある。

(25) 名畑応順『迦才浄土論の研究』「論攷篇」参照。

第二章　浄土教の移植と定着

聖徳太子と浄土教

欽明天皇の七年（五三八）、仏教の公伝が記録（上宮聖徳法王帝説、元興寺縁起）された。それ以来、各種の経典が漸次伝えられるようになったことは、容易に推察できるところであろう。浄土経典もまたそのなかに加えることができる。その明確な史料は、推古天皇の十五年（六〇七）、小野妹子に従って隋に渡った恵隠《えおん》が三十二年の滞在の後、帰朝して、舒明天皇の十二年（六四〇）五月、宮中で『無量寿経』を説いた（日本書紀・二三）と伝えるもので、恵隠はその後も孝徳天皇白雉《はくち》二年（六五二）四月に内裏で六日にわたって『無量寿経』を講じ、恵資が論議者に選ばれ、沙門《しゃもん》一千人が聴衆として参加したといわれる（同・二五）。

しかしこのことは、単に恵隠によって『無量寿経』講義の第一歩が印されたという、ただそれだけのために注目されるのではない。それは少なくとも、恵隠が聖徳太子の命を受けて海を渡り、学問僧《ものならうほうし》として仏教を研鑽して来たその一つの成果が、『無量寿経』の講義となって表わされた、そのことの大きな意味をうかがわせるからである。そしてそれは太子の著とされる『維摩経義疏』が『無量寿経』の第十八願の「唯除五逆誹謗正法」という言葉を引用している（上、仏国品）こととも関連するのであって、太子と恵隠との間に、『無量寿経』によって媒介された一筋のきずなを予想させるのである。太子のこの引用はあるいは何かほかのものから孫引きされたもので、太子自身はこの経を見ていないのかも知れないが、(1)恵隠との繋がりを考えると、ともかくも太子が早くもこの経に関心を示していたことを理解できるようである。太子はあるいは阿弥陀仏の極楽浄土についてより多く知りたいと願っていたのではないか。また『法華義疏』では、僅かに「安楽」浄土が「無量寿〔仏〕国」であることをうかがわせるに過ぎないから、この時点では、『無量寿経』がすでにもたらされていたかどうかは、明確ではない。

ただここで太子との関係で注目されるものに、法隆寺金堂の西方浄土の壁画と天寿国曼《てんじゆこくまん》茶羅《だら》繍帳・金銅釈迦三尊像があることを付記しなければならない。いずれも太子の生前の考えをうかがわせるものであって、このうち法隆寺金堂の壁画が、太子の建立した当初のものをそのまま移しかえたものであるとすれば、太子はすでに西方極楽の信仰を抱いていた、と証することができるが、再建されたいまの法隆寺金堂の壁画が当初のものと同じだという確証はない。また金銅釈迦三尊像[2]は太子の没後作られたもので、その銘文には「往登浄土、早昇妙果」の文字が刻まれていて、太子が浄土に生まれるようにと願ったことを知らせるけれども、この浄土が直ちに安楽浄土であるかどうかは、にわかに決めることはできない。「登」の一字はあたかも弥勒《みろく》菩薩の浄土である兜率《とそつ》天に昇っていくことを語っているように見える。そしてこれは、同じように太子の没後につくられた天寿国曼荼羅繡帳の「天寿国」という名称とも関連している。この天寿国についてはさまざまな議論がかわされ、一説には「天」は「无」(無)の誤りで、無寿国はすなわち無量寿国である、と説かれているが、この繡帳に織りこまれた図柄などから、天寿国は兜率天である、とみる見方が有力である[3]。してみると、太子において阿弥陀仏の信仰をうかがうことは、おそらく無理だということになろう。太子が注釈したとされる『法華経』や『維摩経』には、すでに阿弥陀仏のことを語り、とくに前者では「薬王本事品」で、女性が極楽に生まれることを説いているのだけれども、太子はこれについてなに一つ語ろうとしていない。これは、太子が浄土信仰を持っていなかったというよりも、まだじゅうぶんな知識を得ていなかったことを語るものであろう。

仏像・繡帳

しかし少しく時代が下ると、ようやく阿弥陀仏の信仰の芽生えをうかがわせる事例が幾つか見られるようになる(4)。

たとえば、河内《かわち》の観心寺にある阿弥陀仏像（光背の銘によれば、戊午《つちのえうま》の年とあり、斉明天皇の四年、六五八と推定されている）とか、同じく河内の西林寺《さいりんじ》金堂の金銅阿弥陀仏像（西林寺縁起によれば、光背銘に己未《つちのとひつじ》の年とあり、斉明天皇五年と推定される）、法隆寺にある橘夫人の念持仏である阿弥陀三尊（光明皇后の母、橘夫人のものと伝え、天武・持統両天皇のころのものとされる）、あるいは七世紀なかば前後に再建されたという説が有力である法隆寺金堂の西方浄土の壁画なども、それを示すものである。

また『扶桑略記』第五によると、天智天皇の七年（六六八）に近江の崇福寺が建てられ、小金堂に阿弥陀仏像および脇侍二菩薩像の三体が安置された、と伝え、また天武天皇はその九年（六八〇）皇后の病平癒のために薬師寺の建立を計画し、その功の終わらないうちに天皇自身登駕されたが、そのあとを受けた皇后の持統天皇によって、文武天皇の二年（六九八）にほぼ完成を見たとき、講堂には天武天皇のために持統天皇が造った、阿弥陀仏を中心として菩薩・天人など百余体を織りこんだ繡帳が安置され、その大きさは高さ三丈、広さ二丈一尺八寸であった、といい、また食堂《じきどう》の内殿には金銅八尺の阿弥陀仏像と脇侍の二菩薩像も安置された、と伝えている。持統天皇については、その三年（六八九）に天武天皇の追福のために新羅が金銅の阿弥陀仏像と脇侍の二菩薩像を献じたことを伝え（書紀・三〇）、またその六年には、天智天皇の追福のために唐から送られて来た阿弥陀仏像を速かに都にもたらすよう、詔を下した、と伝えているから、天皇においても阿弥陀仏の信仰が抱かれていたのかも知れない。

また製作された時代は余りはっきりしないが、ほぼ七世紀後半から八世紀前半につくられたものと推定されている押出《おしだし》阿弥陀三尊像（東京国立博物館蔵）がある。中心の阿弥陀仏が説法印を結んでいる点や、左右に観音・勢至を侍立させ、背後に二人の比丘を配した構成は、法隆寺金堂の西方浄土を描いた阿弥陀浄土の壁画の簡略化で、そのほかにも相通ずるものが見られるから、製作年代も余り距たりはない、と考えられる。この押出像でとくに注意されることは、多量に同形のものを作ることができるという点で、大きさも四十センチほどのものであるから、広く用いられる可能性があり、その点、阿弥陀仏信仰の普及に大きな役割を担うことができたものと推察される。

このような阿弥陀仏の像や繡帳がつくられた例は、おそらくここに尽きるものではあるまい。時の移るにつれて、ひとの心を捉えて、像や繡帳や画像を作らせていったことであろう。時代は不明であるが、『日本霊異記』巻上が伝えている、河内の八多寺《はたでら》の阿弥陀画像は、その一端を物語るものであろう。

浄土経典の将来

しかし仏像の造立とともに浄土信仰の普及に与《あずか》って力があったものは、経典の将来である。その意味でまず注目されるのは、すでに早く、恵隠が宮中で『無量寿経』を講じた(5)という事実で、このことは、このとき早くも『無量寿経』だけでなく、他の幾つかの浄土経典もともにもたらされていたことを語るようである。帰朝にさいして浄土経典のなかから『無量寿経』だけを持って来たなどとは到底考えられない。後に聖武天皇が書き写されたものを集めた、いわゆる『聖武天皇宸翰《しんかん》雑集』に「隋大業主浄土詩」(実は彦琮の「願往生礼讃偈」)というものがあるが、これを将来したひともこの恵隠であった(岩井大慧・聖武天皇宸翰雑集に見えたる隋大業主浄土詩について)とすれば、浄土経典のかなりのものを恵隠の将来に帰することができよう。

ただ以上はどこまでも推察の域にとどまるが、孝徳天皇の白雉《はくち》二年(六五一)十二月に味経宮《あじふのみや》で二千百余人の僧尼を請じて一切経を読ませたという記録(書紀・二五)や、下って天武天皇の白鳳二年(六七三)に、始めて一切経を書写したこと、その四年(六七五)に、使者を四方につかわして一切経を求めさせたこと、さらにその六年に、飛鳥寺《あすかでら》で斎《とき》を設けて一切経を読ませたことなどの、一連の記録（同・二九）は、すでに一切経の整備された姿を伝えていて、このなかに浄土経典を含めて考えることを許している。この一切経については、白雉二年との関係において、隋の仁寿二年（六〇三）に作られた彦琮の『衆経目録』や、それ以前に成立した僧祐の『出三蔵記集』・法経の『衆経目録』などを考えなければならないが、それらのなかに『無量寿経』・『観無量寿経』・『阿弥陀経』・『般舟三《はんじゅさん》昧経《まいぎょう》』・『阿弥陀鼓音声《くおんじょう》王陀羅尼経』などの代表的な浄土経典や、『浄土論』などが含まれていたことは当然、注意されなければならない。したがってこのころには浄土経典として代表的なものはほぼ伝わったと見て、間違いないであろう。

しかしさらに下って奈良時代にはいると、もうこのような一切経の存在によって浄土経典の存在を推測するといった間接的立証は不要になる。そこにはおびただしい数の、浄土教系の経論釈疏を認めることができる。

すなわち後世「浄土三部経」と名づけられた『無量寿経』（天平八年）、『観無量寿経』（同一四年）、『阿弥陀経』（神亀四年）を始め、それらの異訳である『無量清浄平等覚経』（天平九年）、『称讃浄土経』（同一〇年）や、『般舟三昧経』（同九年）、『悲華経』（同五年）、『阿弥陀鼓音声王陀羅尼経』（同九年）などが伝来していたし、インドの竜樹の『十住毘婆沙論』（同）や天親の『浄土論』（同）、シナの曇鸞の『往生論註』（同二〇年）、道綽の『安楽集』（同一四年）、善導の『観経疏』（同一九年）、懐感の『釈浄土群疑論』（天平勝宝五年。以上は古文書記載初出の年代）なども伝わっていたのである。善導のものに至っては『観念法門』を除いて、他は全部将来されていたことが知られる（『往生礼讃』はすでに、斉明天皇七年、六六一、道昭が持ちかえっていた、といわれる）。そのほか経論の注釈書も相当伝わっていて、今日既に失われてしまった唐の靖邁の『無量寿経疏』（天平一九年）、新羅の義寂の『無量寿経疏』（同二〇年）を始め、元暁の『無量寿経宗旨』（同）、玄一の『無量寿経記』（同）など、その他多くのものがあったのである（石田茂作・写経より見たる奈良朝仏教の研究）。

したがってこのような伝来の浄土教関係の典籍は当然、浄土教の研究をうながすに至ったと考えられ、同時にまたその信仰をも高め、普及させるに役立ったことは疑いないところであろう。

祈りの信仰

その浄土信仰の事例を『大日本古文書』などによってさぐってみると、そこにはかなりの事例が知られる。しかしここで注意されることは、たとえば、もっとも古い写経である『金剛場陀羅尼経』（隋開皇七年、五八七。闍那《じやな》崛多《くつた》訳）に見られる僧宝林の、この写経の善因によって「浄土に往生し、終に正覚を成じ」たいといったものは、除いて考えなければならないことである。ここでは特定の浄土が示されていないから、西方極楽と限定することができない。神護景雲四年（七七〇）の、錦日佐使主麻呂発願の『解深密経《げじんみつきょう》』第一巻奥書に見える「兜率《とそつ》天浄土往生得見弥勒《みろく》菩薩」の句は、これをよく語っている。

この意味で、まず最初に注目されるのは神亀五年（七二八）の「長屋王御願書写大般若経御願文」である。そこには「この善業を以て、登仙の二尊の神霊を資《たす》け奉り、各《おのおの》本願に随い、上天に往生して弥勒を頂礼し、浄域に遊戯して弥陀に面奉し、並《とも》に正法《しょうぼう》を聴聞し、倶に無生忍《むしょうにん》を悟りたまわんことを」と記されている。なくなった両親の追福のために『大《だい》般若経《はんにゃぎょう》』六百巻の書写を果たしたものであるが、両親それぞれの信仰の違いがうかがえるとすれば、興味あるものである。ただここに見える弥勒、弥陀の順序は、後につづく文章では「登仙の者、浄国に生じ、上天に昇り、法を聞き道を悟り」、と逆になっているから、両親のいずれが阿弥陀仏の信仰を抱いていたものか、明らかではない。あるいは翻って長屋王自身の信仰を語るものとも見ることができるとすれば、これは王の信仰の夾雑性を語るものとなろう。

長屋王の信仰に夾雑性が認められるとすれば、それと相応ずるものは、天平十年（七三八）の「石川年足観弥勒菩薩上生兜率天経奥書」である。ここには「伏して願わくは、道を能仁《のうにん》（仏のこと）に契り、昇りて正覚に遊び、菩提樹の下、妙法の円音を聞き、兜率天《とそつ》の中、上真の勝業を得」と語られていて、その限りでは、能仁としてどんな仏が指されたものか、明らかでないが、この前文には「遥かに響きを和音に変え、十念、功を成じて遠く神《こころ》を補処《ふしょ》（弥勒をさす）に登す」といっているから、この「十念」が阿弥陀仏の第十八願にいう「十念」などであるとすれば、あるいは阿弥陀仏を指し、まず阿弥陀仏に従って浄土に生まれ、教えを聞き、兜率天にも生まれたい、と願ったものであろう。石川年足は、天平十一年にも『大般若経』を書写していて、その願文に「福を安楽に庶《こいねが》い、心を実際（永遠の真実）に帰し」て、『大般若経』を書写し、これを浄土寺に置いて永く寺宝とした い、といっているから、一方で極楽浄土の信仰を抱いていたことが明瞭である。ここにも弥陀・弥勒の両信仰が同居していると見られる。

次に光明皇后の、天平十五年の「超日明三昧経巻上奥書御願文」を注意しよう。ここでもこの写経の功徳をなくなったひとたちのための助けとしたい旨が語られているが、おもしろいことには、両親に対しては「都史（都史多 Tuṣita のことで、兜率の異訳）の宮」を語り、七世父母六親眷属に対しては「極楽」を語っている。どんな理由があるのか、わからないけれども、他にあまり例がないのではないかと思われる。功徳をさし向けられた対象と関係なく、切り離して考えることができるとすれば、ここでも二つの信仰が何の疑問もなく共在していることを知るのである。

ただ光明皇后については、その没後の追善について注目されるものがある。すなわちその七七日に、淳仁天皇は天下の諸寺において国ごとに阿弥陀浄土の画像を造らせ、また『称讃浄土経』を写させて、各国分寺でこれを礼拝供養させたこと、また翌天平宝字五年の一周忌には法華寺の西南の隅に特別に阿弥陀浄土院を造って僧を供養し、諸国の国分尼寺においては丈六の阿弥陀仏像を造らせておられる。こうした事実は、光明皇后の意を体したものと考える限りにおいて、皇后の信仰がどこにあったかを知らせ、注意を引くものである。しかしはたしてそう考えることができるかどうか。

しかしどうしたわけか、これ以後見られる二、三の例では、信仰の夾雑はなくなり、阿弥陀仏なら阿弥陀仏だけにしぼられていることは注目されてよい。天平十六年の、春日戸比良の『大般若経』奥書、天平二十年の、薬師寺僧願俊の『楞伽経《りょうが》』奥書、天平勝宝二年の、願主不明の『維摩詰経』奥書などには、いずれも西方の安養浄土だけを願い求めていることが知られる。とくに『維摩詰経』奥書には、善導が好んで用いた廻向文《えこうもん》、「願共諸衆生、往生安楽国」（『法事讃』や『観念法門』に見える）を用いて、「所以《ゆえ》に安養界の同じ処に生まれて、相《あい》願わくは諸《もろもろ》の衆生と共に安楽国に往生せんと欲す」といっていることは留意されるところである。

またこのほかには、奈良時代も終わりに近い宝亀十年（七七九）の、紀多継の『大般若経』奥書にも極楽の信仰がうかがわれる。

しかしここで振り返って、これらの阿弥陀仏信仰がどのような性格のものだったか、考えて見ると、弥勒信仰と未分の状態に止まっていた時と大差がないことに気付く。僅かな例を除いて、ほとんど一様に死者の追善を目的とし、その意味において極めて儀礼的なものだったことである。一部には純粋な信仰が認められるが、大勢は死者のための追福であって、写経を計画したひとにとって阿弥陀仏は単に冥界の仏でしかなかったのである。

こうした点は、仏像の造立においても同じで、仏像を純粋な信仰や礼拝の対象として作るよりも、その造像を死者の追福のために計画したものである。さきに光明皇后のために阿弥陀仏浄土の画像が作られた一例によってもそれを窺うことができるが、たとえば興福寺東院東堂に安置された阿弥陀三尊像にしても、これは宝字八年、右大臣藤原豊成がなくなった父母のために造ったものである、といわれる（興福寺流記）。このような事実は枚挙にいとまがないといってよい。そしてこうした追福のための造像はただ阿弥陀仏像に限ったことではなく、ほぼ造像一般の風潮であったともいえる。造像など、およそ功徳になる行為は現世の安穏と死後の冥福をいのる祈りのわざとして迎えられていたのである。

信仰の純化

しかしかならずしもだれもが仏教を、現世の安穏と死後の冥福をいのる手段と見做していたわけではない。正しい理解と信仰に生きたひともまた少なくはなかったであろう。「僧仙釈倶舎論奥書」はその好例であって、かれは天平勝宝四年、西京薬師寺の僧として『倶舎論』一部、並びに『本頌』一巻を書写することによって、「この勝因を憑《たの》み、無明の闇を断ち、智慧の眼を得」たいと願い、「巻を披《ひら》き名を聞いて、邪を廻《めぐ》らして正に帰し、三界を超過して、宝刹に遊麾《ゆうぎ》」したいと願うだけで、そのほかのことはまったく心になかったのである（大日本古文書・三）。ここにいう「三界を超過した」「宝刹」はもちろん弥勒の兜率天ではなく、世親の『浄土論』がいうように、阿弥陀仏の浄土を指すとみられるものであって、かれはこのように浄土の信仰を正しく捉えていた、ということができる。

あるいはまた先に掲げた天平勝宝二年の「維摩詰経奥書」にしても、意味のとりにくい点はあるが、奥書の筆者は、なくなった穂積朝臣が生前、親属を顧みず、よく維摩《ゆいま》居士《こじ》の生活に生きたことを想い起こし、この写経の功徳を世の一切のひとに施して、ともに安養の浄土に生まれたい、と願っている。そこには穂積朝臣の冥福をいのるといった考え方は一かけらもない。西方浄土という観念さえも、大乗般若《はんにゃ》の空《くう》の義に立って、「方を借りて不方を示し、不方を以ての故に今西方浄土は万行の黒土を涅《そ》む（染めること）」といっているのである。こうした例を見ても、純粋な信仰に生きたひとたちの少なくなかったことが推察できよう。現世の無病息災・安穏延寿や、死後の冥福は念頭から払拭されていたのである。

そしてこうした純粋な信仰のすがたは、歴史に著名な高僧においても静かに温められていたようである。

天平八年、はるばるインドより来朝した婆羅門《ばらもん》僧正すなわち菩提僊那《ぼだいせんな》（菩提仙那。七〇四—七六〇）はその一人である。かれは東大寺大仏の開眼《かいげん》に当たって開眼の導師の栄誉を担った当代最高の人物であったが、天平宝字四年、入寂に当たっては、西に向かって合掌し、弟子たちに対して、生前阿弥陀仏と観音を尊び仰いできたことを語って、倉の衣物を費用にあてて、阿弥陀浄土を造るように、と教えている。浄土の信仰をもって最後の教誡としたものである（南天竺波羅門僧正碑並序）。

また天平勝宝六年、唐より来朝した律宗の祖、鑑真《がんじん》（六八七—七六三）もまた念仏のひとであった。かれは渡海の失敗と苦難にも屈しないで、十二年の歳月を空しくして、六度目にようやく宿願を果たして日本に来た唐代随一の高僧であるが、渡海の労苦を共にした愛弟子祥彦の臨終にあたっては、西方に向かって阿弥陀仏を念ずるよう教え、また宝字七年、みずからも臨終には西に向いて終わっている（過海大師東征伝）。こうした僅かな事例によっても、生前いかに厚い浄土の信仰を抱いていたかが、よくうかがえる。

このほか、三論宗の智光、華厳《けごん》宗の智憬《ちきょう》、法相《ほっそう》宗の善珠《ぜんじゅ》といった学僧たちにおいても、こうした正しい信仰の把握を推測することができると思われる。しかしいまここでとくに留意したいのは聖武天皇である。天皇には、天皇崩御後、光明皇后によって、天皇の冥福を祈って東大寺に献納された『聖武天皇宸翰雑集』があり、そこには王居士作といわれる「奉讃浄土十六観詩」十三首と、彦琮作の「隋大業主浄土詩」三十二首が収められている。

この『宸翰雑集』は天平三年九月の宸筆にかかるもので、この時点においてどういう目的と意図とをもってなされたか、にわかには論ずることができないけれども、とにかく「浄土十六観詩」においては『観無量寿経』に説く十六観がうたわれていること、「浄土詩」には彦琮の『願往生礼讃』の示されていることが、ここに注目される。これらはともに礼讃の偈として、ともに実際に儀軌の定めるところに従って唱えられたものであろうが、この二つがともに善導の『往生礼讃』の日中讃と晨朝《じんちょう》讃に関連をもっていることは、偶然とはいえ、興味深いものがある。善導では、日中讃として自作の、十六観による礼讃偈を掲げているから、内容において王居士のものと一致するはずもないが、晨朝讃では、はっきり「彦琮法師の『願往生礼讃』に依る」といっているのである。ただ善導では彦琮のものを抄出しているから、天皇の宸筆の方がより多くのものを含んでいる。

ところで、このようなものの存在は、後に善導の『往生礼讃』が行なわれるようになったことと考え合わせるとき、宸筆のこの時点においては、善導の法式や曲調とはことなったものが行なわれていたことを示すものと推察することができる。ただこれによって、天皇の信仰がどのようなものであったか、といった点は明らかにすることができない。強いて論ずれば、牽強に走ることになろうが、天皇がどのような気持ちを抱きながらこれを書き写されたのであろうか、それに想いをはせるとき、天皇もまた真率純粋な信仰を抱きながら写されたことは疑いないのではなかろうか。

智光と浄土教

さて浄土教について本格的な研究をしたひとは、さきにその名を掲げた三論宗の智光、華厳宗の智憬、法相宗の善珠（七二三—七九七）などである。智光には『無量寿経論釈』・『観無量寿経疏』・『四十八願釈』などがあったし、智憬には『無量寿経宗要指事』・同『指事私記』、善珠には『無量寿経賛鈔』・『無量寿経註字釈』があったらしい。このうち、智光の『論釈』は世親の『往生論』の注釈（これを「智光疏」という）であり、智憬の『宗要指事』は元暁の『無量寿経宗要』の注釈、善珠の『賛鈔』は憬興《きょうごう》の『無量寿経連義述文賛』の注釈と考えられる。したがってそれぞれの宗に属する先達の注釈をとって、さらに注を加えるという作業を行なったもので、このことを見てもその研究は主として『無量寿経』に向けられ、それもまだ緒についたばかりのものであったことが推測される。ただこれらのうち、現存のものは一部もなく、僅かに智光の『論釈』が後世の浄土教家の著述に引用されているので、その逸文を集めることによって、ほぼその大体をうかがうことができる（戸松憲千代・無量寿経論釈抄。恵谷隆戒・智光の無量寿経論の復元について、所収の復元本）。いまこうしたものを手がかりとして智光に焦点を当ててみよう。

智光（―七七六ごろ）は嘉祥大師《かじょうだいし》吉蔵《きちぞう》以来の三論宗の正統を伝えた、いわゆる元興寺《がんごうじ》流の祖であるが、注釈を作るに当たっては、四論宗の系統をうけたといわれる曇鸞の『論註』を選んだ。吉蔵の『無量寿義疏』（無量寿経の注釈）をとらないで、曇鸞を選んだ理由がどこにあるか、知るよしもないが、おそらくかれの考え方に共鳴するところが多かったからにちがいない(6)。その一端は、『智光疏』五巻のうち、第一巻が『論註』の上巻を、あとの四巻が下巻を参照していること（井上光貞・日本浄土教成立史の研究）において推察できるようである。すなわち『論註』下巻に対しては四巻の紙数を費やしながら、上巻には余り多く加える必要を認めなかったもので、そこにかれが『論註』上巻については、曇鸞の考えをほぼ全面的に肯定していたことを知ることが可能で、その実例は、後の『往生要集』下巻に引用された逸文によって確かめることができる。『論註』の文字を僅かに（則を即に）書き改め、一、二の文字を（之とか也とか）はぶいただけで、全文が一致するのである[7]。源信は『論註』を知らなかったから、このような智光の注釈を引用したので、知っていたら、後世の浄土教家のように引用しなかっただろうが、こうした点は後の『安養抄』にも見える。

ともかくこのような注釈態度は極めて印象的であるが、曇鸞において観察門が注釈の中心になっていたように、智光も観察の注釈にはこれに多くの紙数をさいて詳説を試みた。もちろんそこには曇鸞の思想と即応しつつ、三論の立場を生かそうとしていることを認めることができる。いまここでは幾つかの言葉を引いて智光の思想の一端を窺って見よう。

そのなかでまず注目されるのは、五念門という念仏の実践について、それが「解《げ》」であり、そこから「行《ぎょう》」としての信心や、その他の功徳の行が生じてくる、と見たことである。かれはこれを『論註』の「起観生信」に依りつつ、次のように述べている。

> 観とはこれ解《げ》、信とはこれ行なり。然《しか》して先に解有りて方《まさ》に能く行を興《おこ》す。行の中に信を以て第一と為す。故に今、信心を挙ぐ。
> 起観と言うは、念を一処に繋《か》け、諦《あきら》かにかの国を観ずるなり。生信と言うは、諸有《しょう》の衆生《しゅじょう》、阿弥陀仏の名を聞いて信心歓喜し、乃至《ないし》一念すれば、みな往生を得。ただ謗法《ほうぼう》を除く。況《いわ》んやまた、具《つぶさ》に諸の功徳を修するをや。（良忠、往生論註記・四、所引）

ここには、五念門全体を「観」と捉えた曇鸞の意をうけて、その観を観察門中心に収めようとしたものであろうが、この一見、解と行を逆にしたと思われる考え方も、曇鸞の「この十七種の荘厳成就を観ずれば、能く真実の浄信を生じて、必定してかの安楽仏土に生ずることを得」という考えに添うものである。そしてここから、かれはさらに念仏に心念（心で念ずる）と口念（口に名を称える）の二を分け、心念は仏の相や智慧を念ずるもの、口念は心念の力にかけたものが、心の散乱を除くために口に称えるものとした（同上）が、ここにいう口念も、信心の行におさめられる「乃至一念」と異なったものであることは当然で、どこまでも心念に連なるものであった。したがって心念の方便としての口称《くしょう》の念仏とは異なった、行としての信のなかの「一念」が智光では注目されていたことになる。この「一念」が『無量寿経』下巻の願成就の文の「一念」であることはいうまでもないが、この「一念」をどう見たかは興味ある問題である(8)。

ところで信との関係においてさらに考えられることは菩提心である。かれは「荘厳大義門功徳成就」の「平等一根」について説明して、「平等一根とは、謂く、菩薩の根は経の中に言うが如し。菩薩の根を起こして仏を礼す。大菩薩の根はこれ菩提心なり。即ち信等の根を以て、かの土に往生せんとする者は諸根明利なりと。即ちこの義なり」（安養抄・二）といっていて、菩提心と信との密接な関係はこれによって知られる。

しかし信と菩提心はさらに次のような関係にもあるようである。すなわち「下品」の利益を説明して「下品上生（素質や能力のもっとも劣ったもの）は法を聞き、信解して無上心を発し、……下品下生は実相を説くを聞き、罪を滅し已《おわ》って歓喜し、即ち菩提の心を発す」（同上）というように、信から菩提心へと展開して行くことである。このような下品にはまず信がおこされ、そこから菩提心が生ずるとみられたのである。しかしかれはこれを往生の勝因とはしても、下下品にたいしては、これも必ず必要だとはしていない。かつて慧遠や道綽に見えたところであるが、このような十悪・五逆の罪人が臨終に善知識に遇って、十遍の念仏で往生できるのは、そのひとが昔おこした菩提心という「本有仏種子」を勝因としているためである、とされた。しかし智光はこれももっともであると認容しつつ、「実義」は、たとい具縛のために菩提心の種をうえたことがなかったとしても、悪逆の罪のはたらく力のいかんにかかわらず、つまり「決定と不決定とを問わず」、このようなひとでも、臨終に善知識にあって「法を聞き、信受して十念を具足」しさえすれば、ただちに安楽浄土に生まれるとするところにある（安養集・二、安養抄・五）、としたのである。かれとしては、下品の「三人には本善有ること無し」と見たから、このひとたちの往生はこの臨終において善知識の教えを受けておこした「信受」・「十念」の発心にかかっていたのである。したがってかれはこの往生の直接・間接の条件にふれて、「発心を以て因と為し、無量寿仏の本願を縁と為して、また安楽浄土に往生することを得」（安養集・四、安養抄・二）とのべて、まず下品三生のひとの発心を往生の因としてこれを強調しているが、さらにそれに仏の第十八願（臨終の十念を取り上げたことは、第十八願とかならず連絡してくる）を縁として加えたことを注意しなければならない。これらは『論註』上巻の「八番問答」の意をよく捉えたものということができる。

しかしこれと関連してもう一つ注目されるのは善知識である。かれは善知識を説明して、「仏説に随って正しく大悲を観ずる菩薩」であり、「猛利を論ずること無く、諸の法性を観じ、八法不動・自利々他」のひとであるとし、竜樹の言を借りて、「能く空・無相・無作・無生・無滅の法、一切種智を説いて、人心をして歓喜信楽に入らしむる」ひとと説いて、この「善知識に由りて正に同じ法を観じ、信受尊重し、理の如く観察して、一刹那に万行を具足す」（安養集・二）とした。臨終の具縛のひとが一切の悪をたち切る念仏を手にするのは、こうした真の善知識の力によることを強調したものである。しかしそれだけにこのような善知識の得がたいことをかれ自身も知って、これを「悲しむべき」こととしている。念仏を最低の下品との対象において考えようとするかぎり、このような困難に逢着しなければならなかったのである。そこにかれの限界があるが、しかし信受し、観察することの意義を重視したことはなんといっても大きな意味をもつものであって、曇鸞の意とするところをよく捉えたものといえよう。そしてこうしたなかでの観想の重視が、また別に『観経』の注釈を書かせ、また世によく知られる、かの「智光曼荼羅《まんだら》」と称する浄土変《へん》相《そう》画をも描かせることになったのかも知れない（真偽は明確でないが）。このことは智光の生きた時代の浄土教思想がどのような方向に向いていたかを知る上にも関連を持つものといえよう。

最後に付記しておかなければならないことは、四十八願のいちいちについてその願名（簡単な呼称）をつけたことである。(9) この願名は後に天台宗の良源によって参照され、かなりのものがそのまま踏襲されている。それだけに大きな影響を与えたものである。また願を整理して、如来と国土と、さらに菩薩・声聞・人天に分けているが、これは慧遠にはじまる分類法を受けたものと考えられる。

ともかく、智光以外にも著述を残したひとはあったが、それらがすべて失われてしまった現在、智光の存在はきわめて注目されるものである。とくに三論宗の浄土教はかれの後も脈々と伝えられ、後には天台宗の浄土教家にも影響を与え、三論のなかからは永観・珍海らの代表的な人物を輩出させるに至ったのである。

浄土信仰の展開

さきにも触れたように、阿弥陀仏の信仰はほぼ追福が中心をなしていた。造像起塔をはじめとして、写経にいたるまで、僅かな功徳行も死者の追薦《ついぜん》にあった。それは一重に阿弥陀仏が現実の今とは関係のない、死者の世界の仏と考えられたからにほかならないが、このような功徳行と関連していま注意したいのは、いわゆる悔過《けか》のなかに阿弥陀悔過と呼ばれるものが行なわれたことである。悔過とは罪過の懺悔であって、これは祓《はらい》や禊《みそぎ》といった日本固有の思想とも合致するところから、国家の平安や五穀豊穣、あるいは病悩平癒を期待して、これを行なったものである。これにはその懺悔の対象に選ばれた仏・菩薩・天や、懺悔の理念を提供する経典などによって、薬師悔過・十一面悔過・吉祥天悔過、あるいは仏名悔過などがあったが、それとともに阿弥陀悔過の行なわれたことが知られている。これは東大寺の阿弥陀堂で行なわれ、後には興福寺や多度神宮寺などでも行なわれるようになったらしい。そしてそうした悔過の式文であろうか、『西方念仏集』をあらわした法相宗の昌海（—七九六）には『阿弥陀悔過』という著述もなされたといわれる（浄土源流章）。しかしここで留意されることは、はたして本来、悔過がもっている現世の幸福を祈るものとして、この阿弥陀悔過が行なわれたかどうか、ということである。東大寺の阿弥陀堂は悔過のために造られたといわれる（井上光貞・前掲書）が、もしそうだとすれば、この阿弥陀堂は、かの天平宝字五年、光明皇太后の周忌日に行なう設斎法会のために、法華寺の西南の隅に建てられた阿弥陀浄土院と同じ性格を持つ可能性を帯びていたのではなかろうか。阿弥陀の悔過は阿弥陀仏本来の性格によって、死者の幸福のために追善として行なわれたのであろう。

ところで、この功徳行と関連して次に注意したいのは、当時どんな経典が読まれ、どんな唱礼の作法が行なわれたか、ということである。そしてこの意味で注目されるのがまず『阿弥陀経』である。このことは浄土教系経典の書写の実状からみて間違いのないところである（石田茂作・前掲書）。宝字四年（七六〇）七月、諸国国分寺において『阿弥陀経』の異訳である玄奘《げんじょう》訳の『称讃浄土経』が写され、礼拝供養された事実はあるが、それは全く一時的な現象であって、結局は『阿弥陀経』に変わりはない。そしてこうした状況が、あるいは「優婆塞貢進解《うばそくこうしんげ》」（出家推薦状）のなかにこの経の読誦《どくじゅ》となってあらわれることにもなったのであろう。

しかし読誦経典は『阿弥陀経』であっても、唱礼の作法はまた別である。これには、さきに聖武天皇の宸翰にも伺えたように、古くは彦琮の「礼讃文」とその讃詠の方法が用いられた、と考えられる。しかしそれが後に讃詠に乱れを生じ、勝手な規矩が行なわれるようになったため、養老四年（七二〇）以来、これを新たに唐の沙門道栄と勝暁とによって正すよう定められた。そしてこの新来の法式が何であったかについては、当時長安で流行を極めていた善導の『往生礼讃』であっただろうと推定されている（岩井大慧・前掲論文）。ここに至って『往生礼讃』は道昭によってすでに将来されていたらしいが、この推定に従えば、ここに『往生礼讃』とその讃詠法式が用いられるようになったことになる。しかし聖武天皇の宸翰に彦琮の「礼讃文」があることを思い合わせるときは、あるいは善導の法式はもう少し下るのではないか、とも考えられる。

ところでこうした経典の読誦や唱礼の対象はもちろん阿弥陀仏であるが、そのような仏像とともに浄土変相図が多く画かれた事実に注目する必要がある。それはどのような姿を画いたものであろうか。

これについて考えられるのは「当麻《たいま》曼荼羅《まんだら》」や「智光曼荼羅」である。これらがすでに燉煌《とんこう》千仏洞の変相画から遠く影響を受けていることはよく知られているが、これを媒介するものが、浄土変相画を多数描いたと伝えられる善導の『観経疏』などであったとすれば、こういった『観経疏』などと密接な関係をもつ「当麻曼荼羅」のような変相画がどこまで溯って考えることができるかによって、その影響関係は明らかになるだろう。しかしこれは余り期待できないようである。これは『観経』が余り重視されなかったことと関係をもつようであるが、しかし他面、善導の著述がほとんど伝わっていた事実と考え合わせると、その影響は過少に評価できないだろう。また聖武天皇の宸翰「十六観詩」や善導の『往生礼讃』の存在は、『観経』十六観と「当麻曼荼羅」との関係からさらに進んで、浄土変相と『観経』との関係にも何らかの連絡を予想させるのではないか。

さてこのように見てきて、最後にこうした浄土教の研究面について触れると、さきに見たことによって主として『無量寿経』に注がれていたことが推察されるが、このことはまた当時用いられた注疏の上からもいえるようである。すなわち、唐の靖邁や新羅の義寂・玄一・元暁、その他筆者不明の『無量寿経』注釈は七部に及んでいるのに、『観経』・『阿弥陀経』・『称讃浄土経』・『般舟三昧経』のものはそれぞれ一部しかないことがこれを語っている。系統としては新羅系のものが多く、法相宗が盛んであった関係上、玄奘《げんじょう》門下の靖邁などのものも用いられたことがわかる。しかしこれとともに忘れてならないことは、さきにも触れたように、善導のものが異常に多いことである。そしてこれが曇鸞・道綽・善導の懐感など、シナ浄土教に眼を向ける素地を与えることになったものであろう。ただ善導の浄土教がこの時代にはまだ正しい評価を与えられなかったことは注意されなければならない。

平安初頭の浄土信仰

平安初頭の浄土教には奈良を中心として考える限りでは、何ら新たなものを見いだせない。奈良時代をそのまま継承して行ったもので、そこにたとえば、智光のあとをうけて元興寺に隆海を生み、善珠をめぐって善謝、ややおくれて玄賓、あるいは善珠の弟子昌海、さらには『日本霊異記』をかいた景戒などを生み出してはいるが、ほぼ前車の轍を追っているとみて誤りはない。

しかし衆知のように、平安初期には最澄、空海による新宗の創設があって、都も京に移され、一部には旧仏教から隔絶と離脱が試みられたと見られる面もあり、仏教に関する限りは、極めて急速に南都仏教との訣別がなされた。したがっておのずからそこにはまったく質を異にした浄土教が成立し、新宗のなかに育まれたのである。そしてそれはとくに最澄の天台宗を母胎として成長した。

さて、最澄は比叡山に天台宗を創設し、教学の確立と弟子の育成に努め、とくにその修学の基盤を止観業《しかんごう》と遮那業《しゃなごう》の二つに整理して（つまり止観と真言《しんごん》である）、その研鑽をもって日本天台宗の成果を期したが、ここにいう止観業は、「法華《ほっけ》・金光《こんこう》・仁王《にんのう》・守護・諸大乗等の護国の衆経を長転・長講」（六条式）するものであると同時に、その名のとおり、天台宗開祖智顗《ちぎ》の『摩訶止観《まかしかん》』を研鑽することをもってその本務としたものである（類聚三代格・二)。

ところで、この『摩訶止観』が説く実践修行の中核は「四種三昧」とよばれる四種の方法であって、そのなかの常行三昧《じょうぎょうざんまい》と称されるものが『般舟《はんじゅ》三昧経』を骨子とした念仏三昧であったのである。その名のごとく、常に行道(仏像のまわりを回わる)することを身の動作とし、口には阿弥陀仏のみ名を称え、心には阿弥陀仏を念ずる、いわゆる「歩々声々念々、弥陀に在り」(摩訶止観・二)といわれるものが、この三昧の行法《ぎょうぼう》であって、九十日に及ぶ極めてきびしい修行《しゅぎょう》法であった。したがってこの四種三昧をもって天台宗の止観業とするかぎり、当然ここから念仏信仰が成育するに違いない。そして事実、これら四種三昧それぞれの道場を建設する方針が、他の堂舎の建設とともに計画されることによって、その方向を見いだすことになったものである。ただ最澄の生前には残念なことにまだ常行三昧堂の建設は実現していない。しかし徳一と論争した『守護国界章』巻下中に、徳一をあわれんで、「南無阿弥陀仏」と記している一事や、唐より帰朝した際、『般舟三昧行法』という一書をもたらしたことをもってしても、最澄は常行三昧専修の道場には期するところがあったことだろうと推察される。そこに最澄の浄土信仰をうかがうこともできる。

円仁と常行堂

最澄の生前、かれの「別願」であった法花三昧堂が建てられたが、それより遅れること約四十年、弟子円仁によって常行三昧堂は建立された。堂内には金色の阿弥陀坐像一体と四隅に菩薩各一体（本朝文粋・一三、覚禅鈔・七）を安置し、四方の壁には九品の浄土が描かれた、といわれる（山門堂舎記、叡岳要記・上）。常行三昧の修行にふさわしい道場としての荘厳がしのばれるが、しかし正しく当時の姿をそのまま伝えているかどうか、信憑性は薄い[10]。ここでとくに注目されるのは、円仁が仁寿元年（八五一）、シナの五台山で行なわれていた念仏三昧法をここで行なったことである。『慈覚大師伝』や『僧綱補任抄出』によると、この五台山念仏法がそのまま常行三昧であったようであるが、この五台山念仏法は善導の唱礼法の流れを汲む法照の五会《ごえ》念仏法であったらしい（諸種の記録は法道の名を掲げており、法道と法照は同一人物とも見られるが、別人とするものもある[11]）。安然の『金剛界大法対受記』巻六によると、法道が現身に極楽に往って親しく水鳥樹林の念仏の声を聞いて、これを伝え、円仁はこれを五台山において学んで、叡山に伝えたもので、これには「長声二声・合殺五声」がある、といっているが、これが平声から高声まで、五つに分かれた五会からなる念仏法であることを伝えている。したがってこれから見ても、念仏や礼讃の言葉を音楽的な曲調にのせて唱うものであったことがわかる[12]。後にはこれを引声《いんぜい》念仏といい、『阿弥陀経』もこのように曲調にのせて、引声阿弥陀経といったのである。

ところで問題は、この五台山念仏法がそのまま常行三昧として行なわれた、という理解である。すでにちょっと触れたように、常行三昧は純然とした修行法であって、そこに音楽的な唱礼法といった性格を含んでいない。それがこのような五会念仏といった音楽的法要とすりかわってしまったのであろうか。このように、常行三昧とは五台山念仏法である、と割り切ってしまう考え方があるが、そうとすれば、本来の常行三昧というものは叡山ではまったく行なわれなかったことになる。しかしこれはおそらくそうではないと思う。察するに、常行三昧とは別に、この五台山念仏法が行なわれたものであろう。そしてこの五台山念仏法といわれるものは、円仁の没後、かれの遺言によって無動寺の相応が貞観七年（八六五）に行なった、いわゆる不断念仏に受け継がれていったものであろう、と考えられる。このことは、後の源信の『往生要集』に平生の念仏として、『摩訶止観』の常行三昧の箇所を全文にわたって引用していることなどからも、いえるだろう。純粋な修行法としての常行三昧はやはり行なわれていたのでなければならない。

山の念仏

円仁の遺命によって行なわれた不断念仏は『今昔物語集』巻十一によると、八月十一日より七日七夜にわたったものであるというが、その後これが行なわれた跡をたどると、寛平五年（八九三）に増命が西塔に建てた常行堂で、翌年これを行なったと伝え（山門堂舎記、等）、天徳二年（九五八）に延昌は弟子に命じて三七日にわたる不断念仏を行なわせたと伝えている（日本往生極楽記）。相応から延昌までの間にどの程度断続があったものか、わからないが、康保五年（九六八）一月に良源によって横川《よかわ》にも常行堂が建立されることにより、ここに新たな形で不断念仏が行なわれることになったらしい。『三宝絵詞《さんぼうえことば》』巻下によると、「仲秋の風すずしき時、中旬の月明なるほど、十一日の暁より十七日の夜にいたるまで不断に令《おこなわしむる》行なり。故《ゆえに》結願夜終行三七日也。唐には三七日行と云、我山には三所に分て一七日行也。合三七日也」と記している。三所とは東塔・西塔・横川の三か所の常行堂をさしたもので、横川常行堂の建立によって、不断念仏は新たな段階にはいり、以来、「山の念仏」と呼ばれるようになったのである。そしてこのときの不断念仏の発願文であろうか、「天台山不断念仏願」の表白には、この念仏の勝因を語って、「それ不断念仏の観門は、往生極楽の直道《じきどう》なり。一念と雖《いえど》も必ず引接《いんじょう》す。況《いわん》や七日常行の勤修をや。十悪と雖も必ず来迎《らいこう》す。況や三業（身・口・意）相応の勝因をや。嶺樹峡水の晩嵐に咽《むせ》んで高く七五三の唱に和し、塞鴻渓鳥の秋声に告げて自《みずか》ら仏法僧の名を称す。これ即ち法道和尚の余流、慈覚大師の遺跡なり」（朝野群載・二）と記している。

しかしこうした「山の念仏」のめでたさは、広く共感を呼んだにちがいない。八月中旬とかぎられた山の念仏が、また随時、形を変えて広く行なわれていくのは当然の推移である。不断念仏の音楽的な美しさが極楽にある思いを抱かせたことであろう。ある尼（寛忠の姉）はその死の近づいたことを思って、極楽からの迎えがあるまで、不断念仏を行ないたいと願い、僧を請じて三日間、夜これを行なわせている（日本往生極楽記）。これは、不断念仏というものが一般化した証左でもある。

しかし常行三昧はこれとはまた別に行なわれた。たとえば、横川常行堂の建立後、この堂では二人の僧がこの三昧を修するものと定められ、二月二十九日より常行三昧が行なわれた（山門堂舎記）し、多武峯《とうのみね》では応和二年（九六二）以来、如覚が常行三昧を行なったが、安和二年（九六九）十月、如覚は来年建立される常行堂の規矩を定めて「毎年七月より九月に至る九十日間、毎日三時、阿弥陀経三十二相を読み、（ママ）并《ならび》に毎日、不断念仏を唱う。右、常行三昧、定むる所、件《くだん》の如し」といっているものなどは、それを示すものである。とくに如覚が明示しているものはオーソドックスな常行三昧法であって（この引文は『多武峯略記』に記すところであるが、「毎日三時」の下は「阿弥陀仏の三十二相を観じ」と訂正されなくてはならないものであろう）、それに付属して不断念仏が行なわれたことを語っていて、注目される。

念仏の普及

不断念仏は「山の念仏」という年中行事となって人口に膾炙《かいしゃ》するようになった。心あるものはそれを模して、僧を請じて行なうようにもなった。またそのような不断の念仏でなくても、力あるものは、邸内に堂を作って、静かに仏を念ずるようにもなっている。『枕草子』「羨《うらやま》しきもの」に「三昧堂たてて、宵暁《よいあかつき》に祈られたるひと」とあるものは、すでに清少納言のころにはそうしたひとたちが多くなっていたことを語るものであるし、慶滋《よししげの》保胤《やすたね》の「池亭記」（天元五年、九八二）には、かれは邸の池の西に小堂を造って阿弥陀仏を安置し、「西堂に参じ、弥陀を念じ、法華を読む」と記している。念仏に心をよせるものは、心静かに仏を念じて西方極楽を願うようになったのである。

こうして念仏信仰はようやく広まって、社会各層に浸透して行き、『日本往生極楽記』が出家だけでなく、在家男女合わせて十一人の往生者の伝を掲げるほど、民衆の心をも捉えるものになったのであるが、「山の念仏」が固定化するころ、同じように庶民の間に念仏を鼓吹したひとのあったことを忘れることはできない。それは市聖《いちのひじり》とも阿弥陀聖ともいわれた空也《くうや》である。

空也（九〇三―九七二）については、源為憲（『三宝絵詞』の詞書をかいたひととして知られる）が空也の没後間もなく書いたと見られる「空也誄《るい》」（誤写・脱字があって読みにくいが、他書によって訂正することができる。堀一郎・空也）や慶滋保胤の『日本往生極楽記』に収める「沙門弘也《こうや》」などによって知ることができるが、かれにおいて注目されることは、社会救済の活動を通して庶民と生活を共にしたことと、そうした市井のなかに埋沈しつつ念仏を普及したことである。かれは比丘となったにもかかわらず、生涯沙弥《しゃみ》として止まるともに、山林修行による験者《げんざ》的性格をも身につけた聖《ひじり》として、当時の既成教団に対しては極めて批判的な立場をとり、それがここに念仏を民衆の手にてわたすことをなしとげることになったのである。これについて、保胤が空也による念仏の功を讃えて、「天慶《てんぎょう》以往、道場・聚落、念仏三昧を修すること希有なり。何ぞ況や小人・愚女、多くこれを忌《い》むをや。上人来りて後、自《みず》から唱え、他をしてこれを唱えしむ。その後、世を挙げて念仏を事と為す。誠にこれ上人、衆生《しゅじょう》を化度《けど》するの力なり」といっていることは注目される。なぜ当時の庶民が念仏を「忌」み嫌ったのか、知るよしもないが、もし推測が許されるなら、あるいは念仏が死に連続し、死のけがれを連想させるほかの何ものでなかったからではなかろうか。民衆の生活をより充実した豊かなものにするものが宗教に求められるとすれば、それは現世の利益を約束するものであって、それにはそれにふさわしい呪術的なものがあったし、罪の意識から逃れたいと思うときには、滅罪の『法華経』があった。念仏をことさら求める必要や意味は毛頭なかったと考えられる。だからここで念仏を民衆に与えて、忌みきらわれた念仏の価値転換を行なったとすれば、そうさせるに至った理由の一端はやはり、その念仏が娯楽的な音楽性とファナティックな呪術性にあった、と考えられる。これが民衆の心を捉え、要求するところに適合したのであろう。そこには、庶民の手のとどかない真言密教の加持祈禱といった呪術をきわめて手軽な念仏という狂燥的な音楽的陶酔に転化して与えた、と見られるものがある。したがってその意味では、もっとも素朴な念仏形態が生み出されたのであって、よしあしはともかく、ここからのちの空也念仏としての踊《おどり》念仏が展開し、鎌倉末期の一遍《いっぺん》に連なる念仏の底流となって伝わって行くのである。

空也の弟子千観（九一八―九八三）は「阿弥陀和讃廿余行」を作り、これが都鄙の老幼男女に普及し、愛誦され、極楽に結縁するものが多かったという（日本往生極楽記）が、庶民の間に空也の念仏が広まって行く一助となったことは確かであろう。その「和讃」は『阿弥陀経』を整理したもののようで、「ゆかばやな　娑婆世界の西の方　よろづの人の願ふ極楽。迷はじな　十万億の国過ぎて　到る処は弥陀の極楽」といったものに始まる三十余行の長い歌[13]であるが、曲調に乗せてうたわれたとき、どんなにか浄土に遊ぶ思いを抱かせたか、推察にかたくない。ここではもはや念仏は現世の安穏を求めさせるファナティックな呪術性を捨象して、音楽による幻想的世界への誘引を果たすようになっていたのであろう。それがこの美しいリズミカルな歌謡のなかにうかがえるようである。

しかし千観については『十願発心記』のあることを付記しなければならない。かれは臨終にあたって、口に仏号を称え、手にこの願文を握って、終わったと伝えられている（日本往生極楽記）が、またみずからも、これを最後の願いとした。かれはみずから、『発心記』の末尾に、「最後の願有り。われいまこの十願を立てて遥かに菩提の因を結ぶ。若し命終に臨まば、この願文を以て右の掌に握りて、その命を終うべし。願わくは命終の後、順次生の中に、この誓願の書、変じて如意珠と成りて、生々世々、在々処々、わが右の掌の中に常にこの宝珠有らんことを。この宝珠の力に依りて普く一切衆生の為に能く無辺の種々の仏事を作し、……」といっているのである。しかしこの願はかれひとりのものではなく、世のひとを救う菩薩の大願として出家も在家もこの「十願」はおこさなければならないものであり、この願を今生に果たせなければ、来世において遂げるよう、あらゆる努力を払うことが大切だとして、まずもって発心することが先決である、と説くのである。かれは普賢の「十願」を学んで、このように願を立てたのであろう。

ここで誓われた十の願はすでに察せられるように、いずれもひとの心を打つものであるが、いま念仏との関係においては、第一・第二・第八がとくに注目される。すなわち第一願は往生浄土の願いを端的に語っているもので、「臨終の時、身心安楽にして、かの弥陀の来迎《らいこう》を蒙りて、上品の蓮台に往生」したいと願うとともに、「あにただわれ一人独《ひと》りこの事有らんや」とのべて、すべてのひとの臨終に、善知識に遇って「十念を称して身心に諸の苦痛無く、同じく弥陀の浄土に生まれ」させたい、と願っている。そして第二願では、第一願の帰結としていわゆる還相を願い、「速に娑婆に還りて、本願力を以て、まず有縁を度し、弘《ひろ》むるに釈尊の遺法を以てし、まさに慈尊の出世を継」ぎたい、と述べる。しかしこの二つは念仏者としては当然の誓いであろうが、第八願は弥陀の本願を学んだもので、その誓いの激しい意欲をうかがわせる。そこでは、「われ無始生死よりこのかた、ないし菩提道場まで、父母・六親・朋友・知識・奴婢・僕従、惣《そう》じてわが経歴し来る所の十方世界の一切衆生、もしわが名を聞き、わが身を見、われを讃え、われを貶《そし》り、およそかの見聞触知の一切衆生、われみな抜済引接《ばっせいいんじょう》して、尽《ことごと》くわが成仏の国に生ぜしめん。その弘誓《ぐぜい》の本願、浄土の荘厳、みな弥陀の極楽世界の如くならん」と誓っている。ここには往生浄土の願いから進んで、成仏《い》を期し、その仏としての誓いとその浄土の荘厳を極楽と同じようにさせたいという壮大な誓いがなされている。それだけにいささか楽天的な感をまぬがれない。

これらの誓いは後に『三宝絵詞』(永観二年、九八四に書かれた)の著者、源為憲《ためのり》を感激させたというが、『往生要集』の著者、源信にも大きな影響を与えたことであろう。源信にも『十大願』(14)がある(佐藤哲英・十願発心記、解説)。

また願について説明を行なったところでは、いま第一願で九品をとりあげ、とくに下品三生の「十念」を説明している点が注目される。ここには「念」を時間ととる解釈など、三義が見られるが、のちに触れるように、この説は源信によって注目されている。

良源の念仏

横川に常行堂が作られてから二年後の天禄元年（九七〇）十月、天台座主良源（九一二―九八五）は一山の復興をただ寺塔の建立に終わらせないために、「廿六箇条起請」を作り、広く一山の僧に示した。そしてそのなかで、十二年の籠山において止観業のものは、四種三昧を修習するのが「学生式」の定めるところであるのに、「当今修する所はただ常行三昧」のみであるから、旧に復さなくてはならないと語った。このことは叡山における止観の修行が僅かに常行三昧にとどまり、他の法華三昧などは衰微していたことを語るもので、法華によって立つ天台宗としてはいささか不本意な状態に堕ちいっていたことを示している。念仏は一方では不断念仏として定着し、しかも広く普及していたから、いきおい純粋な止観としての三昧も常行三昧が好んで行なわれたものにちがいない。このことは、法華三昧と常行三昧が止観の両輪のように行なわれてきた、とする考え方を訂正するにじゅうぶんであるが、また同時に、法華三昧は懺悔滅罪を主とした、いわゆる「法華懺法」

であって、滅罪にとどまり、常行三昧のように往生極楽を約束しなかったし、止観そのものとしては法華三昧も常行三昧と差がないから、法華三昧本来の止観は常行三昧に吸収され、おのずから衰退するに至ったものであろう。ただこの場合の常行三昧が五会念仏としての引声念仏ではなかった、ということは困難である。

さてここに良源は他の三昧の復興を期待したのであるが、しかしこれとは別に、良源が個人として願った信仰は、どちらかといえば、阿弥陀仏にあった。そしてその死に臨んで、「口に弥陀を唱え、心に実相を観じた」（慈慧大師伝）といわれるように、おのずからかれが注目した浄土経典も『観無量寿経』であって、かれはこの経が説く十六の観想のなかでとくに最後の三観に着目して九品を採りあげ、これに注釈をほどこした。すなわち『極楽浄土九品往生義』（九品往生義）がそれであって、日本天台としては最初の、浄土教に関する著述として注目されるものである。

しかしこの書には総じて良源の独自な見解は稀薄である。主として天台大師智顗の擬撰である『観経疏』や『十疑論』、あるいは天台六祖湛然の『維摩経略疏』などを用い、また奈良時代から依用されていた新羅の義寂・憬興のもの、さらに日本のものでは智光のものが参照されている。とくに『智光疏』の依用は重要で、智光によって試みられた四十八願いちいちの呼称はそのまま依用したものがかなりの数にのぼっている（まったく一致しなくても、その参照の跡の歴然としたものも少なくない）。これについてはのちに源信の項で触れたい。

しかしそうしたなかにあって、良源のとくに関心を注いだものや独自性のあるものが幾つか認められる。いまそのなかから、幾つかの点に注目してみると、まず経が上品上生の項で説いている三心（至誠心・深心・廻向発願心）についていっているところをあげることができる。

かれは、三心のうち一つでも成ずるときはかの土に生まれることができるが、それは菩薩としては下位の、上品中下生のひとでしかなく、上品上生のものは経にいうとおり三心を具するのでなければならない、とした。三心に関するかぎり、かれの関心はこれを具する上品上生にあったから、これを具するものは別教では初地に隣《とな》るもの、円教では初住に隣るものとし、「この位は一念に諸心を具するが故に。前の三種の心は一心に円足するが故」と説くのである。これは極めて高い境界を考えていたことを示すものであって、同時にかれの立場をよく語っているが、さらにこれを『維摩経略疏』巻二によって、「三心はただこれ一心自性清浄なり。二辺の曲に非ざるを、これを名づけて直（直心《じきしん》で、すなわち至誠心に当たる）と為し、源底の究め難きを、これを名づけて深（深心）と為し、その性の広博なる、これを目《もく》して大（大乗心、すなわち廻向発願心）と為す」と補足していることは注目される。ここにいう「一心自性清浄」はよく、現象を超えつつ、現象をそのまま肯定できる煩悩即菩提、生死即涅槃の境界、いわゆる天台の「一色・一香として、中道に非ざるものなし」といった立場をうかがわせるものであって、良源がこの九品のどこに力点を置こうとしたかがよく推察される。

したがって、先の「十念」の念仏についても、十念に『弥勒所問経』の説く説（十念を、㈠慈心、㈡悲心、㈢護法心、㈣決定心、㈤深心、㈥一切智心、ないし㈩正念観仏、と理解するもの）を導入して考える義寂の説をそのまま受けとり、これは「凡夫の事」ではない、とした（『智光疏』もこれを「凡愚の念に非ず、不善の念に非ず」とした）。かれがこの十念の説を第十八願の説明に代えていることは注目されてよい。

さらにかれは「凡夫の事」としては、経によって下品下生の十念を称名と認めるほかなかったようであるが、念を南無阿弥陀仏と称える「頃《あいだ》」（すなわち時間）と考えたことは、極めて特異である。空也の弟子千観もこの説をなしている（十願発心記）が、いささか舌足らずな説であろう。良源の弟子源信はこの千観の説を「有るひと云く」（往生要集・下、第一〇章・第五）として紹介している。

いずれにしても、かれは第十八願の十念を下品下生に准じて理解する一面を採用した結果、五逆と謗法を犯さないひとでも善根は薄いから、仏や聖衆のお迎えがなく、第十九願に相応したひとは菩提心もおこし、種々の功徳も修めているので、浄土からのお迎えがある、とし、また第二十願については、この世で浄土に生まれることが定まったひとを考え、たとえ死後浄土に生まれることができないで、もう一度この世に生まれ、さらに、それを繰り返すことがあっても、三度目には必ず生まれることを示したものだ、とした。しかしこれら三願の差について、憬興の、第十八願を上品、第十九願を中品、第二十願を下品とした説や、あるいは順次に下品・上品・中品と見たりした説を紹介しつつ、これを批判して、これらは順序次第を混乱させるばかりでなく、『観経』の下下品が五逆を除いているのとも合わない、とした。しかしこういうだけで、かれには善導の説を導入して細説を試みようとする姿勢はない。総じてこの三願の解釈は通り一遍に終わって、核心が明確でないのである。それというのも、かれにおいては下下品のような愚者や悪人の救いの問題が深く考察されなかったためであろう。

これをもってすれば、かれは愚かなひとの救いの念仏よりも、修行者の観想の念仏を高く評価し、これを鼓吹しようとした、といってよいだろう。ここにおのずからかれの念仏の限界があったと見られる。

禅瑜の思想

さて良源は安然と並んで二師と尊崇され、世に元三《がんざん》大師と称された、叡山中興の祖であったから、その弟子は極めて多く、なかでも源信・覚運・尋禅・覚超を四傑と称し、そのほかにも書写山の性空、多武峯の増賀など傑出した人物が多い。しかしいまここで付記したいのは、「黒谷僧都」といわれた禅瑜（九〇九―九九〇）であって、とくに『阿弥陀新十疑』を残した点、注目されるものがある（このほか『二十往生大願』があったといわれるが、現存しない）。

この書は、天台大師智顗の擬撰である『浄土十疑論』に範を求めながら、その「未だ深意を得ず」、「偏《ひとえ》に依憑《えびょう》すべからざる」点のあることを思って、新たにみずから考えを述べたものである。しかしかならずしも、かれ独自の説や卓越した所論だけがなされているわけではない。たとえば、第四疑に『浄土論』の「二乗（声聞・縁覚）種不生」の問題を扱って、浄土に生まれない二乗とは定性の二乗（はじめから二乗の果をうると定まった二乗）で、極楽に生まれている二乗は不定性の二乗である、とするところは、すでにシナ浄土教の懐感の『群疑論』に説くところであるし、また経にいう浄土の声聞は実はみな菩薩で、ただ声聞の姿・形をしているから声聞といったまでである、といった解釈はいささか珍奇である。後代に編纂された『安養抄』がこの問題を扱って、『新十疑論』のこの説のあとに、『智光疏』をあげているが、これはすでに曇鸞が論じたところであり、智光はそれをほぼ採用したから、せめて『智光疏』を参照していたら、あるいは異なった見解を述べたことであろう。

しかしそのような点はあるとしても、かれがこの書のなかで、とくに『観経』の下三品を中心にして、愚悪の凡夫の救いに焦点をあてようとしたことは注目される。それはたとえば、第一疑に十悪・五逆のものの往生を論じて、「〇《身歟》はたとい十悪五逆を造るとも、身已に十念を具す。十念の力殊勝なるが故に、二大士（観音・勢至の二菩薩）の来迎を蒙るに、何の不可か有らん」とのべ、これを種・熟・脱の三時（さとりを開くまでの三つの階程で、まず仏となる種をうえ、それを成熟させるよう努め、そのうえで解脱がえられる、とする）に当てていえば、「凡そ弥陀の名号を聞いて戯咲の中に一たびも南無と称えんに、これを以て下種（種をまく）と謂うべきなり」といっていることなどに見られる。ただ種・熟・脱を過去の二生と今の第三生との三生において捉えるから、いま善友に遇って往生できるのは、過去の前々生で下種し、前生で成熟し、そして今の第三生で得脱するという形をとったものだ、と考えているもので、これは良源にもその一端がうかがえる。

また第六疑では、五逆の往生を捉えて、これを『観経』の下々品によって理解したあと、第十八願にいう「誹謗正法」の問題について次のようにいっていることが注目される（かれはこれをみずから設問したなかに「況んや『観経』に『唯除五逆誹謗正法』と云う」といっているが、これからするときは、かれの見た『観経』にはこの句があったことになる。あるいはかれの筆の誤りか）。すなわち、『観経』にはすでに下々品に五逆の往生を説いているから、その後「次下に唯除五逆等と云う」のはおかしいのであって、あるいは経典訳出者が「勧進の詞を脱落」したのではないか、というのである。すでに知られるとおり、善導は第十八願のこの句を抑止《おくし》と捉えたが、禅瑜はこれに引かれたか、「勧進」と捉えたのである。しかしさらに注意されることは、この「脱落」はともかくとして、『観経』と『無量寿経』との「唯除五逆誹謗正法」に対する立場の差について、これらを「方等経」と抑えたうえで、「方等経は四教を具す。『除五逆謗法』と説くは通教の意なり。『不除』は円教の意なり。貪欲即ちこれ道、恚癡またまた然り、等と説く。これ方等部に非ずや」と説いているの点である。ここには天台教学に立った天台の学匠としての禅瑜の姿が鮮やかに浮かび上がっている。こうした点は随所に見られ、たとえば第三疑では、十界互具の論理によって声聞と菩薩の互具が説かれている。

最後にもう一つ注目されるものは、第十疑に説くところで、「正法の中には教・行・証有り。像法の中には教・行有りて証無し。末法には本より教有れども、行・証無きは、これ道理の指す所なり」として、この「像末」の、他に「証果の望みの既に絶えた」ものは

「大師釈尊」の「教誘」にしたがって、早く極楽浄土に生まれなければならない、としたことである。ここでは、時・機の反省を通して念仏が強調され、天台円教を奉ずるものも、このなかからもれるものではないことを細説している。しかしここでも、総じて天台教学のなかに収めとって浄土の問題を考えようとする姿勢を崩さないから、古くシナ浄土教で問題になった三心や十念の問題はあまり追求されていない。この点は、第八疑に扱われた仏身の問題では端的にあらわれていて、阿弥陀は「既に同居、劣応身仏と謂うべし」と論じている。これは天台宗の浄土思想を固持した証左であろう。

知識階層の信仰

さて禅瑜についてほぼ語り終えたから、次に同じ良源の弟子、源信（恵心僧都ともいう。禅瑜より三十三歳、年下）について語るのが順序であるが、その前に、源信ともっとも関係が深い、『日本往生極楽記』の著者、慶滋保胤について触れておく必要があるから、少し溯ることになるけれども、保胤に至るまでの上流・知識階層の念仏信仰についても見ておくことにする。

先にも示したように、不断念仏は早くから常行三昧堂の念仏として行なわれるようになった。しかしここで注意されることは、念仏はどこまでも天台教学の一隅でしかなかったから、念仏だけが独立して用いられることはなかった、という事実である。したがって僧はもとより、世俗において受け入れられたものもそうした夾雑のなかで所を与えられていたことを知らなくてはならない。そしてそれは奈良時代における念仏とさして変わったものではなかったから、死者の追善のために念仏を功徳行として行なう風は依然として同じである。ただ天台の教えを信ずるものは『法華経』を中心として開結二経（『無量義経』・『普賢観経』の二）や『般若心経』・『阿弥陀経』を写し（菅家文草・一二。藤相公のための、亡室の周忌の法会願文。元慶八年、八八四）などして法会を行ない（こうした例はきわめて多く後にも行なわれ、『本朝文粋』巻一四、『御堂関白記』、『小右記』などにも見える）、あるいは阿弥陀仏像をあわせて造っている。源湛（源融の子）が貞観十六年（八七四）、なくなった妻、藤氏の七七日に行なった法会の願文を例にとっていえば、この時、阿弥陀仏像一軀が作られ、『法華経』一部が写されて、法会がかつての妻の閨室において行なわれている。「願文」の言葉をかりていうと、「仏はこれ無量寿経仏にして、弘誓《ぐぜい》（広大な誓い）甚だ深し。経はすなわち『妙法華経』にして、本願の等しきものなし。それおもんみるに六道は定まり無く、善悪の昔因に在り。……逝《ゆ》きし者、何処《いずこ》の胎卵と為りしやを知らず。弥陀種覚、願わくは引摂《いんじょう》（救いとる、の意）したまわんことを。逝きし者、たが家の子孫に生まれしを知らず。法華大乗、請う、擁護を垂れたまわんことを。若し廻雪を洛水に化するときは（雪のとける春には、の意）、則ち恵日を照らして以て西方に導きたまえ。……香煙未だ断たざれば、いま且《しばら》く速かに菩提の果を証せん。……磬響、なお余りあれば、この時必ず安楽の処に住せん」（菅家文草・一二）とあるから、阿弥陀の像と『法華経』との功徳によって、妻の往生を期待したことが明らかである。ここには後にさかんになる法華と弥陀という繋がりがすでに始まっていたことを語っている。

しかしこうした動きとともに、また極楽と兜率天との混合も、法華の土台の上に行なわれていて、たとえば源能有は貞観五年（八六三）、母伴《とも》氏の周忌法要に当たって、『法華経』・『仏名経《ぶつみょうきょう》』を書写し、講会《こうえ》を設けているが、その願文が語るところは「安養の院、逾《いよいよ》宝樹の華を饒《ゆたか》にし、覩史《とし》の宮、ますます青蓮の蕚《はなぶさ》を（脱字が一字あって読めない）」（同上）である。極楽と兜率の両方を、これでなければあれ、といった風に二兎を追ったのである。もっと甚だしいものは、一例をあげれば、藤原高経が元慶八年になくなった母の追福のために、無量寿仏・地蔵菩薩・金剛因菩薩・普賢菩薩・金剛語菩薩・観世音菩薩・弥勒菩薩・文殊師利菩薩・大勢至菩薩などの像を造り、経は法華と開結との三経、『阿弥陀経』・『仏頂尊勝陀羅尼経』・『転女成仏経』・『般若心経』を書写しているものである。とくに注目を引くのは、「今月廿二日は、これ乃ち先妣（なくなった母のこと）下世の夕なり。かるが故に弟子（高経）、無量寿の尊像を敬礼し、妙法華の大乗に帰依し、ただ一心有りて、先妣を翊《たす》け奉る。またまた、観音・大勢・地蔵菩薩・無量普賢、『阿弥陀経』をもって、更に余念無く、先妣を翊け奉る。浄界多しと雖も、ただ願わくは華□（一字不明）、安養に住《とど》め奉らんことを」（同・一二）といっていることで、ここには露骨で強引な願望を受け取ることができる。功徳のあるかぎりを積み重ねて、それによって往生を捉み取ろうとする、浅はかな多功徳の観念がよくうかがえる。この風はこの時代を通じ横溢しているが、後になるにつれて、激しくなっている。

しかしこのような風潮と肩をならべながら、知識階層のなかには、これとは別な、真摯《しんし》に念仏信仰に生きたひとたちがいたことを忘れてはならない。たとえば、大納言藤原為光の娘（花山院の女御恒子か）の四十九日の願文（寛和元年、九八五）を見ると、ひとえに弥陀の極楽を願い、「天上の快楽を受け」たくない、と明記されている。このときにも法華とその具経《ぐきょう》（法華・開結三経とともに必ず書写された『阿弥陀経』や『般若心経』をさす）は当時の風習に従って写され、供養されているけれども、兜率信仰を拒否して極楽往生を願ったことは明白である（本朝文粋・一四）。また『往生極楽記』によると、宮内卿高階真人良臣は「深く仏法に帰し、日夜、『法華経』を読み、弥陀仏を念じ」て、天元三年（九八〇）正月に病をえたときも、一度として念仏・読経を廃することがなく、その年秋、卒するに当たっては香気が満ち、音楽が聞こえた、と伝えられている。

これらはまごころから阿弥陀仏を信じて、そのまことを捧げた例であるが、こうしたなかにあって、さらに念仏同心のグループを作り、たがいに導きあったひとたちがあった。それは勧学会と呼ばれ、『往生極楽記』（この著は、いわゆる往生伝の濫觴をなすもので、源信は自著『往生要集』とともにこれを宋に送っている）を著わした慶滋保胤が主宰して康保元年（九六四）、僧俗それぞれ二十人の結縁《けちえん》のもとに結成されたものである。こうした同心の集まりがどうして生まれてきたか、明確ではないが、あるいは空也が洛東に建てた西光寺（すなわち六波羅蜜寺）において、僧俗が参集して、法華を講じ、念仏に専心したことが影響したのでもあろうか。年次は不明であるが、保胤が書いたものに、この法華の「開講、已に八九載に垂《なんなんと》す」といっていること（本朝文粋・一〇、法会）は、これを語るかもしれない。ちなみに勧学会は永観二年（九八五）に中絶しているから、この一文がここまで下らない以上、あるいはその可能性がある。またこの一文は空也没（天禄三年、九七二）後、中信が跡を継いだことを明記している。あるいはまたまったくこの方が勧学会にヒントを得たか。

いずれにしても、勧学会の中絶後、保胤は出家して、寂心と名を改めたが、それ以前にかの『日本往生極楽記』は完成していたものと思われ、この著の成立は保胤と源信との交友関係がすでにあったことをうかがわせる。

注

（1）『維摩経義疏』が経の「唯除五逆誹謗正法」を引用していうところは、これは「ただ一念の為なり。一生終身の修行を謂うには非ず」ということである。この第十八願にいうところは「十念」であるから、これを説かないで、直ちに「一念」を言うのは、すでになにかよるところがあったにちがいない。この所論はいささか唐突であり、意を尽くしていない。

（2）この像の光背銘によると、これは太子薨去の翌年（推古天皇三一年、六二三）三月、止《と》利《り》仏師によって作られたものであるが、その造像の理由は、一つには太子の転病延寿の祈りをこめたもので、それが太子の「定業」によってかなわないときは、太子の「往登浄土」を願うものであった。したがってこの願いは、太子の願いとは本来別のものであることを知らなくてはならない。また祈願の内容と制作年代にそぐわないものがある。学者によってはこの造像記の彫られた年代を疑うひともある。

（3）重松明久『日本浄土教成立過程の研究』「天寿国繍帳の浄土」、参照。

（4）『日本書紀』巻十九、欽明天皇十四年の条に、吉野寺（比蘇寺）の放光阿弥陀像のことを記した記事があるが、信憑性に不安がある。吉野寺の建立は古く、飛鳥時代と推定される。

（5）恵隠の内裏における『無量寿経』講讃の影響を受けたためであろうか、白雉五年（六五四）、遣唐使の随員のなかに「宮首《みやのおびと》阿弥陀」の名を見る。仏・菩薩の名をつける風が、ここに始まったことは興味深い。

(6) 智光が曇鸞に傾倒したことは、この『論釈』巻三で、仏の十二光にふれて、その説明の言葉を曇鸞の『讃阿弥陀仏偈』によってしていることである。その一例を示すと、智光は「知光《智慧カ》明不レ可二測量一。有量諸想《相カ》蒙二光照一可《可衍字》。故亦名二無量光一。解脱輸《輪カ》無レ有二限斉一。蒙二光触一者離二於無有一。故亦名二無辺光一」（安養集・八。復元本）などといっている（以下略）。これは『讃偈』の「智慧光明不レ可レ量　故仏又号二無量光一　有量諸相蒙二光暁一　是故稽二首真実明一……解脱光輪無二限斉一　故仏又号二無辺光一　蒙二光触一者離二有無一　是故稽二首平等覚一……」とそっくり合致する。以下もほぼこれと同様である。

(7) 曇鸞の考え方や言葉を、そのまま依用した例は他にもあって、珍しくはない。たとえば『往生論』巻頭の「世尊我一心」以下の四句の詩に対する釈文には次のような文があるが、ほぼ曇鸞の文である。いま必要上、原文を掲げる。

問曰。諸大乗教皆説三有情畢竟無生猶如二虚空一二、世親菩薩何因縁故令レ説二願生一。答曰。就二無生一者二種義。一者性執所レ見生是求二無法一、無二所有一如二虚空一。二者諸法因縁生相即不生、無二所有一如二虚空一。今願生者是因縁義、因縁義故仮名為レ生、非レ如二凡夫謂レ有二実人実是生死一。此中仮人修二五念門一往二生楽安《安楽カ》一、而前念与二後念一因、穢土仮人、浄土仮人、不レ得二決定一乗《異ノ誤リ》一、前心後心且然、若一即無二因畢《果ノ誤リ》一、若意《異ノ誤リ》即《非ノ誤リ》外二相続一、乃至広説。

「此中」のところで、曇鸞は問答の形をとっているから、問をはぶいて、ここは答の部分をあげたものである。また「乃至広説」はこれを引いた『安養集』の撰者の言葉である。本文は、前出の「恵谷・復元本」によったが、右のように訂正した（西教寺所蔵『安養集』自身がこのように誤っているかどうか、確かめる機会をえていない）。もう一つ、「八番問答」の箇所についていうと、そこでは「八番」のうち第五番までは、その縮約を行なっている（いま現在知られるものは第五番までしかない）。いま第五番の箇所について見ると、

> 若無二三宝出現一何有二仁義等一耶。世間善法皆断、出世賢聖二《（皆カ）》滅。而人唯知二五逆罪為一レ重、不レ知下五逆従レ無二正法一生上。故謗法人其罪最重。如下有所得学二大乗一人明二深密等有相権教一妄通中諸波若等究竟実教上、即是其類。

とある（かれは問・答の語は二回しか使っていない）。かれは『論註』の「諸仏菩薩説二世間出世間善道一教二化衆生一者」を「三宝出現」と整理し、「仁義礼智信」を「仁義等」と省略して、以下はほぼ忠実に『論註』の言葉を追っているのである。ただここには「如有所得」以下の文で、珍しく自分の言葉を吐いている。法相の有相教に対して、三論が「究竟実教」としていかに勝れているかを示そうとした、その努力の一端が見えて興味深い。このように見てくると、『論註』の上巻は智光によってほぼそのまま採用されているとみて間違いない。しかし、第二巻以下においても、『論註』下巻と合致するものは少なくない。

（8）　曇鸞の『論註』上巻に、「十念」を「業事成弁《ごうじじょうべん》を明かす」ものと見ていることと、関係がないだろうか。あるいはまた、道綽がこれを受けて、『安楽集』上巻に「十念相続とは

これ聖者（仏を指すのであろう）の一の数の名のみ」といっているが、これとどうであろうか。

(9) 本書第三章、注(5)参照。

(10) 本書第四章、地蔵の項、参照。

(11) 法道とする記録が、ほとんどであって、その名を掲げると、たとえば「前唐院資財実録」（天台霞標・五ノ一）、『朝野群載』巻二、『野守鏡』巻下、『源平盛衰記』巻九「山門堂舎事」、『濫觴抄』巻下などがあり、文殊《もんじゅ》とするものに『真如堂縁起』がある。後者の説は、五台山が文殊の示現の聖地とされたところから来たのであろう。円仁の『入唐新求聖教目録』には、円仁みずからこの山の五つの峯を巡礼して、その聖地の石や土をもって来たことを語り、これを見聞するものをして文殊と結縁させたい、と願っているから、これも関係しているかもしれない。また同『目録』には法照の五台山で見得した霊験を語ったものと思われる『五台山大聖竹林寺法照得見台山境界記』を掲げている。混乱のもとはここら辺にあるのだろう。

(12) 円仁が将来した書籍には、念仏系統のものが幾つかあって、かれの伝えた実際の念仏法にも、影響を与えていたかも知れない。目録だけで、内容のほどはわからないが、たとえば、「阿弥陀経讃沙門浄遐撰」（慈覚大師在唐送進録）・「念仏讃一巻章敬寺沙門弘素撰」・「讃西方浄土一巻」（入唐新求聖教目録）などはそうしたものと関係があろう。またかれは確かに「浄土五会念仏略法事儀讃南岳沙門法照述」（同上）を将来しているから、この法照流の五会念仏に大きな関心があったことがわかる。

(13) 高野辰之『日本歌謡史』によると、これは七五調の和讃がさきに出て、その七五の句に、首尾を付して短歌としても歌うことができるようにしたものらしく、今様の例に随って七五句を一行とすれば、六十八句は三十四行となる、という。内容はほぼ『阿弥陀経』によってうたわれたもののようである。

(14) 源信には『極楽六時讃』・『来迎讃』などの和讃があるが、これらは千観の『阿弥陀和讃』の影響によるものである。

第三章　源信をめぐる浄土教

勧学会

勧学会は康保元年に、保胤（―九九七）が中心になり、大学寮の学生《がくしょう》たちが発起人となって、結成された。その趣旨は、保胤が「方今、一切衆生をして諸仏知見に入らしむるは、法華経より先なるもの無し。故に心を起こし掌《たなごころ》を合わせて、その句偈《くげ》を講ず。無量の罪障を滅して極楽世界に生ぜんには、弥陀仏に勝るもの莫《な》し。故に口を開き声を揚げて、その名号を唱う」（本朝文粋・一〇）と述べた言葉にうかがうことができる。いわば法華によって智慧を得、念仏によって往生を期したもので、先にも示した、法華と弥陀の繋がりをごく自然に受け取って行なわれたのである。同心の念仏者が春秋二季、三月と九月の十五日に一寺に参集し、法華の講義を聞いたあと、文藻をねって法華を讃える詩文を作り、夕に及んで念仏に夜を徹したもので、『三宝絵詞』の言葉によれば、「十四日の夕に、僧は山よりおりてふもとにあつまり、俗は月に乗りて寺にゆく。……十五日の朝には法華経を講じ、夕には弥陀仏を念じて、そののちには暁にいたるまで、仏をほめ法をほめたてまつりて、その詩は寺にをく。又居易《きょい》（白楽天）のみづからつくれる詩をあつめて香山寺におさめし時に『願《ねがわく》はこの生の世俗文字の業《ごう》、狂言綺語《きょうげんきご》のあやまりをもち、かへして当来世々讃《さん》仏乗《ぶつじょう》の因、転法輪《てんぽうりん》の縁とせむ』（多少読み方が違っているが、『倭漢朗詠集』巻下「仏寺」に載せられている。したがって後世、諸書に引かれた著名な詩である）といへる願の偈を誦《ず》し、乃至僧も互いに法華経の、『聞法歓喜讃乃至発一言、即為已供養三世一切仏』（「方便品」の偈で、多少の違いがあり、原文の方は、「法を聞いて歓喜し讃めて、乃至《ないし》一言を発するときは、則ち為《これ》已に一切三世の仏を供養するなり」と読まれる）といふ偈、又竜樹菩薩の『十二礼拝《らいはい》』の偈等を誦して夜をあかす」などと書かれていて、この集まりがどんな性格のものであったかをうかがわせる。メンバーには保胤の外に、紀斉名《きのただな》・大江以言《おおえのいげん》・高階積善といったひとが知られ、僧も参加しているから、まじめな念仏同心の集まりに違いないが、世評の一端には「風月詩酒の楽遊」という評価もなされた（本朝文粋・一〇）ことを見ると、多分に娯楽的な性格も加味されていたものと知られる。また春秋二季という間遠さは旧交を温める親睦の意をかねたものであったことを推察させる。互いの信仰を励まし合うにはいささか中途はんぱで徹底を欠いていた、といえる。

しかしこれを主宰した保胤はきわめて熱心な浄土信仰者であった。みずから語るところによると、かれは幼少より弥陀を念じていたが、四十を過ぎるころからはますますその志が高まったようで、邸内に小堂を造って弥陀の像を安置し、官務を終えて帰宅した後は、この「西堂に参り、弥陀を念じ、法華を読み」（池亭記。本朝文粋・一二）、あるいは「口に名号を唱え、心に相好を観じ、行住坐臥、暫くも忘れ」ない（日本往生極楽記・序）念仏の日々を送った、という。したがってこうしたかれ個人の信仰への沈潜が、かえって、ややもすれば生半可な親睦機関に終わりかねない勧学会から身を引かせる結果になったのでもあろうか、かれは信仰一途の生活に徹するために、寛和二年（九八六）ついに出家し、名も寂心と改めるに至っている。おのずから主宰者を失った勧学会も、かれの出家に先立ち、中絶を見ている。

しかしはじめに見たように、こうした同信のグループが結成されたことは、誠に意義深いものであったといわなければならない。念仏者としては一握りの集団に過ぎないけれども、時代に与えた影響は決して小さなものではない。源為憲が『三宝絵詞』（永観二年、九八四に書かれた）のなかでこの会について語っているということを見ても、それがうかがえる。

そしてこのような同類の集まりはほかにもあったようで、「世に勧学会有り、又極楽会有り。講経の後、詩を以て仏を讃ず」（本朝文粋・一〇）という言葉にも、それがうかがえる。

二十五三昧会

ところで、勧学会が中絶したとみられる年の翌々年（寛和二年、九八六）、比叡山飯室《いむろ》北谷安楽房においては、念仏同心の僧俗の集まりが結集され、また横川首楞厳院《しゅりょうごんいん》において二十五三昧会と称する念仏の結縁が結成された。ともに恵心院の源信がその集まりのブレーンとして参画していることが知られるが、これらがかの勧学会などに負うものであると同時に、さらに内容の充実をはかったものであることはすでによく知られている（井上光貞・前掲書。石田瑞麿・往生要集、解説）。

いま源信がみずからこの二十五三昧会のために書いた『横川首楞厳院二十五三昧式』（十二条よりなり、永延二年、九八八に書かれたものであるが、これより先、寛和二年の保胤の起草とされる八条からなる「二十五三昧起請」がある。内容はほぼ同じで、おそらく前者は後者を改訂して、この方が依用されたものであろう）[1]を見ると、そこでは念仏三昧の集まりは毎月十五日と定められ、法華の講経に始まり、夜を徹して念仏を行なう、とされているが、勧学会の特色である、狂言綺語を讃仏乗の因とするような点は払拭されている。さらに念仏同心の結衆は互いに父母兄弟の思いを抱くよう強調し、したがってまた結衆のだれかが病気になったときの看病の心得や臨終にさいして取らねばならない心遣いなども、起請されている。ここではすでに月一度の結縁を遥かにこえた固い同朋意識が結ばれている。そしてここにおのずから結衆の没後の葬送や埋葬の問題も規定されてくるのは当然であるが、ここで一つ注目されることは死者の遺骸に、光明真言によって加持《かじ》した土砂をかけること（光明真言がもっている不思議な威力を土や砂に移しかえて、それを遺骸にかけると、亡者の一切の罪が消される、という）が説かれていることである。ここには真言密教が罪障消滅のための一方法として用いられているわけで、源信が書いた『往生要集』との関係において興味ある問題を提供している。

いずれにしても、ここに色濃くうかがえるものは結衆間の同朋意識（「吾《わ》が党」という表現が随所に見られる）であって、これがこの三昧会を盛んにし、後に僧俗百名に及ぶほどに拡大した所以のものであろう。

しかしここで忘れることができないのは、このような念仏の結縁者たちはなにを念仏の指針として相互の信仰を向上させ、励ましあったか、ということである。単に念仏同心のものが集まって念仏を唱えているだけでは、勧学会の二の舞を見かねない。そこにはきっと、念仏というものの正しいあり方、念仏はこうでなくてはならない、といったことを示す指針がなければならない。そしてこの要求と必要を満たすものが、源信によって書かれた『往生要集』三巻であったのである。『往生要集』そのものは二十五三昧会の成立の前年にでき上っているが、すでに勧学会の中断、二十五三昧会の成立という時の推移を考えるとき、『往生要集』の執筆はこの時点における念仏結衆の機運とその当然の要求に答えるためになされたものである、ということができる。このことは、『往生要集』のなかで特異な位置を占めている「別時念仏」の「臨終行儀」と、『二十五三昧式』の病者に対する用心との関係によってもうかがうことができる（石田瑞麿・悲しき者の救い、往生要集）。

源信

源信は天慶五年（九四二）、大和葛城郡《やまとかつらぎ》当麻《たいま》に生まれた。かの当麻曼荼羅《まんだら》で知られた当麻寺の地であり、ようやく空也の念仏が実を結んで、広く庶民の間にも滲透しはじめた時に当たっている。また母はきわめて篤い信仰の持ち主であったと伝える。

かれは天暦四年（九五〇）、比叡山に登り、天台座主良源に師事して天台の教学を修め、後に良源の「四哲」の一人に数えられるほど（慈慧大師伝）令名を謳われるに至っているが、天元元年（九七八）、法華会《ほっけえ》の竪義《りゅうぎ》という晴がましい栄誉ある役目をつとめた後、いつのころか定かではないが、横川《よかわ》に隠棲して、世俗的な栄位や名誉と袂を分かっている。そしてそうした隠棲のなかにあって温めたのであろう、永観二年（九八五）十一月、首楞巌院において筆を起こして『往生要集』を書き、翌寛和二年四月、これを完成している。僅か半年で出来上ったことを思えば、いかにかれが俗塵を遠ざかって、念仏に専注したかが、よくうかがえる。その後かれは『観心略要集《かんじんりゃくようしゅう》』という『往生要集』の姉妹篇に当たる著述をものしている（「強圉《ぎょ》の載《とし》、夏五月」とあるだけで、成立年次は明らかでない。「強圉」は丁《ひのと》の年の意）が、そのほかにも浄土信仰を語るものは決して少なくない。なかでも「横《よ》川《かわ》法語」は和語のものの先駆として注目されているし、『極楽六時讃』や『来迎讃』も忘れられない。とくに『六時讃』は『栄花物語』「おむがく（音楽）」の巻に引用されていて、世に与えた影響のほどが察せられる。

ともかく、『往生要集』の完成によって、これを指南とした念仏同心の集まりが結成された。叡山浄土教はここに大きく活動を開始することになる。

しかしここで忘れてならないことは、かれをもって念仏一色でぬられた浄土願生者と考えてならないことである。かれはどこまでも天台の学匠であって、その意味でも学問的な業績を残し、実践修行にも励んでいる。『一乗要決』・『大乗対倶舎抄』といった著述はその天台学匠としての輝かしい業績を飾るものであり、シナの四明《しめい》の知礼《ちれい》に「天台宗疑問二十七条」を送ったことは、日本天台の学匠としての気を吐いたものといってよく、横川首楞厳院に霊山院《りょうぜんいん》をつくって、霊山講や四季講を行なったことは、天台の僧としての宗教的実践の一面を語るといえよう。したがって『往生要集』のなかにもこのような面が濃厚に姿を見せてくるのは当然である。天台教学はこの書のなかでも、その背骨をなしていると考えておかなくてはならない。

ただ教学の土台はどうあろうとも、かれはまぎれもない念仏者である。かれが始めた迎講はそれを語るし、晩年にものしたものも『阿弥陀経略記』という一書であった。長和二年正月一日、かれの書いた願文によると、生前修めたところは、念仏二十億遍、『法華経』を読むこと八千巻、『阿弥陀経』一万巻、その他の大乗経五万五千五巻に及び、またさまざまな真言もとなえた、と記している(二十五三昧過去帖)ことを見ても、それが知られる。

こうして晩年のかれは心静かな念仏の日々を送ったことであろうが、七十歳を越えたころから病に悩まされ、起居も自由にまかせず、寛仁元年(一〇一七)六月十日、永眠した。臨終には五色の縷《いと》をとり、竜樹の『十二礼』を誦し、眠るがごとくなった、と伝える。七十六歳。

『往生要集』の内容

『往生要集』はその名のとおり極楽浄土に生まれるために、経論のなかから必要と思われる文を拾い集めて一書としたものであって、文字どおりおのれを空しくして経論や先哲の言葉を聞こうとしている。序文には「予《よ》が如き頑魯《がんろ》の者（心かたくなな愚かもの）」とのべて、利智精進のひととは比較にならないことを語り、みずからもこの易行《いぎょう》の念仏に導かれていくものであることを明記している。このことは、この書全体を包む方向を示したものとしてとくに注意されなくてはならないことであろう。

この書は全体を十章に分け、まず現実のすがたの直視から筆を進め、自他を含めて、この現実がいかに穢《けが》れた世界であるかを鋭く抉《えぐ》りだして、この世界の汚濁に溺れることを誡め、阿弥陀仏の浄土こそ、ねがわしい最上の世界であることを、十の喜びにまとめて、教え勧める。これが「遠離穢土《おんりえど》」・「欣求浄土《ごんぐ》」の二章である。

その内容は当然きわめて対照的であるが、穢土の直視は、六道（地獄・餓鬼・畜生・修羅・人間・天の六つの世界）を扱って、とくに地獄の描写において鮮烈をきわめている。その迫真力は読むものをして膚に粟を生じさせ、罪のおそろしさを驚倒させるにじゅうぶんである。後世、六道図や地獄草紙・餓鬼草紙などが描かれた、そのもとがここに発しているることを思えば、影響がいかに大きかったかがわかる。そしてこれと打って変わった世界が浄土において描写される。そこには浄土に迎えられるときの喜びから、浄土でのさまざまな喜びが語られる。これもまた後に大きな影響を与えたものであって、いま『栄花物語』の「たまのうてな（玉の台）」がこれを参照して浄土に生まれるさまを記したくだりによって、これを語らせると、こういっている。

これは聖衆来迎楽と見ゆ。弥陀如来雲に乗りて、光を放ちて行者のもとにおはします。観音・勢至蓮台を捧げて共に来り給。……紫磨金《しまごん》の柔かなる膚《はだえ》透《す》きたり。紫金台に安座して須臾《しゆゆ》刹那《せつな》も経ぬ程に、極楽にいき着きぬ。草菴に目を塞《ふさ》ぐ間は、即ち蓮台に蹠《あなうら》を結ぶ程なりけり。或は八功徳水澄みて、色々の花生いたり。その上に仏現れ給へり。さばこれや蓮花の始めて開くる楽ならんと見えたり。或は卅二相あらたに見え、六通三明具へたり。仏を見奉り法を聞く事、れうれう分明なり。これこそは見仏聞法の楽なめれと見ゆ。よろづめでたし。処は是不退なれば、……。

このなかの傍点の部分は、ほぼそのまま『往生要集』を受けたものである。しかしこれはただ一例にすぎない。総じて、『栄花物語』の作者がこのように浄土の描写に心を引かれたことでもわかるように、後代の読者をして浄土に生まれたいという願いを起こさせた、そのほどがよくわかる。中御門右大臣藤原宗忠がその日記『中右記《ちゆうゆうき》』の保延二年（一一三六）三月十七日の条で、「暁鐘の間、夢に往生要集の十楽の文を見る」と記し、この夢を浄土に生まれることの確証と受け取って随喜しているが、それだけまたこの浄土を描写した部分がかれの心を捉えていたともいえる。

浄土の「十楽」が語られたあと、第三章「極楽証拠」では極楽と十方諸仏の浄土との優劣を論じ、さらにとくに弥勒の兜率天と対比して、極楽のすぐれていることが論証される。これは当時いかに兜率信仰が強かったかを語る証左でもある。二十五三昧会の結縁衆の一人であった妙空（『三外往生記』にその伝を記している）は、源信に教えられて、浄土に生まれる因縁を結ぶために、結衆の墓所である華台廟に安置するための丈六の仏像を造るよう願をおこし、その功を終えないうちになくなったというが、このとき源信が阿弥陀の仏像を造るよう教えたのは、かつて慈鏡阿闍梨が丈六の像を造って兜率に生まれた、その例にならったものであったらしい（叡岳要記・下）。阿弥陀仏を信じつつ兜率に生まれる、といった混雑が行なわれていた、という事実を語るものとしてここに掲げる。こうした風があったからこそ、源信はことさらこの一章を設けなければならなかったのであろう。

しかし後の法然が考えているように、以上の三章は『往生要集』としてはさして重要な部分ではない。この書としては次につづく「正修念仏」・「助念方法」・「別時念仏」の三章が中心を占めている、と考えられる。そしてさらにその後に続く「念仏利益」・「念仏証拠」・「往生諸業」の三章は先の三章を受けて付帯的に起こってくる問題を整理したものであるから、これらもまた源信としては傍論と見られるものである。したがって『往生要集』の中心思想は「正修念仏」以下の三章において展開すると考えて間違いないが、ただ最後の「問答料簡」の章だけは、別な意味で、源信の考えるところをより正確に伝えるために重要な役目を果たしている、と考えることができる。次に『往生要集』の念仏がどのようなものであるか、上記三章を通して捉えてみよう。

『往生要集』の念仏

源信が正しい念仏の修め方を考えるに当たって基盤としたものは、世親の『浄土論』がとる「五念門」(念仏に関連した礼拝《らいはい》・讃歎《さんだん》・作願《さがん》・観察《かんざつ》・廻向《えこう》、という五つの行為)であるが、この五つの中心を観察に置き、それに直接随伴する条件として作願を考えた結果、他の三つはおのずからこれらの補助か、当然の帰結といった位置を与えられている、と見られる。したがって念仏はこの二つをめぐって考えて、大概を尽くすことができる。

さて「作願」とは仏になりたいと願うことであって、いわゆる菩提《ぼだい》を求め、世のひとを救いたいと願うことである。別の表現をかりれば「四弘誓願《しぐぜいがん》」であり、すなわち「衆生無辺誓願度(世のひとははてしなく多いが、これらすべてを救おうと誓うこと)」、「煩悩無辺誓願断(煩悩ははてしないが、これらすべてを断ち切ろうと誓うこと)」、「法門無尽誓願知(仏の教えは尽きないが、これらすべてを知ろうと誓うこと)」、「無上菩提誓願証(最上のさとりをさとろうと誓うこと)」の四つである。したがってこれこそは大乗の教えを奉ずるものとして念仏者もまた抱かなくてはならない根本条件であることを語るものであるが、源信はまたこれが二つの面をもっていることを示して、それを「事（具体的な対象に係《かか》わるもの）」と「理（具体的な対象を超えたもの）」とに分けた。すなわち、前者は、具体的なすがたにおいてこの誓いを実践しようとするもので、かれはこれを、大乗菩薩の三種の戒（これを三聚浄戒といい、止悪と作善と積極的な社会救済の三つの面を戒として捉えたもの）と、ひとにそなわる仏としての三種の本性（三因仏性《ぶっしょう》といい、先天的にそなわっているものと、後天的に修行によってえられる二つのものを考えたもの）と、仏の三種の徳（三徳で、智慧と煩悩を断ち切ることと、恵みを与えることとの三つの徳）と、仏の三種の身体（三身《さんじん》で、法身・報身・応身の三）とに連関させるといった方法を用いて説明した。これは従来行なわれてきた三・三の対照法（たとえばシナ天台の明曠は『天台菩薩戒删補』で、三聚戒の説明にこれを用いている）(2)を採用したまでで、新鮮味はなく、いささか機械的な対応といえなくはないが、とにかく四願を統一するものとして最後の「無上菩提誓願証」を重視し、これについて「前の三の行願を具足するに由りて、三身円満の菩提を証得して、還ってまた広く一切衆生を度す」と述べていることは注目される。いわば、これらの四願によってすべてのものの救済が実現されるその基盤として、仏の三種の身体を一身にうるのであって、いわゆる「三身即一」の実証が誓いを立てることによって完成することになるわけである。そしてここにおのずから「理」の誓いが説かれることとなる。

ところで、理の願とは、もはや救いの対照を超えた願であるから、一切を本来寂静とみるものであって、有・無、常・断、生・滅、垢・浄といった対立のとらわれを超え、現実がそのあるままのすがたにおいて真実と捉えられることになる。天台の言葉をもっていえば、「一色《いっしき》・一香《いっこう》、中道《ちゅうどう》に非ずということなし（一つの色、一つの香りとして、そのまま真実ありのままのすがたでないものはない）」ということであり、言葉を他に求めるなら、「生死《しょうじ》即涅槃《そくねはん》（この現実のすがたがそのまま仏のさとりの境界である）」、「煩悩即菩提《ぼんのうそくぼだい》（煩悩がそのままさとりである）」である。したがって、このような理に立って、煩悩にとらわれた世のひとを救おうとする誓いが、理に順じた誓いなのである。源信はこの誓いを「最上の菩提心」だといっているが、こうした真実を正しく捉えた上での誓いこそ、よく世のひとを救うことができる、と考えたもので、このことは次の「観察」とも関連して注意される、源信の一つの立場を語っている。

さて観察はこの「正修念仏」の中心であるが、源信がここでとくものは「色相観（仏の相好の観想）」であって、これは三つに分けられ、「別相観（相好のいちいちを観想するもの）」、「総相観（相好の総括的観想）」、「雑略観（特定の相好に限った観想）」である。

このうち「別相観」では、まず仏が坐っている華座《けざ》から始めて、次いで仏の相好に及んでいるが、相好の観想については仏の頭の頂から、足の裏や跟《くびす》に至る、四十二の観想を、かれ独自の考えから整理して、これらを順逆（頭から足へと順次下るのが順観《じゅんかん》で、その反対が逆観）反覆して観想することを勧める。

次に「総相観」は個々の相好を総括して、輝きわたる光明として捉えようとするもので、「目に溢れるものは、ただこれ阿弥陀仏の相好、世界に周遍するものもまたこれ閻浮《えんぶ》檀金《だんごん》の光明のみ」といっている言葉はよくこの観想のすがたを語っている。しかしここで注意しなければならないことは、かれはまたこの観想を仏の「三身一体の身」を観想するものとも説いていることである。さきに作願において見られた「三身即一」の理の面が捉えられているわけで、いわば理の観察とも言えるものが認められる。したがってかれはここで、三身（応身・報身・法身）のいちいちに対する観想に触れたあと、

「この故に三世十方の諸仏の三身、普門塵数の無量の法門、仏衆の法海、円融の万徳、凡そ無尽の法界は備わりて弥陀の一身に在りて、縦ならず、横ならず、また一に非ず、異に非ず、実に非ず、虚に非ず、亦有無に非ず（三世にわたる一切の仏の三身も、あまねく行きわたった量り知れない多くの教えも、仏をめぐるひとたちの備える、海のように広大な教えとまったく一つに融け合ったすべての功徳も、およそ尽きることのない一切の全宇宙は阿弥陀仏の一身に備わっていて、時間と空間を超え、変化でも無変化でもなく、実でも

虚でも、有でも無でもない)。」

とのべ、阿弥陀仏は本来清浄で、心も言葉も及ばないものであることを語っている。あるいはまた言葉を換えて、阿弥陀仏は寂静であって、ただ名前があるだけであり、だからここから、「所観の衆相は即ち三身即一の相好・光明なり、諸仏同躰の相好・光明なり、万徳円融の相好・光明なり」ということを知らなくてはならない、ともいうのである(この言葉は、この言葉の前後を含めて、ほとんどそのまま『栄花物語』「たまのうてな」の巻に引かれている。前掲、往生要集、解説)。

さて最後に「雑略観」が述べられるが、ここでは仏の眉間の白毫《びやくごう》とか、その光明とかを観想することが代表として掲げられている。白毫の観想は他のどんな相好の観想よりも勝れているというのがその理由である。しかしここでとくに注目されるのは、このような相好の観想ができない能力の劣ったもののために、次のような方法のあることを示していることである。それをかれは「称念」という言葉で表現しているが、つまり心に、「帰命《きみよう》の想《そう》(真心から仏の仰せに従おうという想い)」とか、「引摂《いんじよう》の想(仏が浄土に連れて行って下さるという想い)」とか、あるいは「往生の想」を抱いて、一心に仏のみ名を称えることである。ここにはもはや、心の動揺を静め、相好に心を専注して、そのすがたを思い描き、まのあたりにありありと見る、といった、いわゆる「三昧」の境地にはいることは要求されない。ただひたすら仏の救いを想い、仏のみ名を称えて、「飢《う》えて食を念《おも》うが如く、渇《かっ》して水を追うが如く」(3)、称名念仏を続けて忘れないように努めるだけでよい、とされるのである。

以上は観察において示された念仏であるが、ところでこのような多様な念仏をさらにまったく別の角度から整理したのが「別時念仏」で、ここでは念仏は平生《へいぜい》と臨終に分けて説かれる。いわば念仏を一面、作法といった視点からながめようとしたものである。

したがって、平生の念仏としては、一日ないし七日、十日ないしは九十日と日を限って行なう念仏が示されている。すでに早く山の念仏として行なわれて来た不断念仏がここに予想され、後の百万遍念仏の先蹤をうかがうことができるが、ここではとくに九十日の常行三昧が注目される。そしてそれを『摩訶止観』に説く言葉によってすべて語らせていることにとくに留意する必要がある。常行三昧というものを、たんに念仏の音楽的諷誦《ふうじゅ》や行道的礼拝・讃嘆に終わらせてしまった引声《いんぜい》念仏と、はっきり一線を画して考えようとする面が、ここに顕著だからである。かれにおいては念仏はただの作法や儀式に止まらなかったことがここに極めて明らかである。

それはまた臨終の念仏についてもいえる。すでに「二十五三昧式」においても看病から臨終・送葬に及ぶ間の、結衆相互の温かい配慮が取りきめられているが、ここには死の床に臥している念仏者をどのように力づけ、導き教えて、最後を心正しく念仏して終わるようにさせてやるか、その細かな心遣いが語られている。念仏は臨終にあってはもはや形の問題ではなく、心の問題であり、最後の一声の念仏が正念に称えられることにかかっているからである。ここには、源信がいかに臨終の念仏を重視したかがうかがえ、かれが迎講を始めたといわれていること（法華験記・下）も、もっともと頷《うなず》かれる。

さて以上は、源信が念仏について考えた概要であるが、かれはこのような念仏を正しく行なうための補助手段として幾つかのことが平行しなければならないと考え、それを「助念方法」において説き示した。そこには、ともすれば起こってくる怠惰な心を策励して念仏を続けるには、仏の本願とか名号とか相好とか、といったさまざまな功徳に満ちあふれた事柄に思いを致し、善を行ない、悪を廃し、罪を犯したときは直ちに懺悔するなど、多くのことが語られている。しかしかれがなかでも重視したのは『観経』に説く「三心」である。かれは、念仏を長時にわたって行なう（長時修）とか、余念《よねん》を雑えないで断えまなく行なう（無間修）とかいった念仏修行のすがた（これに四つを数え、「四修」という）を通して、この心の持ちようを説く三種の心にとくに着目し、善導の『往生礼讃』の言葉によってこれを明らかにしているが、ここでとくに注意されることは、この三心を含めて、念仏について次のような総結を提示したことである。

すなわち「往生の要」行について、「大菩提心と、三業を護ると、深く信じ、誠を至して、常に念仏するとは、願に随いて決定して極楽に生まれる」といい、このうち、「深く信じ、誠を至して、常に念〔仏〕する三つ」が念仏そのもののすがたであって、積極的な善としての「行善」であり、「三業を護る」のは消極的な「止善」、「菩提心」と「願」とはこの二つの善を扶助するもの、としたのである。したがって、念仏を「三心」の上で捉えようとしたことが理解できる。そしてこうした念仏をふまえて、かれは「往生の業は念仏を本と為す（往生之業念仏為本）」と言い切ったのである。一見なんでもないことのように見えるこの命題が、後に大きな意味をもつようになることは、法然の主著である『選択集』において明らかである。かれはこの命題を念仏の旗印としたのである。

『観心略要集』と『阿弥陀経略記』

以上によって、『往生要集』の念仏がどのようなものであるか、その大要を示すことができたと思われる。しかし源信にはさらに注目しなければならない『観心略要集』と『阿弥陀経略記』の二著がある（もちろんこのほかにも多くのものが源信の名のもとに帰せられてきたが、その多くは偽撰である。これらについては後に改めて触れる。以下『略要集』および『略記』と略称する）から、これらについて少しく触れたい。

まず『略要集』は、さきにもいったように成立年代が不明であるが、これについてその真撰を疑う説がある（田村芳朗・鎌倉新仏教思想の研究）。しかしその論拠は薄弱であるから（その論拠になった『蓮華三昧経』の詩については、源信の偽撰の項で触れたい）[4]、いまは源信のものとして扱うことにする。

この書も『往生要集』と同様、十章よりなり、最後の章も「問答料簡」に当てられているが、その大綱は天台教学の中心である観心の上にどのように念仏を位置づけることができるかという問題を中心にし、そのうえでそれらと切りはなせない懺悔と菩提心との関係を明らかにしようとしたものである。したがって中心課題は「観心」にある。

さて「出離の正因」は観心であるが、念仏もまた観心であることを示そうとして、かれは「阿弥陀の三字において空仮中の三諦を観ずべし。かの阿は即ち空、弥は即ち仮、陀は即ち中なり。それ自性清浄は凡聖隔《へだ》て無く、因果改《あらた》まらず、三世に常住にして二辺動ぜざれば、これ中道なり。百界・千如、三千世間の諸法、森然《しんねん》として幻有なるは、これ仮諦なり。四句に推検して一法をも存せず、三千を亡泯するは、これ即ち空なり」とのべ、これが「仏の名を念ずる」という意である、とした。この論理はおのずから三観・三諦のうちに阿弥陀を収めとるから、念仏もまたこの念ずる「一心」（第二）に導かれることになる。この所論はさらに鮮やかに『略記』で整理されているが、同様の論理で、極楽浄土もまた

「一念三千、並びに畢竟空、並びに如来蔵、並びに実相」であって、「三に非ずして三、三にして三に非ず」（第三）と示される。これも『略記』では「此の中に応《まさ》に三諦の観解を作すべし」として、浄土の荘厳を観ずるようにのべたものと大差はない（阿弥陀の三字を三諦にあてることは、後に受けつがれ、真言宗では、実範・覚鑁にうかがわれているが、また法然の『三部経大意』にもみえている）。

　こうして源信はこの「己心に仏身を見、己心に浄土を見る」とするのである。言葉を換えていえば、「我が身は即ち弥陀」であるから、「娑婆も即ち極楽」であって、十万億土を過ぎた遥かかなたに「安養の浄刹を求むべき」（第四）ではない理である。

　ところで、この一心は「自性清浄なる本覚の心」（第二。あるいは「法性の一心」とも「心性の月輪」ともいう）であって、「空仮の二用は中道の体より開ける」のであるから、「機応は万差なるも、心性に顕われざるは無い」。「明鏡の万像を浮」かべるに似て、「心性は三千を現」わし、「真如は諸法を生」ずるとする。いわばこの「本覚真如の理に帰する時」、「本有の三千を顕わす」のであって、本来、「我等が一念の心性は、無始已来、三身の万徳を備」えているものであり、それは『蓮華三昧経』の詩（これについては後に記す）や『華厳経』の詩（これは『往生要集』第七章、第四にも引用されている「破地獄偈」で、これについても後に記す）によく示されている、と見る（第五）。こうしてかれは行きつくところ、

「妄想の雲霧を払って心性の月輪を顕わさば、これを即身成仏と名づけ（中略。割註で六即成仏を示す）、これを直至《じきし》道場と名づく。実に髻《けい》中の明珠にして、亦《また》無上の宝聚なり。弥陀名字の所詮、往生極楽の指南なり」（第七）と論ずるのである。ここには観心を念仏の究極であると示して、余蘊《ようん》がないようである。天台教学の止観の上に念仏を収めとろうとする以上は、こう言いきるほかはない。そして、それはさきに『往生要集』が理観の念仏を「最上の三昧」とした（第一〇章、第四）ところを発展させたものにほかならない。かれは別の箇所で、『法華経』「薬王品」の「ここに命終して即ち安楽世界に往き、ないし蓮華の中に生まる」とある文を解釈して、「命終」とは法華の修行によって「悪業の命」が尽きることであると見て、きわめて特色のある即身成仏的な説明を展開している（第四）が、これも晴夜に星を見るようだ、というように、己心に仏身を見る、としたことの当然の結果と考えられる。

　そしてこのようにみたかぎりにおいて、かれは懺悔を「法華三昧《ほつけざんまい》の行法」とし、その「理の懺悔を行ずる」ことがとりもなおさず「真の念仏三昧」である（第八）とし、発菩提心を「往生極楽の業因」、「欣求浄土の綱要」として、「円の菩提心」（これは内容的には『往生要集』がいう縁理の願と同じ趣意である）を説くのである（第九）。

　このように、源信は終始、観心理観の立場において念仏を収めとっていくが、しかしかならずしもこれに終わらないことも、また注目されねばならない。なぜなら、阿弥陀の三字が空仮中の三諦に相応ずるならば、そのかぎりにおいて、「法報応の三身も、仏法僧の三宝も、三徳・三般若、かくの如き一切の法門は悉く阿弥陀の三字を摂《おさ》める」から、ただその名を唱えるだけで、一切の功徳はそのなかに収まるという、ちょうど逆の論理が許されるからである。したがってかれは、第二十「繋念定生の願」にも「理観を修せよとは云」わないし、第十九「聖衆来迎の願」にはただ「至心の称名」を説くだけなのだ、とする。そしてかれはここで散心念仏でも往生できる例として、梁朝の悪僧雄俊の例を引いて、「智解、胸に満つる人すらなお理観に堪えず。況んや尼女・在俗、ただ俊の先蹤《せんしょう》を追うべし（第一〇）と勧めている（ここに引かれた文にそのまま相当するものを知らないが、内に引かれた『観経』の文からすれば、『往生要集』第七章、第六にかれがその名を示している『瑞応伝』と一致し、戒珠の『浄土往生伝』とはあわない）。これからすれば、観心に重点を置く立て前を取りつつ、なお散心念仏を説かなければならなかった、かれの「底下理即の凡夫」としての自覚をここでも見ることができるのはあるいは当然のことなのであろう。ただ散心念仏を「初門と為して理観を習うべき」（第一〇）ことがここでは忘れられない。

さて『阿弥陀経略記』もまた天台教学による理解を立て前とする。したがって阿弥陀の三字（ここでは無量寿）を空仮中に配し、仏を「一心に具わる」「三智」と捉えて、「応に知るべし、円融三観の智、円融三諦の境と冥じて、万徳自然、円なるを阿弥陀と名づく、と。衆生、無始にして因より果に至り、具《つぶさ》に六即阿弥陀仏を具す」（六即は『略要集』の六即成仏に合する）と説き、また「かの仏の依正《えしょう》（浄土と仏身）の万徳、無始已来、己心の中に在」るから、この己心を観ずる「観心は勝」れている、という立場を推し出している。

しかし同時にこの書には「深く信じて彼《かしこ》に生まれんことを願う」「称名一心の念」仏も重視されている。かれはこの「但信称念」を「往生極楽の綱要（イ総）」ととっているが、経の「若し信ずること有らん者は、まさに発願して、彼の国土に生ずべし（若有信者、応当発願、生彼国土）」とある部分を注釈して言っているところはさらに注目される。かれはこの部分を経の他にいうところと対応して、これには「三つの事」が示されているとし、「一には人、即ち聞は信受なり。二には因、即ち応当発願なり。三には果、即ち生彼国土なり」とする。すなわち、経の他の箇所で「聞く者」とか「是の説を聞く者」といっている「聞」を「信」と結んで、一つのものと捉えたのである。これは信を聞にまで拡大したものであり、源信の念仏の勝れた一面を語っているといえよう。

この書について最後にもう一つ付記しなければならないことは、『観経』の「十六想観」と『無量寿経』の四十八願について触れていることである。ただそれは極めて簡単なもので、わずかにそれらの呼称を知らせるにすぎない。それでも源信がこれらの想観や願をどのように捉えていたか、それを知るようすがとなるものがあるから、これを別に表にして掲げておく。そこで知られることの一、二を示すと、観想では「観仏」に「像身・真身及び自在身」の「三種観」を立てたこと、願では第十八・十九・二十を「三種往生」として一つにくくったことが注目される。前者の「自在身」は第十三観のことであり、善導など、他のひとの呼称とは全く独自なものである。「三種往生」の願については『観心略要集』では第十九を「聖衆来迎の願」、第二十を「繋念定生の願」（第一〇）と呼んでいるが、第十八はかれとしてはおそらく罪悪深重の凡夫に視点を据えて十念往生の願としたのではなかろうか。(5)

源信の念仏の特色

すでに示されたように、源信の念仏の性格は幅の広いものである。かれが整理した別の表現をかりていえば、「定業《じょうごう》（坐禅による観想）・散業（行住坐臥の散心の称名）・有相業《うそう》（相好を観じ、名号を念ずる事観）・無相業（いわゆる理観）」などに分けられる。そして念仏の理想としては理観の念仏が「最上の三昧」と認められていると同時に、ひとそれぞれの能力や素質に適った念仏が勧められている。したがって、どんなひとにも念仏を最高の往生の行為として開放することになる。とくに心の脆弱な愚かなひとや、過ちを犯す罪深いひとにもこれを認めようとしたことは注目される。その一端は『観経』の説くところとして、かれが表現を整理した「極重悪人には他の方便なし、唯《ただ》仏を称念するとき、極楽に生ずることを得」という言葉（後に親鸞はこの言葉をとって、『正信偈』の一句に詠《よ》みこんでいる）にもうかがうことができる。さとりから見放されたものに往生の救いを指し示そうとする願いは『往生要集』などの随所に窺えるところで、かれの述作の本意もそこにあったものであろう。

源信の書いた『横川法語』といわれるもの（成立年代は不明であるが、おそらく『往生要集』以後のものであろうか）には、そうした愚かなものの救いを端的に示して、「信心あさくとも、本願ふかきがゆゑに、頼ればかならず往生す」といい、「妄念はもとより凡夫の地体」であるから、「臨終の時までは一向に妄念の凡夫にてあるべきぞとこころえて、念仏すれば来迎にあづか」る、と説き、「妄念をいとはずして、信心のあさきをなげき、こころざしを深くして常に名号を唱ふべし」と教えている。これを見ても、源信の念仏が単に素質・能力の勝れたひとだけを対象に説かれていないことを知るのである。

ただ注目されることはさきにもいったように、源信の晩年の作と推定される『観心《かんじん》略要集』には、事観を初歩の入門として理観を習うように強調し、本覚門思想に立った、天台教学の正統的思想がかなり強く表面に推し出されていることである。この点はさらに、晩年の『阿弥陀経略記』にも見られる。

しかしこれらは、かれの念仏思想が一切のひとを包容する念仏から、特定の限られた資質のものの念仏に逆転後退したことを語るものではない。ここでもかれは、散乱のなかの念仏でも、心さえ誠であれば、来迎にあずかる、と説き、「至心の称名」はその名号の莫大な功徳によってかならず来迎をうることができる、と記している。

さてこのような源信の念仏を角度を変えて、かれに先立つ良源や千観と対比してみると、あるいはさらにかれの考え方が明瞭になるものがあるかもしれない。もっとも三者が共通した問題を扱うことは極めて稀であるから、いまは「十念」についてのべた三者の考えを比較してみることにする。

良源の考え方をまず述べると、かれは第十八願に説かれる「ないし十念」を説明して、これを二通りに解釈し、一つは「南無阿弥陀仏と称える、この六字を経る頃《あいだ》を名づけて一念と為す」といって、十声念仏を称えることを十念とするが、いま一つは新羅の義寂の説の引用で、そこでは、『弥勒所問経』の、慈・悲などの十の心を十念とする考えを取って、「専心に仏の名を称する時、自然に是《かく》の如き十を具足す」る、と説き、またこの十の心(十念)を具足して、よく「少称」(数遍)ないしは「多称」(数多く)を行なうことである、と説いて、これは愚かなひとのよくするところではない、と示し、さらにこの十念は竪《たて》に時を論ずれば十遍の称名、横に事を論ずれば慈などの十心である、とも整理されている説が、掲げられている。

　ところで、これを千観の『十願発心記』によってみると、説くところはほぼ同じであるが、ただ違う点は、第一の十念を時間として捉える考え方が細説されて、良源の考え方のほかに、さらに二つの解釈を加えたこと、第二の義寂の説を良源のようにそのまま載せないで、愚かなひとのよくするところではないと説明した部分をかなりの長さにわたって削除し、引文を二つに切断したこと（したがって、「已上」という区切りが二回書かれている）が認められる。そしてさらに注目されることは、十心を具足した念仏の称名について、良源が「少称」あるいは「多称」と書いた部分を、「一称」あるいは「多称」と書いていることである。千観が義寂の文をとくに書き改めて「一称」としたのか、もともと「一称」とあったのを良源が「少称」と書き改めたか、明確にはできない（義寂の『疏』は今日失われて、ない）が、次にのべる源信も「一称」と書いて引用している点、留意されてよい。いずれにしても、千観では愚かなひとに対する配慮がうかがえるといってよかろう。良源と同じように上品の往生を願ったひとではあるが、千観には細かな心遣いが感じとれる。

　さて源信でも、十念を時間ととる解釈や義寂の『疏』の引用があるが、時間ととる説を「有る」ひとの説として紹介し、また、さきの良源の引用に見られた「少称」を千観と同じく「一称」とし、引用文も千観と同じく省略している（これらは、「有る」ひとが千観であることを示している。従来、師の良源をさしたと考えられ、[6]そのためになぜ「有る」ひとといったのか、その理由が考察されなければならなかったが、三井寺の千観と解するときは、この疑問は解消する。また良源の『九品往生義』は千観の『十願発心記』以前に書かれたものであろう。）が、かれ自身の立場としては、これを臨終の十念ととって、道綽の『安楽集』を引用して説明に代えていることが注目される。したがって十念を十遍の観想と取るとともに、また十は単に遍数ではなく、「業道成弁（往生の因としての三昧の完成）」であるとも解し、また初心のひとは数ととって、十遍口に称えることとしてもよい、ともいうのである。そして極悪のひとはこの十遍の念仏を満たす必要があるが、そのほかのひとは『無量寿経』の「願成就文」にいうように「ないし一念（一遍の念仏）」でも生まれる、という懐感の『群疑論』の説を採用しつつ、[7]私釈を加え、しかもそれを決定的な意見とはしていない。臨終の十念については、千観は『十疑論』によって、臨終の心は猛利であるから、十念によって往生する、と説き、概して『十疑論』が考えの拠りどころとなっているが、源信では道綽や懐感が用いられていることが注目される。

以上は、わずかに十念による対比である。総じていえば、源信ではシナ浄土教の伝統の主流が大きく汲みとられている点、天台教学のなかに包容された浄土教に依然として止まっていた良源・千観などとは異なって、大きな飛躍をとげたものといえる。これは源信以後の浄土教と比較した場合にも注目されるところであろう。この点は、対照表もまたかれの位置をよく語るにちがいない。

源信が後に与えたもの

源信が『往生要集』によって後世に多大の影響を与えたことは、すでによく知られている。二十五三昧会の結縁衆は当然であろう（聖全はその一人で、『拾遺往生伝』巻下に見える）が、源信とほぼ時を同じくした静照は『極楽遊意』のなかで、早くも源信の『白毫《びやくごう》観《かん》』とともにこの書を指摘し、「行者は須《すべか》らくかの文に依るべ」きであると述べ、弟子覚超は『往生極楽問答』において、臨終のひとに接したときは、『往生要集』の「臨終の行儀」の、往生の要となる十箇の語を用いるとよい、と述べていることは注意される。この書をもって念仏行者必見の書とする風が漸次醸成されていったことは、この一事をもってしても、推察に難くない。その影響について多く語ることはできないから（拙訳『往生要集』解説、参照）、いまは一例を掲げてそれにかえる。時代は少しく下るが、この書が、天下三戒壇の一として古くより謳われた筑紫の観世音寺において、毎年百日の「法華六十巻談義」を行なった際、『摩訶止観』とともに読まれ、浄土の良縁を結ぶよすがとされたことを付記しておく。このことは天永元年（一一一〇）九月の「観世音談義縁起案文」に見える。そしてこの影響は思想や宗教の場に止まらないで、広く文学や美術など、さまざまな領域にまで及んだのである。

しかしここで一つ注意しなければならないことは、源信が後に与えた影響には『往生要集』とは別に、かれの始めた迎講や二十五三昧会の影響があって、それには『往生要集』とは異なった性格があったことである。それがどのようなものであるかは、すでにそれらがもつ法会的な性格から推察されるところで、念仏の普及に与《あず》かって多大な力があったと同時に、念仏に随伴した夾雑性に拍車をかける形をつくるに至っている。いまその一端を二十五三昧会によっていえば、この三昧会はすでに法華と念仏との幷行を許していたから、この三昧会の盛行は、必然的に念仏には法華がつきものといった固定観念を植えつける結果を生ずることとなった。後になって、朝題目・夕念仏という言葉が言われるようになったことも、あるいはここに発するのであろう。そして後に法然門下の浄土教を批判した『野守鏡』巻下に、「此頃の専修《せんじゅ》の二十五三昧は、観経をよみて法花経をよまざるなり。本願の意楽にたがひ、真実の利益を失なふ」と非難しているものなどは、こうした固定観念の定着を端的に語っている、といえよう。

ところが、三昧会が許容した念仏と法華との幷行は、『往生要集』自体ではまったく稀薄である。とくに『法華経』の「薬王本事品」には、仏の滅後五百年のうちにあって、もしこの経を聞いて、説かれているとおりに修行する女性は、臨終において、阿弥陀仏の「安楽世界」の「蓮華の中の宝座の上に生まれる」と説いているのに、『往生要集』は僅かに、極楽を願う理由の、その証拠として、「法華経の薬王品」という章の名を指摘しているに過ぎない。このことは、『法華経』の文の引用が僅か十指に足らないことと相俟って、法華が『往生要集』の念仏にとってはきわめて間接的な外縁的意味しか持たなかったことを意味している。経文としては「唯有一乗法無二亦無三」や「一念信解」の文など、一、二重要なものも見られる（第一〇章、「問答料簡」）が、これも念仏が秀れていることを証するためのものであって、とくに後者はかえって法華を超えて、法華をより低次のものと見做す、後世の口伝《くでん》法門の萌芽に連なる意味において注目される。したがって『往生要集』では念仏と法華との幷行は企図されていないといってよい。そしてその結合の必然性を教学の上に立証しようとした試みは晩年の『観心略要集』であると見られるが、しかしこの書名がすでに語っているように、ここでの中心課題は「観心《かんじん》」であって、ここではさらに一歩前進して、法華よりも観心を重視する口伝法門の萌芽がより濃厚になったことを語っているのである。

さて以上は一般的に源信の位置を捉えただけであるから、さらに教学的な面に焦点をしぼって考えてみよう。

源信のあとをうけたひとたち

まず、源信と同時代および以後の人物とその著述に注目すると、同代には、先にも記した寂心（―九九七）があるが、また『四十八願釈』や『極楽遊意』を書いた静照（―一〇〇三）、『阿弥陀新十疑』を書いた禅瑜（九〇九―九九〇）があり、少し下って源信の弟子の、『往生極楽問答』の著者、覚超（九六〇―一〇三四）がある。またこれをさらに下ると、『今昔物語集』や『宇治拾遺物語』の著者ともいわれる、『安養集』を著わした源隆国（一〇〇四―一〇七七）があって、かれはさらに下って現われた真源（一〇六四―一一三六）とともに、『往生要集』の研究者として注目される。後者には『往生要集裏書』などの書があったと伝え、『順次往生講式』が現存しているが、さらにその著と伝える『自行念仏問答』は源信の『観心略要集』の流れを汲み、恵快（伝不明）の著と推定されている『妙行心要集』とともに注目される（佐藤哲英・叡山における浄土教の形態。仏教の根本真理、所収）。このほか、覚超の弟子で、『西方集』を書いたと伝えられる勝範（九九六―一〇六七）があり、この系統から融通念仏の祖、良忍（一〇七二―一一三二）がでているし、伝不明の忍空には、仁平四年（一一五四）の作である『勧心往生論』がある。いまこれらのなかから、いくつかの思想を取りあげ、源信との関係においてその特色を拾ってみよう。

まず最初に触れなければならないひとは、寂心である。かれと源信との交わりはどの程度のものであったか、余りよくはわからないが、後の「二十五三昧式」の起草を寂心とする記録などのあることや、勧学会から二十五三昧会への移行などによって察すると、すでに勧学会のあったときから、源信との交際は始まっていて、それが手引きになって、寂心は源信のいる横川に登ったものと思われる。『本朝高僧伝』巻九に、登山後、「浄業を源信に学ぶ」といっているが、あながち虚構ではないだろう。そしてこれと関連して注意されるのは、出家前に執筆した『日本往生極楽記』（この書は出家後、聖徳太子・行基菩薩などを加えて、増補された）で、その序に、この書の執筆動機となったものに『浄土論』と『瑞応伝』があることを示して、とくに後者について、「この中に牛を屠《ほう》り、雞を販《う》る者、善知識に逢いて十念往生する有り。予、この輩を見る毎《ごと》にいよいよその志を固む」と記していることである。この二書は源信も『往生要集』下巻（第一〇章、第一〇）にその名を掲げ、「往生人を記する」ものとして勧めているから、あるいは源信によってその存在を知らされたものかも知れない。[8] ただここで注目されるのは、かれが「十念往生」の事実を知ったにもかかわらず、その実例をその伝記に一人も記していないことである。多くは平生浄業の念仏者であり、心静かに念仏し、時には光や異香、音楽などといった瑞相を示して死んでいったひとたちだけで、悪業はおろか、臨終十念で終わったひとさえ記されていないのである。もし、このことが、悪業のひとの往生によって念仏の不思議を知り、心を引かれながらも、かれをして、そのようなひとについて記載することを躊躇させた事実を語るとすれば、かれの念仏思想の限界がうかがわれるようで、興味深い。かれは極めて仁慈の心厚いひとであったと伝え、「愛、禽獣に及び、肥牛、壮馬に乗ると雖も、ただ哀愍して鞭を加えざりき」(本朝高僧伝・九)と記されているから、心を引かれつつも、あえてそれを記すことには踏み切れなかったのではないか。

次に触れたいのは静照である。そしてかれについては、かれによって源信の『阿弥陀経略記』に略説された阿弥陀の「本願」のいちいちの願名が注目され、とくに関心が注がれるようになって以後、真源や澄憲の『四十八願釈』など、四十八願に対する新たな研究を呼び起こしたことである。すでに良源の『九品往生義』は四十八願について詳述を試みてはいるが、これは南都三論の智光に従ってその埒を外にでないから、後に与えた影響のうえでは源信を受けた静照が特出している。かれはその願のうち、とくに第十八願を中心とした二、三の願に着目し(源信はこれらを「三種往生」の願と呼んでいる)、なかでも第十八願を「念仏往生」の願と捉えて、勝れた創意を示すとともに、念仏を称名とおさえることによって、称名以外を不要とし、この称名念仏十遍によって往生が決定するとして、罪悪にまみれた愚かなひとの救われる道を示した。これは、『往生要集』が「念仏の証拠」として通別二つの点を指摘し、通じては『無量寿経』の三輩の条、別しては四十八願中の第十八願を掲げたことに代表される意を正しく承けたものといえる。ただここでは終始、念仏を称名と捉えていることが、第十七から第二十までの四願において認められる(9)ことは顕著な特色といえよう。これは、後の専修念仏に連なるものであり、善導の思想を導入したものと考えられる。

ところが、静照の別の著書、『極楽遊意』では、この傾向が全く見られないことは興味ある事実である。この書は『観経』十六観を説いたものであるから、そこに善導の解釈の片鱗が窺えてもよさそうなものである（たとえば「三心」釈など）が、それが認められないで、ほぼ天台教学の立場に立って説き、したがって念仏も『摩訶止観』を中心とした観想（事理二観）の念仏を示すにとどまっている。このことは、両書の成立年次と特殊な相互関係を結んでいることかも知れない。ともかく両書は、その所釈の経が違っているにしても、その立場が全く異なっていることは注意されるところである。

次に覚超がある。かれは二十五三昧会の根本結衆であって、源信に師事してその影響を多く受けたから、念仏について記した『往生極楽問答』も『往生要集』を受けた跡を顕著に語っている。ただ一つ異なっているところは、往生が決定した人には三心が現われるとして説明した、その三心の内容である。それは、㈠心に他の思いを雑《まじ》えないで、はっきりと極楽浄土が観想されること、㈡行住坐臥、口を開いたときも黙っているときも、ほかの願いを抱かないこと、そして、㈢夢のなかで、仏・菩薩の迎えをえて、往生する、と見ること、の三である。これは「三心」とはいうけれども、実は「三種の相」であるから、いわゆる至誠心などの三心とは異なっているもので、いってみれば、往生の確約の証拠をこの三つに捉えたところに、その意味があるといえる。ただこの三心は静照の『極楽遊意』がその末尾に「観の成・不成」を知る条件とした「三」とほぼ一致するものであることを知らなくてはならない。覚超は三つの観想成立の条件をそのまま借用して、往生決定の条件とすりかえたのである。このうち、とくに最後の「夢中」の「見仏」は、後に盛んになった風潮と関連して注目される一事である。しかし覚超は真言において一山にもっとも秀でた人物でもあったから、念仏に徹することができなかった憾《うら》みがある。たとえば、月を見ても、西方を指向する月を見ないで、月輪観になぞらえるなど（後拾遺和歌集・二〇）、その一例である。その点、念仏者としての影響関係は稀薄である。また『往生極楽問答』も、著書としても僅か数丁《ちょう》の小冊子にすぎない。

これに対していまとくに注意を引くのは、源隆国の『安養集』である。この書は、隆国が延暦寺の学僧たちと一緒に宇治平等院の南泉坊で編集したもので、おそらく延久年間

（一一二三―一一一八）には成立したものとされるが、範を『往生要集』に受けつつも、編集者の私見がない、全くの要文の集録である。したがってここから編集者の意のあるところを汲みとることは困難であるが、それでもかれらが意を注いだ点は推察することができ、関心の中心が、三輩往生、浄土の荘厳、仏身、仏土、弥陀の本願、二乗種不生、十念往生、念仏の方法などにあったことは、割かれた紙数の上から、言えるようである。しかしいまもっとも注意されることは、ここに集録された典籍、経典十二部、論疏三十八部のうち、善導のものが異常に注目されていることで、『観経疏』「散善義」などはほとんど全文が引用されている（恵谷隆戒・源隆国の安養集の研究、印度学仏教学研究・一四所収）。これは、先に善導に注目した『往生要集』が主として『往生礼讃』を引いていたことと対応するもので、『観経疏』に対する関心はここに始まるものといってよい。

さてここでもう一人注目しておきたいのは真源である。かれが『往生要集』について『裏書』・『依憑記』などを書いた（これらは現存しない）ことは、源信に対する傾倒の強かったことを語って余りあるが、また『順次往生講式』を書いたことも、源信の迎講の流れを汲むものである。そして後者においては、静照の『四十八願釈』を受けて、第十八願を中心にした前後の四願を一つに捉えて「正修念仏」として重視し、また別に『四十八願釈』を書いていることが注意される。しかしここでさらに留意しなければならないことは、

『観心略要集』・『阿弥陀経略記』などの流れを汲んで、念仏を法華に定着させるとともに、さらにその上に位置づけようとした『自行念仏問答』の存在である。この著についてはすでに疑いを抱くひともあるが（田村芳朗・鎌倉新仏教思想の研究）、その理由はいささか薄弱である。しかし、かといって真源とするには躊躇されるものがある。詳述は後にゆずり、いまこの内容に少しく触れると、先に『観心略要集』や『阿弥陀経略記』に触れたとき述べたような、阿弥陀の三字を空仮中の三諦に配する考え方や六即の弥陀といった思考が取りいれられているが、そのほかにかれ独自の考えがさまざまに繰り広げられていて、多彩である。たとえば、その一つは従来の法華最勝という考え方を認めつつも、如来の秘密は法華の本門では顕わされない、として、それを第四（前の三が爾前・迹門・本門の三）の「観心」に求め、実は「法華の心」は「摩訶止観」である、とし、その止観は、「衆生の介《け》爾《に》の一念（凡夫の起こす日常の迷いに捉われた瞬時の思い）」に「三千の性相（宇宙の一切の実在としての事象）」がすべて具わっている、と説くところに極まるとしたこと、二つに阿弥陀仏に四つを分け、第四の「観心の弥陀」において、弥陀は煩悩にまみれた「凡夫、我等」の当分であって、この道理によって、凡夫がおこす初一念の心によって成仏し、それが阿弥陀仏といわれる、と説いたことなどである。ここには観心によってみずからの心に阿弥陀仏を見るとともに、一切がすべて弥陀である、とみる本覚思想が端的に語られるようになったことを示している。

さて以上、必要な範囲で源信のあとを受けたひとたちの思想について触れた。つぎに方向を変えて、源信の思想が具体的な形でどのように受け取られて行ったか、その跡を少しく眺めてみたい。

迎講と浄土願生

その意味でまず注目されるのは迎講である。この迎講はさきにも記したように、源信によって始められた。それは浄土に生まれるときの有様を模して、それを心に銘記することによって浄土往生の確信を高めようとした試みと考えられるものである。しかしそれはまた秀れた伝道的な意味を附帯していたから、阿弥陀仏の信仰を普及するに当たって、大きな役割を担うものとなった。『今昔物語集』巻十九「摂津守源満仲出家語第四」には、殺生に明け暮れた悪逆のひと満仲が源信の導きによって浄土の信仰を起こしたのを幸い、源信は、さらに「今少し令レ発《おこさし》」め、さらに信仰も固まるかと考えて、ひとを雇い、「菩薩の装束を着せて」「池の西に有る山の後より、笛《ふえ》、笙《しょう》など吹て面白く楽《がく》を調べ」させ、「金色の菩薩、金蓮華を捧て」あらわれる、といった趣向を講じたことが語られている。満仲はこれを見て、「音《こえ》を放て泣て、板敷より丸《まろ》び降て礼《おが》む」ほどの感激にむせんだ、といわれているが、こうした一時の試みが、ただの行道《ぎょうどう》的な催物としてでなく、形を整えて、一貫した法会の体裁にまとめ上げられてくることによって、迎講として行なわれるようになったものであろう。はじめは二十五三昧会などの集まりにおいて、信仰を等しくしたもののなかで行なわれたが、漸次伝道的な役割をはたすようになり、あるいは不断念仏などとも合体したのであろう。往生講や菩提講ともなって、そこにすぐれた唱導師を輩出させるに至ったもののようである。

迎講が行なわれた事例を二、三たどってみると、たとえば大江挙周（―一〇四六）は邸内に一堂を作って「迎接《ごうしょう》を修した」という（続本朝往生伝）し、法隆寺の末院、開浦院において、延久のころ（一〇六五―一〇六九）迎講が行なわれ、三昧堂や房舎などがつくられた、という（平安遺文・一七四六）。また堀河天皇の中宮篤子は生前、雲林院に墓所を作り、永久二年（一一一四）なくなったが、没後、摂津国安寧寺の住僧が夢に、雲林院の墓所のあたりで迎講が行なわれ、中宮が浄土の聖衆に迎えられて行くのを見た、と伝えている（後拾遺往生伝・上）し、あるいはまた入道従一位左大臣土御門俊房は持仏堂を建てて迎接の阿弥陀像を安置し、「観念経行の処」としていたが、保安二年（一一二一）、雲居寺《うんごじ》の瞻西（せんせいと読むか。『永昌記』、保安五年四月二日の条に「雲居寺瞻聖」とある）を請い、「阿弥陀講を行なわせた」という（同・中）。ここに阿弥陀講というのは、雲居寺の瞻西が行なっていた迎講のことであって、瞻西の迎講は雲居寺の名とともに当時きわめて著名であった。かれはこの講において単に迎接の行事を行なっただけでなく、かれの本領としての説経を行ない、教化伝道に力を尽くしたことであろう。このような迎接の阿弥陀像を安置した堂は迎接堂とよばれ、個人でそれをつくった例は少なくない。また少しくさかのぼるが、『古事談』第三「僧行」には源信の迎講にヒントをえて、寛仁（イ観忍）が「丹後迎講」を始めて行なったといい、『今昔物語集』巻十五には「始㆓丹後国迎講㆒聖人往生語」を掲げている。ただし聖人の名を記さない。

　ところで、この迎講と密接な関係にあったものは往生講である。聖衆来迎の行道を行なったたか、明らかではないが、楽人《がくにん》（伶人）によって音楽を奏する催しと講師による講演が行なわれたことは確かである。この例は延久年間（一〇六九―一〇七四）になくなった安楽寺の学頭頼暹の例に見られ、かれはみずから「帰命頂礼弥陀尊、引接必ず垂れ給へ」といった詩句を作り、それにメロディーもつけた、といわれる（拾遺往生伝・下）。期するところは、聖衆の来迎を待つものであるから、迎講とさしてかわらないが、迎講が菩薩の扮装などをこらした行道的な視覚的性格を色濃く持っていたのに対して、どちらかといえば、音楽法要と説経教化の方が勝っていたのではないかと思われる。いずれにしても、この流れが仁覚の『順次往生講作法』や真源の『順次往生講式』などの成立に繋がり、また禅林寺永観（一〇五三―一一三二）（拾遺往生伝・下）などとも関係をもってくるのであろう。

　また空海が開いた讃岐善通寺で十月十五日に行なわれた西方会と称するものも、これと同類であろう。この寺では早くから「法花三昧と六時の念仏・読経の勤《つとめ》」が盛んであった、という（讃岐国善通寺司解案、平安遺文・四八一）が、天喜四年（一〇五六）の「善通寺田畠地子支配状案」によると、「西方会料七石」として、その費用は、『法華経』一部・仏供・講師の布施などの費用各一石、阿弥陀仏ならびに『阿弥陀経』・講師の費用各五斗、それに「楽人幷に儛人等の録物（ママ）三石」が当てられたようである（同・八二四）。この寺には常行堂もつくられていた（同・一〇七二）。

　あるいはまた雲林院や空也のあとをうけた六波羅蜜寺などで行なわれた菩提講などもこれと関係があるかも知れない。雲林院の菩提講は、かつては「極たる盗人として七度まで獄に被レ禁《こめられ》た」ある鎮西出身の聖人によって始められた、といわれる（今昔物語集・一五）が、『中右記』には源信が結縁のために始めたと伝え、講に列したときのさまを叙して、「堂中並座の老少男女の南無と称うる声、遍く満ちて雷の如し」（承徳二年五月一日の条、一一〇〇）とのべている。

　ところで、これらの講が期待したものは、その修行内容や形態に相違はあったとしても、ともに等しく、極楽に往生することであり、そのためには間違いなく臨終に仏や聖衆たちの迎えを得たい、という願いを含んでいたことである。いわば臨終正念が講に参加するものの願いの目的であった、といえる。そしてこの正念は、多くの雑多な顕・密の講会《こうえ》がおよそ極楽に往生する一つの手だてとして行なわれるところがあったにしても、往生にとって結局は間接的な意味しか持てなかったのに対して、より直接的であり、さらに往生を決定する臨終の在り方と直接繫がるものであった。その意味においては、ひとはこの最後の決定的な瞬間を常に重視していた、ということができる。さまざまな講会に参加しても、それは滅罪生善であって、源信の言葉を藉れば、「助念（念仏の助けとなる）の方法」であったから、極まるところは、臨終に心乱れることなく念仏できる、ということにあったのである。たとえば、『中右記』（藤原宗忠の日記）の承徳二年（一〇九八）五月十九日の条に、宗忠は大和の法輪寺に参詣したことを記しているが、その参詣のおり祈った願いの一つを述べて、「一つは必ず臨終の時に正念に安住して極楽に往生することなり。なかんずく、虚空蔵《こくうぞう》菩薩には殊に臨終正念の願あり。深くこの事を信じ、往詣する所なり」といっていることは、当時の信仰の姿をよく語るものであろう。法輪寺の本尊は虚空蔵菩薩であって、その菩薩が特に「臨終正念」であることができるように、それを見守ってくださる菩薩として信じられたことは注目されてよい。

しかし講会はしょせん、ある特定のときの行事に過ぎない。それが迎講であろうが、菩提講であろうが、その他雑多な講会であっても、結局は臨終正念の決定的な条件とはならない。そこにおのずから、常時、みずからも経を読み、仏・菩薩の宝号をとなえることによって、少しでも有利な条件を整えておこうとするようになる。いわば功徳のかぎりを尽くして、仏の来迎を仰ごうとし、そして臨終には仏の手よりたれた五色の糸を握って、間違いなく往生をとげたいと願ったのである。

こうして臨終に来迎をえて浄土に生まれるために必要とされることは可能なかぎり、行なうことが要求される。

念仏の夾雑性

すでに二十五三昧会やそれ以前からの傾向がそうであったように、念仏は法華と、車の両輪のように密接な関係に置かれていたと同時に、また他のさまざまな功徳行とも結ばれていた。この事実はすでに前章において明らかにしておいたが、さらにこの時代においても同様であって、各種「往生伝」などに多く認められるところである。いま『日本往生極楽記』のあとをうけて、康和年間（一〇九九―一一〇四）には成立したことが知られる、大江匡房の『続本朝往生伝』によって見ると、たとえば源信の弟子の覚超は、顕教については師に次ぎ、真言においてはひとり全山に秀でていたといわれ、常に修するところは密教の月輪観《がちりんかん》で、それによって胸中常に静冷であった、という。臨終には正念に仏を念じて終わった、というが、のち弟子の夢に現われて、すでに蓮の台に生まれたけれども、「往生は難中の難」であるから、心をこめて往生するよう願わなくてはならない、と教えた、と伝える。また第三十二代天台座主明快（九八五―一〇七〇）の弟子延慶も深く顕密を学び、ひとえに法華を思うとともに、また「月輪」を画いて枕もとにいつも置いていた、といわれる。月輪とはおそらく月輪曼荼羅《がちりんまんだら》（金剛界曼荼羅）を指しているのだろう。こうした例は、その後の「往生伝」にも見え、たとえば嘉承二年（一一〇七）に没した尼妙法は、四十二年にわたって毎日『阿弥陀経』六遍、『法華経』の四要品（方便・安楽・寿量・普門の四品）と『仁王経』「護国品」を各一遍、別に『観音経』を十遍、読誦するとともに、念仏一万遍を唱え、そのほか、小豆をつかって念仏を数える用に当て、おおよそ五十七石《こく》三斗《と》（一石は一〇斗、一斗は一八リットル強）に及んだ、といい（拾遺往生伝・中）、天仁二年（一一〇九）になくなった右大弁平時範は、死の近づいたことを知って弥陀護摩《ごま》を行ない、法華懺法を修し、また黄不動の像を向いているが、その臨終に語ったところでは、幼少より黄不動を念じ、『法華経』を念じ、殺生禁断して弥陀三尊を念じてきたということである（同・下）。また、右大臣俊房は保安二年（一一二一）、出家して寂俊と名のったが、かれが臨終にあって読誦したものは、多年持経として持っていた『法華経』「常不軽品」

と『如意輪経』であり、さらに手ずから『花厳経』の首題の名字を書いて、五色の糸を手にとり、端坐したまま念仏して終わった、という（後拾遺往生伝・中）。これらは僅かにその一端を示したものに過ぎない。すべては念仏のもつ力を助成するものとして、念仏をもり上げるために、そしてそうすることによって往生極楽を確実なものとするために糾合《きゅうごう》された、といえる。したがってそれは多ければ多いほど、功徳が多いから、その実効を発揮する、と解されたのである。『中右記』の康和五年（一一〇三）三月二十三日の条に、筆者は朝の夢に、故尼上があらわれて往生したよしを告げ知らせたことを記して、平生、『法華経』を読むこと七千百余部、阿弥陀供養法・『大随求陀羅尼経』は毎日変わらず行ない、三十年の間に百万遍念仏は二十数度、毎月十五日に阿弥陀大呪を一万回、十八日に千手陀羅尼を千遍、その上、仏像の造立は十余体、その他大乗経典の転読、天台宗章疏の研鑽、といったことを想い起こせば、当然なことである、と述べていることは、それをよく語っている。筆者はこの夢をたよりに尼上の往生を確信し、その理由を平生の莫大な功徳行に帰したのである。

しかしこのことは、裏返していえば、それだけ往生が不確かだ、ということである。そしてこの不確実性のゆえに功徳行はますます数多く、多彩になるわけであって、ここにこうした不確かな不安を克服しようとした試みの一つとして逆修《ぎゃくしゅ》が行なわれたことを注意しておこう。

逆修はすでに早くから行なわれ、たとえば奝然《ちょうねん》が天元五年（九八二）、入唐に当たって、後に残して行く母のことを思って、母のために行なっている（本朝文粋・一三）し、道長は治安三年（一〇二三）、法成寺阿弥陀堂において等身の阿弥陀仏像、四十九体を懸けて自分のために逆修の法事を行ない（小右記）、その後、万寿三年（一〇二六）にも六十一歳という年にちなんで「等身の阿弥陀仏六十一体を図書」させて、逆修を行なっている（左経記）。また『春記』長暦三年（一〇三九）の条に、故三州の存命中、逆修の法事が行なわれたことを記している。しかし初期の逆修はまだ切実な要求には欠けていたようである。死後の法要をあらかじめ前もって行なったていのものにとどまり、浄土の往生を決定してかならずさとりを得ようという、確証を手のうちに握って置こうといった、切羽《せっぱ》づまったものではなかった。まだおおらかであった、といえよう。

しかし三井寺の行尊《ぎょうそん》が行なった逆修になると、もうそんなものであったとはいえない。かれは保延元年（一一三五）二月五日入滅したが、生前、「破地獄決定往生」の七字を書いて房中に置き、また六、七年間にわたって逆修を行なうこと二千余日に及び、その間毎日『法華経』を供養し、その外題を筆写し、この功徳によって極楽に往生するよしを不動尊に祈念した、という。しかしそれでも不動が示した告《つ》げは、この度は往生はむつかしいが、悪道に堕ちることはない、まず他化自在天《たけじざいてん》に生まれるだろう、ということであった、と伝えられている（長秋記）。ここには、往生の確約をこうした手段を通して、ともかく摑《つか》まえておきたい、という願望が明確にうかがえる。もちろん、こうした願望の根底には末法という危機意識があるが、これについては、後に触れたい。そしてこうした逆修で行なわれたものは、やはり懺法《せんぼう》と例時《れいじ》であって、ほぼ七日にわたって行なわれるのが普通だったようであるが、しかしこの祈願の対象として選ばれたその日その日の本尊は多彩で、阿弥陀仏（絵像は迎接曼荼羅《ごうしょうまんだら》）を始めとして、釈迦・弥勒・地蔵・虚空蔵・観音（千手とか如意輪）などであった。ここにも極楽の法門の主、阿弥陀仏を中心として集合されたさまざまな仏菩薩の援助が望まれたのである。

そしてそれでもなお、往生の確信がえられないままに臨終を迎えなければならないときは、どうであろうか。碇信がえられないのが世の一般の姿であったとすれば、勢い許されるかぎり能力に応じて、さまざまな臨終の功徳行が行なわれるのは当然である。いまその一例を堀河院の臨終によって見ると、『中右記』の筆者は嘉承二年（一一〇七）七月十九日の条に、こう書いている。「先自《まず》から大般若・法花の経号、幷びに不動尊の宝号を唱え、次いで釈迦・弥陀の宝号を唱えて、西方に向わせ給い、身体安穏に只睡《ただねむ》りに入るが如く眠り給いしなり」。しかし実は多くの場合、臨終は生と死の葛藤《かっとう》の瞬間であって、『中右記』

の筆者がみずからの願いとしていみじくもいったように、散乱する心のうちに称える一声の念仏に来迎のあることを願うほかはないのである。一方では臨終正念を願いつつ、他方では生への執着がその足をひっぱる。そこには多彩な功徳行が実際はどちらに作用するものとして期待されたか、疑われるものさえある。臨終の受戒はすでに生の方に働きかけるものであった。堀河院の場合もこの受戒がなされているが、院みずからも、いまわのきわに「唯今しなむずるなりけり、大神宮助けさせ給へ」と祈ったのが実状だったのである（讃岐典侍日記・上）。

もちろん、臨終に心静かに念仏だけを行なって終わった例も決して少なくはない。すでにあれほど功徳行のかぎりを尽くした道長でさえも、臨終には阿弥陀仏以外の一切を捨ててしまったという。念仏以外の祈禱・修法を悪道に堕ちるてだてとさえ受け取って、「すべて、臨終念仏おぼし続け」、はたのものからは「もののけの思はせ奉るなめり」とさえ思われるほどであった、といわれる（栄花物語・つるのはやし）。そこには徹底した阿弥陀仏に対する一向専念の姿がうかがえるが、こうした例は「往生伝」には数多く見え、時代の不明のものは別として、「念仏の外に別に行業を行なうことが無」かった藤原久任（拾遺往生伝・中）、「顕密の学を捨て、偏えに往生の行を修し、毎日十二万遍」のほかは更に他の勤めをしなかった上人隆暹（後拾遺往生伝・上）、「多年、唯念仏を修して、自余の行業」はだれひとり見たことがなかった興福寺往生院のある住僧（同）、飯《い》室《むろ》谷にあって、ついに宿房を出ることなく、「西方の業を摳《かか》げ」、それに努めた沙門永覚（三外往生記）などといったひとたちにうかがえるところである。そしてこうしたことの徹底がさらに強烈になり、ファナティックになるとき、そこに入水・焼身・縊死などといった往生行儀さえ進んで取られるようになったことは、よく知られるところである。

注

（1）後者については、疑いをさしはさんで、平安末期以後と推定する所論もある（櫛田良洪・真言密教成立過程の研究）が、納得できないから、いまはとらない。

（2）拙稿「三聚浄戒について」（印度学仏教学研究・一ノ二）参照。

（3）ちなみに、この「雑略観」には、親鸞が「正信偈」のなかで、源信について詠んだ「我亦在㆓彼摂取中㆒　煩悩障㆑眼雖㆑不㆑見　大悲無㆑倦常照㆑我」の三句の典拠が認められる。

（4）本書、第六章、参照。

（5）**『観経』十六観名対照表**

	擬天台『観経疏』	善導『観経疏』	保胤『十六想観画讃』	源信『阿弥陀経略記』	静照『極楽遊意』	真源『順次往生講式』

1	日観	同上	日想観	同上	ナシ	日想〔観〕
2	水観	同上	水想観	同上	同上	同上
3	地観	地想観	同上	同上	地想	宝地〔観〕
4	樹観	宝樹観	同上	樹〔想観〕	宝樹想	宝樹〔観〕
5	池観	宝池観	宝地観（ママ）	池〔想観〕	宝池想	宝池〔観〕
6	総観	宝楼観	惣想観	楼閣〔想観〕	椶観想	惣想観
7	華座観	同上	花座観	宝座〔観〕	花座想	花座〔観〕
8	仏菩薩像観	像観	三尊観	像身〔観〕	像想	像想〔観〕
9	仏身観	真身観	仏色身観	真身〔観〕	無量寿仏身想	仏身観
10	観音観	同上	観世音観	観音〔観〕	観世音菩薩想	観音〔観〕
11	勢至観	同上	得大勢観	勢至〔観〕	得大勢菩薩想	勢至〔観〕
12	普往生観	普観	普想観	普観	普想観	普観
13	雑明仏菩薩観	雑想観	同上	自在身〔観〕	雑想観	同上
14	上品生観	上輩観	上品三生観	上〔観〕	上輩生想	三輩往生観
15	中品生観	中輩観	中品三生観	中〔観〕	中輩生想	
16	下品生観	下輩観	下品三生観	下〔観〕	下輩生想	

（後代との関係も知るため、静照・真源のものも付記した。次の表もこれにならった。）

四十八願名対照表

	智光『無量寿経論釈』	良源『九品往生義』	源信『阿弥陀経略記』	静照『四十八願釈』	真源『順次往生講式』
1	国土厳浄無諸悪趣願	同上	無三悪趣願	同上	同上
2	有情命終展転増上願	人天寿終展転増上願	不更悪道〔願〕	不更悪趣願	不更悪道願
3	所化成就紫磨金色願	所化成就真金色願	身皆金色〔願〕	悉真金色願	皆同金色願
4	有情容顔均等無差別願	有情形色均等無差願	無好醜別〔願〕	無有好醜願	同上
5	宿命証明照了往事願	同上	五通〔願〕	令識宿命願	宿住能憶願
6	天眼証明偏見諸方願	同上		令得天眼願	天眼遍見願
7	天耳証明遠聞衆劫願	天耳遠聞諸仏法音願		令得天耳願	天耳遠聞願
8	他心智感応信楽願	他心智証遍知衆心願		見他心智願	他心悉知願
9	神足随意成満事業願	ナシ		令得神足願	神足随意願
10	離諸妄想薩迦耶等願	離諸妄想我我所等願	不貪計身〔願〕	同上	離諸妄想願
11	住正定聚必至菩提願	住定聚必至菩提願	住正定聚〔願〕	同上	同上
12	光明遍照無数諸国願	光明遍照無数仏国願	光明利益〔願〕	光明無量願	仏光無辺願
13	寿命無窮難可測量願	同上	仏寿無量〔願〕	寿命無量願	仏寿無量願
14	眷属聖者無数衆多願	同上	声聞無数〔願〕	声聞無量願	声聞無数願
15	寿命無量随願自在願	眷属長寿随願自在願	天人〔寿無量願〕	人寿無量願	眷属長寿願
16	離諸非受不善音声願	天人遠離非受音声願	不聞不善〔願〕	不聞悪名願	遠離不善願
17	十方諸仏称讃我名願	同上	為諸仏讃〔願〕	諸仏称嘆願	諸仏称揚願

18	諸縁信楽十念往生願	聞名信楽十念定生願	十念生本願	念仏往生願	十念往生願
19	行者命終現前導生願	同上	聖衆来迎〔願〕	臨終現前願	聖衆来迎願
20	聞名繫念修徳(イ福)即生願	聞名(イ我)係念修善定生願	繫念定生〔願〕	欲生果遂願	繫念定生願
21	具三十二大丈夫相願	所化成満三十二相願	三十二相〔願〕	満大人相願	具足諸相願
22	究竟一生自行化他願	菩薩究竟一生補処願	必至補処〔願〕	同上	同上
23	食頃敬重恒沙諸仏願	食頃遍侍恒沙諸仏願	須臾供諸仏〔願〕	供養諸仏願	同上
24	諸須供具随順意楽願	所求供具皆順意楽願	供養具如意〔願〕	供養如意願	供具如意願
25	演説甚深玄妙法門願	菩薩説法順一切智願	説一切智〔願〕	同上	同上
26	具得金剛那羅延身願	同上	那羅延力〔願〕	那羅延身願	得金剛身願
27	殊勝(イ秘)珍彩厳絶妙願	天人荘厳殊勝絶妙願	荘厳無量〔願〕	厳浄無量願	万物殊妙願
28	見菩提(イ薩)樹無量光色願	菩薩皆共見道場樹願	能見道樹〔願〕	令見道樹願	見道場樹願
29	誦持説経弁才智恵願	持経必得弁才智願	必得弁恵〔願〕	弁才智恵願	得弁才智願
30	智恵弁才天滞無尽願	菩薩智弁無滞無尽願	弁恵無量〔願〕	恵弁無量願	智弁無窮願
31	浄如明鏡照見十方願	国土如鏡徹照十方願		土如明鏡願	徹見十方願
32	衆宝妙香合成宮殿願	同上	厳餝奇妙〔願〕	香薫十方願	妙香合成願
33	光明触身得勝柔輭願	同上		光明柔輭願	触光柔軟願
34	聴我名字証得(イ得ナシ)無生願	聞名必得無生法忍願	得無生忍〔願〕	聞名得忍願	同上
35	聞名発心転女成男願(又八就人天衆願・六往生作聖願)	同上	永離女像〔願〕	不復女像願	聞名転女願
36	聞名梵行皆証正覚願	同上	勤修成仏〔願〕	常修梵行願	聞名梵行願
37	聴(イ聞)名修行衆所敬重願	聞名修行衆所敬重願	為天人敬〔願〕	天人致敬願	聞名敬愛願

38	衣服随念現前不整（ママ）願	衣服随念自然在身願	衣服随念〔願〕	応法妙服願	衣服随念願
39	常受快楽勝如漏尽願	同上	楽如漏尽〔願〕	同上	常受快楽願
40	随意照見十方諸国願	同上		随意照見願	見諸仏土願
41	聴名（イ聞）至仏具足諸相願	聴名至仏具足諸根願	諸根常具〔願〕	諸根具足願	聞名具根願
42	聴名得（イ浄解脱）得解脱解脱静慮願	聴名得浄解脱静慮願	得浄解脱〔願〕	解脱三昧願	聞名得定願
43	聞名死後生尊貴家願	聞名死後尊貴家願	生尊貴家〔願〕	同上	聞名貴家願
44	聞名修習満足徳本願	同上	具足徳本〔願〕	同上	聞名具徳願
45	普等静慮常見諸仏願	聞名令得普等三昧願	得普等定〔願〕	普等三昧願	聞名見仏願
46	随意所楽聴受諸法願	同上	随欲聞法〔願〕	自然聞法願	随意聞法願
47	聴名即（イ得）得至不退転願	聞名即得至不退転願	得不退転〔願〕	同上	聞名不退願
48	聴名徳忍諸法不退願	聞名令得至三法忍願	一二三法忍〔願〕	得諸地法忍願	至三法忍願

（源信には第三十一・三十三に触れたものが見当たらない。第四十一については「国及樹各現十方」といっているが、他と不調和である。またとくに第十九を「臨終迎摂〔願〕」とする。智光の願名は了慧の『無量寿経鈔』にもあがっているが、いまは『無量寿経論釈』巻三によった。これは『安養集』に引かれている。）

（6）花山信勝『原本校註 漢和対照 往生要集』「註記」、八木昊恵『恵心教学の基礎的研究』第一部・第三篇・第六章、参照。

（7）懐感の『釈浄土群疑論』巻三の「逆謗除取章」に、これについて、十五家の解釈があることを述べている。それによると、「古今の大徳、この両経を釈するに十五家有りて共にこの教えを解けり。一には、『観経』に取るはこれ懺悔の人なり、『〔無量〕寿経』に除くはこれ懺悔せざる人なり。二には、『観経』に取るはこれ軽心に逆を造る人なり、『観経』に除くはこれ重心に逆を造る人なり、三には、『観経』に取るはただこれ五逆を造る人なり、『寿経』に除くはこれ五逆と謗法とを造る人なり。四には、『観経』に取るはこれ逆類を造る人なり、『寿経』に除くは正に五逆の人なり。五には、『観経』に取るはこれ菩提心を発《おこ》せる人なり、『寿経』に除くはこれ菩提心を発さざる人なり。六には、『観経』に取るはこれ至誠に阿弥陀仏を念ずる人なり、『寿経』に除くはこれ至誠ならずして阿弥陀仏を念ずる人なり。七には、『観経』に取るはこれ十信（菩薩の修行階程として五十二位を立てるなかで、最初の十位をいう）の菩薩人なり、『寿経』に除くは十信の菩薩に非ざる人なり。八には、『観経』に取るは闡提《せんだい》（一闡提《いっせんだい》のこと。イッチャンティカ icchantika の音写で、成仏の因をもたないものをいう）に非ざる人なり、『寿経』に除くはこれ闡提の人なり。九には、『観経』に取るはこれ已に逆を造れる人に対す、『寿経』に除くはこれ未だ逆を造らざる人に対す。十には、『観経』に取るはこれ開門なり、『寿経』に除くはこれ遮門なり。十一には、『観経』に取るは五逆業の、これ不定業にして、これ転ずべき時を説く、『寿経』に除くは五逆業の、これ定業にして転ずべからざる時を説くなり。十二には、『観経』に取るは、煗頂位の人なり、『寿経』に除くは煗頂位にあらざる人なり。十三には、『観経』に取るは解脱分《げだつぶん》（さとりに至る三十七の修行法をいう）の善根を種えたる人なり、『寿経』に除くはこれ解脱分の善根を種えざる人なり。十四には、『観経』に取るはこれ第二階（これは信行の三階教の説である）の人なり、『寿経』に除くは第三階の人なり。十五には、『観経』に取るはこれ十念を具足する人なり、『寿経』に除くはこれ十念を具足し、及び十念を具足せざる人に通ず」とある。懐感はこれらと別に説を立て、五逆を造らない人は念仏の多少に関係なく、一声でも十声でもともに浄土に生まれ、もし五逆を造ったひとは必ず十念を満たす必要がある、とした。

（8）寂心は「屠牛販雞」という悪業の事例を、『瑞応伝』によって示しているが、悪業のひとの往生の例は『浄土論』巻下に見え、その「性、麁険。また因果を信ぜず、常に殺猟を以て業と為」た、あるひとの伝を掲げている。これも寂心は承知していたはずである。また『瑞応伝』には、源信が『観心略要集』で注目した（ただし伝記の内容は異なるが）「僧雄俊」の伝がある。これも悪業のひとで、「講説を善くするも、戒行無く、所得の施を非法に利して用う。また還俗して軍営に入りて殺戮し、難を逃るるには却いて僧中に入る」といった人物である。これも当然知っていただろう。

（9）この四願の捉え方は真源の『順次往生講式』にも見える。

第四章　末法と浄土教

末法思想

ところで、源信以後、浄土信仰の盛行に与《あず》かって力があった素因の一つに、末法《まつぼう》という時代思想があったことは、まぎれもない事実である。ここにはこの世を定めない無常ととる仏教一般の思想が働きかける以上の大きな影響力を受け取ることができる。無常と受け取って、この世を厭うのは個人の心情によるところが大きいが、末法思想は社会的であり、時代の上に定着して社会全体をそのなかに包みこんでしまう終末観的な思想だったからである。そしてそれは、釈尊の遺法がその滅後、正法《しょうぼう》・像法《ぞうぼう》・末法という順序をへて衰滅に向かい、末法の後にはついにこの世から姿を消すという思想であったから、単に時代が下ったといった意味の「末世」・「末代」とは異なった切実な時代感（末法後に使用された「末世」の概念は末法とすでに重層しているが）がこめられていたのである。

この末法がいつから始まるか、という解釈は種々あって一定しないが、釈尊の没年を周の穆王五十三年壬申（紀元前九四九）とする『周書異記』の説が採用され、また正法千年・像法千年という計算の仕方が用いられるようになって、末法の最初の年を永承七年（一〇五二）とする考えが固定するようになった。したがって『春記』の著者はこの年八月二十五日の条に、長谷寺の焼失について「末法の最年、この事有り」と記し、『扶桑略記』もこの年をもって「始めて末法に入る」としたのであり、また末法に突入するこの年次は、すでに永観二年（九八四）に『三宝絵詞』を書いた源為憲によって適確に捉えられてもいたのである。ただ壬申の年の計算を誤まったために一部に永承七年説と合わないものがあり（平安遺文・四四六）、また全然別の説をとって、寛弘四年（一〇〇七）はもう「末法に臨」んでいるとするもの（本朝文粋・一四）、寛仁元年（一〇一七）を末法の最初の年とするものなどもあるが、いずれにしても、源信以後の時代はこの末法という意識から逃れることができない時代になっていたことにかわりはない。

さて、こうした末法の意識はどのように浄土信仰を高め培っていったか。もちろんそれを直線的に語るものは少ない、といった方が正しい。あえていえば、『本朝続文粋』巻十一に載せる「白山上人縁起」（保安二年、一一二一）に、白山上人西因の昼夜不断の念仏を叙して、「これ則ち末法万年の間、弥陀一教のみ、遺るべきが故なり」とその理由を語っているものや、またかの順次往生を願いとした三善為康が『拾遺往生伝』下巻の序に、

「それ末法の万年においては、弥陀の一教のみを煽《おこ》す。道俗男女、誰か帰せざる者あらんや」などと述べているところは、その一、二の例である。こと信仰という心の問題であってみれば、それも止むをえない。ただ、末法意識の強烈だったひとを捉えて、そのひとの浄土信仰を見るといった間接的な方法によれば、その一端は次のようにうかがうことができるだろう。

まず末法第一年を経験した『春記』の筆者、藤原資房について見ると、かれは末代における王法の陵夷《りょうい》と仏法の破滅を痛感して、ことあるたびにその悲歎を語り綴っている。長暦三年（一〇三九）十月十二日の条には、「盗犯毀害」の行なわれる「顚越の代《よ》」を悲しみ、「剃髪して、偏《ひとえ》に無上菩提を期するに若《し》かず、この生の事、一分も益無し。……返す返す無益の代なり。弥陀如来は更に愛憎無き主なれば、偏《ひとえ》に添い（ママ）て尋ぬべし」と記している。世の姿を悲しみ、自分にふりかかった憎悪を思って、出家剃髪して念仏の道にいそしむほか、救いのない心のうちを語ったものであって、末法と浄土信仰との繫がりが比較的よく現われている一例といえよう。

次に『永昌記』の筆者、藤原為隆について見よう。かれもまた世状を嘆じて「王法無く、仏法無し。恐るべし、悲しむべし」（嘉承元年十月二十七日の条、一一〇六）と記したひとであるが、しかしそれだけに逆に末世の霊験を信ずることも厚く、とくに観音の救いを信じ、雲居寺の瞻西（かれは瞻聖と書いている）に帰依したようである。天永二年（一一一一）三月十一日の条をもってすれば、かれもまた老乳母の信仰と同じく、西方往生を願ったことに疑いはない。しかしここでさらに注目される人物を指摘するなら、それは『中右記』の筆者、藤原宗忠であろう。かれほど、ことあるごとに「仏法王法、破滅の時か」と嘆じて、世の衰滅をなげいたひとも少ないし、また「末代なりと雖も、仏日の再中か」と感じ、「仏法の霊験、不可思議なり」と喜びたたえたひとも少ない。信仰は真言系で、承徳元年（一〇九七）十二月十四日の条によれば、実円に従って毎日、阿弥陀小呪一百遍を唱えることにしたようであり、康和五年（一一〇三）五月四日の条には、暹慶とたがいに善知識の約束を結び、阿弥陀小呪千遍、光明真言百遍を毎日の日課と定め、「偏に臨終正念、往生極楽の為」に行なうことを銘記している。したがって堀河天皇の崩御後、天皇のために滅罪生善、往生極楽を祈って行なったところも、阿弥陀呪百万遍であって、かれはこれを嘉承二年八月二日よりはじめ、九月七日に終わっている。晩年（保延三年、一一三七）、夢に大仏を見たことを記し、随喜の念をもって、朝夕、口に「阿弥陀仏・観音・勢至、臨命終時来向（迎カ）引摂」の句を唱えてきたその功徳によってこのような夢想がえられたのであろうか、といい、「希代の例」である、と語っている。その浄土信仰の深さを知ることができよう。

ところで、このように個人の極楽信仰を高めた末法の意識はまた、他面、仏法がこの世から消え去った後の世に出現する弥勒仏《みろく》を鑽仰する信仰をも高め、この仏の現われるまで、いまある経典を残し伝えようという願いを呼び起こした。そしてこの要求のもと、経を納めるためにつくられたものが、古くは道長が金峯山《きんぷせん》に埋めたものなどに始まる経筒であり、あるいは経そのものを保存に耐えるようにつくった瓦経・銅板経・柿経《こけら》などといったものとなってあらわれている。いまこの経筒などを手がかりとして、そこに刻まれた銘文が語る浄土信仰の一端をうかがうと、当然のこととはいえ、興味ある幾つかのことが認められる。

まず今日知られる限りで最古の、もっとも著名な道長の経筒について触れると、かれはこのなかにすべて自筆の『法華経』とその開結二経、『阿弥陀経』、『弥勒上生経』および同『下生経』、『般若心経』等、合わせて十五巻を納めて、それを金峯山（当時、金峯山は弥勒出世の地と信じられていた）に埋め、その上に金銅の燈籠を立てた。そして納めた経については『法華経』は釈尊の恩に報いるため、『阿弥陀経』は臨終正念に極楽に往生するため、そして『弥勒経』はその仏の出世に遇うためである、と述べて、とくに「仰ぎ願わくは、慈尊（弥勒のこと）成仏の時に当たりて、極楽界より仏所に往詣し、法華会の聴聞と為り、成仏の記を受けんことを」（平安遺文、金石文篇・八六）と記している。極楽が往生の土ではあっても、究極のさとりの浄土ではないとする信仰がうかがわれる。かれの究極の願いは、弥勒による成仏の記別（予告的な証言）だったのである。ここには源信が極楽の勝れていることを述べて、「適《たまたま》極楽に生ぜば、昼夜、念に随いて兜率宮《とそつ》（弥勒菩薩の住所）に往来し、ないし竜華会《りゅうげえ》（弥勒の成仏後の説法の会座）の中に、新たに対揚の首《しゅ》（特に選ばれた説法の相手）とならんこと、なお富貴にして故郷に帰らんがごとし」（往生要集、第三章・極楽証拠）と説いたところと、あい通うものはあるとしても、しかし遥かにそれを越えているところに特異なものがある。道長の阿弥陀信仰は弥勒の竜華会に会うための方便であって、最後的なものではなかったのである。

ところでこの傾向はまた他の経筒にも認められる。たとえば康和五年（一一〇三）の記年のある鳥取県倭文神社経筒銘には、『如法経』（如法に書写された法華経のこと）一部八巻を納め、「定んで慈尊の出世に値遇し、この経巻を掘り顕わし奉らん」（同・一六三）と述べ、まったく弥陀信仰の片鱗も示さないし、また天永元年（一一一〇）十月十四日の記年のある福岡県光円寺の経筒は『如法経』を納め、その「意趣、他に非ず、偏に往生極楽頓証菩提の為なり」とまで記しながらも、「定んで慈尊三会《さんえ》（竜華会のこと）の暁に値遇せん」（同・一七〇）と記している。後者の例は兵庫県極楽寺瓦経銘（康治二年、一一四三。同・二六〇）などにも認められる。

しかしこれがさらに拡大されるとき、そこに顕密の諸教を投入して混在させる、雑然とした多功徳を求める重層信仰が繰り拡げられる。その一例を兵庫県極楽寺瓦経銘によって示すと、その敬白の文に、「秘密教主常住三世浄妙法身摩訶毗盧遮那仏、大恩教主釈迦牟尼如来、極楽化主弥陀善逝、当来導師弥勒慈尊、金剛界三十七尊九会曼荼羅諸尊聖衆、幷びに胎蔵界八葉九尊十三大会塵刹聖衆の外、金剛部護世威徳天等、ないし仏眼の照らす所の恒沙塵数の三宝の境界」を数えあげ、おびただしい数にわたる曼荼羅・経・真言・仏像などを彫り写したことを述べ、「末法万年に余経は滅すと雖も、唯願わくは、この曼荼羅・仏菩薩像・顕密経典・諸の真言等、おのおの地中に在りて、当来星宿劫の末に至りて、利物《りもつ》偏に増さんことを」と語っている。ここでも、極楽よりこの土に帰って慈尊の出世に遇うことが願われているが、なかでも注目されることは、極楽往生を願いつつ、後に残そうとした浄土経典は『阿弥陀経』一部にとどまっていたことである。この経が収められたのはたかだか法華の具経であるという意味においてであった。法華に対する念仏の従的関係は一般の思想・信仰に根強く滲透していたことを、この一例はよく語っている。

　以上が語るところは、末法思想を通して弥勒信仰が高まっていくその過程に、浄土信仰が副次的な位置を与えられていた、ということである。末法思想はしょせん、弥陀を超えて弥勒を指向するものであって、たまたま今の救いを弥陀に求めたに過ぎない（その意味では弥勒仏信仰は現世的であって、兜率天信仰の転移であるといえる）、といえよう。さきに掲げた平時頼は、死期の近づいたとき、「夢相の告げ」を語って、弥勒の兜率天に生まれるということだけれども、わたしの願いは極楽である、上生を慕っているのではなく、下品でじゅうぶんなのだ、といっているが、臨終に語ったかれの行業のなかには「金字法華経を自書し」、金峯山に詣でて、これを「宝地に埋め奉った」ことが数えあげられている（拾遺往生伝、巻下）のを見ても、それがうかがえる。

阿弥陀像

しかしここでもう一つ、末法の意識の高まりのなかで、阿弥陀仏信仰がたどった顕著な傾向について注目すると、それはおびただしい阿弥陀堂の建立と迎接阿弥陀像または九体阿弥陀像の造立、ないしは堂の壁面をかざった九品往生図の見られることである（井上光貞・前掲書）。

ここでもまず道長の無量寿院が取り上げられなければならないが、かれは寛仁三年（一〇一九）に出家すると、直ちに邸の東に御堂の建立を営み、翌年、丈六の阿弥陀像九体を安置した十一間の堂を完成し、堂供養を行なっている。その後この堂を中心に諸堂が建立され、治安二年（一〇二二）には法成寺と改称され、さらに万寿二年（一〇二五）には、九体の像は新たに造られた阿弥陀堂に移されるが、その二年後、かれはこの堂に移り、念誦の間を病床とし、九体の阿弥陀仏を見まもりつつ、手に仏より糸を引いて没したのである。『栄花物語』「たまのうてな」の巻に、その糸について「蓮の糸を村濃《むらご》の組にして（蓮の糸を集めて紐に作り、むら濃に染めること）、九体の御手より通して、中台（中尊の仏）の御手に綴《とじ》めて、この念誦の処に、東《ひんがし》ざまに引かせ給へり。……御臨終の時この糸をひかへさせ給て、極楽に往生せさせ給べきと見えたり」と記すように、仏の迎えをこの糸に託して、九品のいずれかにかならず生まれることを期したものであろう。

こうした九体の阿弥陀仏を造立する風は、その後、浄瑠璃寺阿弥陀堂（永承二年、一〇四七）に見え、末法に突入して以後は、異状なほどの阿弥陀堂の建立と相俟って、この風もはげしくなる。それは物語のなかにさえ姿を見せるほどであって、たとえば『狭衣物語』に「九体の阿弥陀おはする御堂」といい、その堂のさまを「堂の飾りなども、極楽もかくや、と思ひやられて、いと清らかに尊かりける」と述べている。(1) しかし歴史の上でも、白河天皇が承暦元年（一〇七七）に建てた法勝寺の九体阿弥陀堂をはじめとして、堀河天皇による康和四年（一一〇二）建立の尊勝寺は二十三間四面の九体阿弥陀堂であったし、久安二年（一一四六）、近衛天皇が発願された延勝寺ものちに九体阿弥陀堂を加えている。その間、修理大夫藤原顕季の仁和寺堂（長治元年、一一〇四）は十九間四面の堂であって、臣下としては道長以来といわれる丈六阿弥陀仏九体を安置したのである。

これらはもちろん富と権勢に負うものであった。その賛美は今日その姿をとどめているかの道長の子頼通の平等院鳳凰堂によってうかがってよいものであろうが、しかしこのような九体が『栄花物語』のいうように、「九品にあてて造」られたとすれば、願うところはどこに置かれたものであろうか。すでに源信はみずからの当分を下品と受け取って誇るところがなかったけれども、この九体の造立者たちはなにを願ったのであろう。千観は生前夢に上品の蓮台を保証されたという(日本往生極楽記)し、慶滋保胤はまた花山院の女御の四十九日のための願文を書いて「上品を望」んでいる(本朝文粋、巻一四)。

ところでこうした九体と并行して造られたものに迎接の像があることは注意されてよい。かの迎講にうながされたものであろうが、あるいはまた仏の手より糸を引く風とも関連があるかもしれない。ともかくこうした迎接像を造って堂に安置したことには九品のいずれかに生まれる期待がこめられているとともに、九体をこの一つに納めとった集約の姿を認めることができる。この迎接像が、どのような姿に刻まれたものか、異説が多いから、はっきりしたことはいえないが、一説には、九品のうちの、上・中・下三品の下生《げしょう》の印相をとったものであろうといわれる(佐和隆研・仏像図典)。すなわち、仏の左手を下にのばし、右手は上にあげて、その右手の親指と人差し指を捻《ねん》じた形が上品下生、親指と中指を捻じた形が中品下生、親指と薬指を捻じた形が下品下生だとされる。したがって、このうちのどれかの形がとられたことになるが、たとえば浄瑠璃寺に現存する唯一の九体阿弥陀像の中尊は天仁元年（一一〇八）ごろの造立とされるもので、印相は上品下生であるし、大原三千院の往生極楽院にある久安四年（一一四八）に造られたとされる弥陀三尊の本尊も上品下生の印を結んでいる。こうした例からみると、多くは上品下生の印相をとった迎接像であった、とみることができるだろう(2)。

この迎接像が作られる早い例は、小一条院敦明親王が六条の第に造ったもので、『扶桑略記』巻二十九の寛徳二年（一〇四五）十一月二十一日の条に「堂宇を造り、阿弥陀迎接の像を安んず。五日十座、供養演講す」とある。また少しく下って、源親元が嘉保三年（一〇九六）以前に東山に建てた「西土迎接之堂」（後拾遺往生伝、巻上）もおそらくこの迎接像を安置したからこの名があるのだろう。そしてこのころから、ようやく迎接像の造立が相次いで見えだすようになる。天永二年（一一一一）になった左大臣源俊房の左府堂も「迎摂の木像」を安置した（江都督願文集）し、元永二年（一一一九）、故伯耆守橘家光の妻の臥見堂を訪れた中御門宗忠は、その堂が「迎接堂の体」であることを伝えている（中右記）。

末法に突入した翌天喜元年（一〇五三）、道長の子頼通がかの宇治平等院鳳凰堂に安置した定朝作の阿弥陀坐像は、静かに眼を半眼にあけて、定印を結んでいる。堂内の結構は贅美を尽くし、工芸の粋をきわめた漆塗や螺鈿の華文が壇や天蓋などに施され、柱も組物も天井も彩色の華文によって埋めつくされ、壁もまた供養図や浄土変、歌舞の菩薩図やあるいは九品の弥陀聖衆来迎図などに埋められている。「極楽不審《うたがわ》しくば宇治の御寺を礼《うやま》え」といわれた、極楽さながらのこの堂内にあって、頼通はどのような冥想にふけったのであろうか。ここには末法の波もまだおしよせてはいない。ものうげな仏のまなざしを見ても、まさに春風駘蕩《たいとう》といった長閑《のどか》さがたゆみなくたゆとうている。極楽とはこのようなところとして受け取られたことが示されているようにさえみえる。だから強いていえば、改めて仏の救いを待ち望む必要はなかった、といえよう。すでに極楽の蓮台に生まれた幻覚さえおぼえたのではあるまいか。しかしこの幻覚はいつかはさめなくてはならない。

時の推移は、ようやく現実の破滅的様相に眼を向けることを強い、末法の意識が叫び立てられるにつれて、仏の救いの手がより切実に望まれるようになった。築きあげた殿堂のなかの甘美な浄土は、もろくも現実の姿の前にくずれ去るほかなかったのである。迎接像の造立が好んでなされるようになるのは、そうしたことを語る一証左であろう。そしてこのことはまた来迎図の構図や描法の変化についても認められるようである。

しかし来迎図を描き、迎接像を造っても、往生の確信とは本来、関係はない。それは、臨終の一声の念仏が心静かに称えられるかいなか、その一点に善悪の二道の分かれ目がかかっているからである。だから、仏の手より糸を引いて臨終正念であったとき、往生が信じられた。そしてそのためには平生からの念仏やその他の功徳行が必要であったし、源信では観想の念仏によって仏をまのあたり見ることが願わしいこととされ、平生においてそれがえられたときも、臨終の正念によって仏の迎えを見ることが強調された。それが往生の確証とされたのである（拙稿・念仏と見仏、結城教授頌寿記念仏教思想史論集、所収）。

ただ、往生はどこまでも念仏者個人の問題であり、当人の確信と、はたのものが往生したと確証することとは別のものである。「往生伝」の多くは往生の証拠として靉靆としてたなびく五色の雲や紫の雲をあげ、かぐわしい異香や微妙な音楽や光りの輝きを数えて、夢やうつつのうちにこの世にあるひとが感じとったことをさまざまな形で示そうとしたが、それは念仏者そのひとの往生の確信とはならない。死者が世にあるひとの夢にあらわれて、どこに生まれたか、語るようにと念仏者同志で約束し合ったのも、この往生の不確かさがあったからである。

そしてこの不確かさは、一方では夢による確証の信仰を育て、他方では極端な異相往生となって展開する。これもまた末法という意識の外にはなかったものである。前者については『更級日記』はその好例であり、後者については「往生伝」等に多くの実例を認めることができる。

地蔵

ところで、このような阿弥陀像と密接な関係に置かれたものに地蔵像があったことをここに付け加えておく必要がある。それは一つには『今昔物語集』巻十七に収められている地蔵説話が阿弥陀と地蔵との密接な繋がりを語っているからである。そこにはたとえば「西ニ向テ弥陀ノ念仏ヲ唱へ、地蔵ノ名号ヲ念」ずる（第二）などといった形で示されているが、その結び付きはただの偶然ではなく、地蔵は観音の救いとの近似性ともなって捉えられている。すなわち地蔵はこの世のひとを救って阿弥陀の「浄土」に連れて行くと考えられ（第八）、その悲願は「辺地下賤ヲ不㆓嫌給㆒」（第十六）、「広ク一切衆生ヲ化度」（第十五）するところにあり、「六道ノ衆生ノ為メニ六種ノ形ヲ現」（第二十三）わし、地獄におちたもののためにみずから代わって苦しみを受ける菩薩（第二十七、三十一）として受け取られている。したがって観音が阿弥陀の脇侍であるように、地蔵もその性格を与えられる可能性を含んでいる。しかもここでは地蔵によって救われて蘇生したものはほぼ極楽往生を願うというコースをたどっていて、地蔵はまさに阿弥陀の分身のような形さえ与えられている。してみると、『今昔物語集』成立の時点（ほぼ一一世紀末より一二世紀初めごろと推定されている）では、地蔵は阿弥陀と極めて密接な関係において捉えられていた、と見て誤りではない。

さて、『今昔物語集』にも見えているところであるが、当時すでに六波羅蜜寺や祇陀林寺など、各地で地蔵講が盛んに行なわれていて、はっきりした古い例では延喜の年号（元年は九〇一）さえ知られる。しかしこの延喜のころ行なわれたのは、下野薬師寺の蔵縁という僧が一堂を造って、地蔵像を安置して行なったというものであるから、それが後のものとどんな関係にあるか、その辺は跡をたどることが不可能である。この『物語集』では、良源の弟子で、祇陀林寺の仁康というものが、治安三年（一〇二三）に行なった地蔵講が比較的早い例であろう。これが同門の源信が書いたという『地蔵講式』（偽撰と見るのが一般である）とどんな関係にあるか、もちろん不明である。ただここで注目されるのは『左経記』寛仁三年（一〇一九）十月十四日の記事である。そこには、良源によってかつて行なわれた「朝夕講」の復活が決定したことと、その後、丈六堂で阿弥陀念仏を行ない、「晩に及んで地蔵講を行」なったこととが語られている。朝夕講と地蔵講とは何の関係もないのであろうが、朝夕講を復活しようという話し合いの内容からすると、いかにも地蔵講が源信によって始まったような口吻を感じさせる。源信は『往生要集』第二章「欣求浄土」、第七「聖衆倶会の楽」の項で、地蔵について「毎日晨朝に恒沙の定に入り、法界に周遍して苦の衆生を抜く。所有の悲願は余の大士（菩薩）に超えたり」と讃え、とくに第八章「念仏の証拠」で、数多い聖教のなかで「念仏を以て往生の業と為す」経文の筆頭に『占察経』の文を掲げている。この経が、地蔵菩薩を説いた経典であることは周知のところであるから、源信は阿弥陀と地蔵を同体のごとく扱おうとしたかにもうかがえる。これは注意されることである。しかし、これから地蔵講のおこりを源信に求めたとしても、そうした講の原型はすでにあったと見るのが正しい。ただそれがどのように展開したか、その辺もいまははっきりしない。

しかし、十二世紀にはいると、この地蔵講の跡も少し明らかになる。乏しい一、二の例を挙げると、まず嘉承二年（一一〇七）九月二十四日、なくなった堀河天皇の菩提のために地蔵講が取り行なわれている（中右記）。また藤原宗忠は、大治五年（一一三〇）五月二十五日暁の夢に、仏間にあって心中ひそかに「われ、汝等を守らん、今生の結縁の力に依りて、慈尊出世の三会の暁に逢わん」と思ったことについて、これは「夜前の地蔵講の功徳」ではないか、とひどく随喜している。これらは、地蔵講が二十四日という地蔵の縁日に個人的にかなり広く行なわれたことを語るようである。少なくとも定時、二十四日に行なわれていたらしい六波羅蜜寺や祇陀林寺(3)などの地蔵講とは異なったものもあったことが知られる。そしてこうした二十四日の縁日の存在が認められることは、シナで偽撰された

『地蔵菩薩十斎日』や十王信仰がすでに依用されていたことを語るようである（和歌森太郎・地蔵信仰について、宗教研究一二四号）。

しかしいまここでもっと注目されることは、地蔵講といった恒例の行事に類するものではなく、地蔵信仰の在り方で、これがどう阿弥陀と結びついていたか、という問題である。

いまそれを探るために幾つかの例を掲げると、それにはまず後世の菩提のために地蔵を信じ、その像を作った例が注目される。『拾遺往生伝』巻上に見える多武峯安養房の経暹、巻下の二位大納言藤原経実妻、『後拾遺往生伝』巻中の西山善峯の住僧、巻下の比丘尼妙蓮などはこれに当たるものと思われるが、またこのような目的はさきに見た地蔵講にも見えたところで、地蔵は六道にさ迷うものを救って極楽に向かわせると信じられたことが、ここからうかがえる。『中右記』にはこの例が幾つかあり、たとえば永久二年（一一一四）十二月二十五日の条には「二尺五寸地蔵菩薩、経一部、少将の二女子の為、信永を以て供養し奉る。去る九月一日卒去せしなり」とあり、保安元年（一一二〇）六月四日の条には「女房の供養、等身地蔵木像、経一部、講師湛秀已講。説法の体、誠に随喜するに足る。今日、遠忌に依るなり」とある。次は七日の逆修に地蔵を本尊とする日が一日あったことで、この例は『中右記』大治五年（一一二〇）六月二十日の条などに見られる。

しかしこれらよりもさらに注目を引くのは、『永昌記』天永二年（一一一一）三月十一日の条に、筆者の老乳母が長楽寺の小堂で瞻西を講師として供養を行ない、経は『法華経』・五部の大乗、仏は「阿弥陀等身、観音・勢至・不動・地蔵三尺像」で、「仏後の壁間に迎接曼荼羅」をかけた、と記されていることである。ここにはいわゆる弥陀三尊のほかに不動と地蔵が加わっている。このことは大治元年（一一二六）三月二十九日の条に法華八講の本尊を記して「弥陀三尊・地蔵等の像、各等身、図絵例の如し。但し地蔵像は今年これを加う」とのべていることとも関連しているだろう。これが何を語るか、いまもう一度さかのぼって阿弥陀と地蔵の関係を考えてみよう。

まず『覚禅抄』に、弥陀三尊に地蔵・竜樹を加えて「弥陀五仏」とすることについて、「未だ本説を見ず。但し大唐幷州一国の人皆弥陀を念じ、その国の人命終の時には阿弥陀仏・観音・勢至・地蔵・竜樹、皆来たり引摂す、云々」と記している。ここにいう「大唐幷州」のことは唐の伝記によるものであるが、いま着目されることは、法照の『浄土五会念仏略法事儀讃』序に五会念仏の作法を記して、敬白の文を言い終わったあと、「阿弥陀仏・観音・勢至・地蔵菩薩を念ずること各三、五、十声」といっていること、さらに古くは唐の儀鳳三年（六七八）に造られた阿弥陀石像が二菩薩二声聞を脇侍としていることなどである。後者の五尊形式は日本では法隆寺の阿弥陀五尊像碑や国立博物館の阿弥陀五尊押出像などに見られるものである。したがってこれからすれば、地蔵・竜樹を加えた弥陀五仏の形式はシナ以来、かなり古くから行なわれていたことが知られる。

しかしこの五仏形式はその後姿を消し、一般に三尊形式が取られて行くが、ここに注目されるのは、永延三年（九八九）に大江匡衡が作った「盲僧真救の為に卒堵婆を供養する願文」で、これには十三基の塔婆をつくり、その三面の額の、一面に阿弥陀と観音・勢至、一面に阿弥陀と地蔵・竜樹を描き、合わせて六体として六道に当てた、といっている（本朝文粋・一三）ことである。形は変わっていても、五仏形式が伝えられている、と見てよい（地蔵・竜樹が密接な関係におかれたことは、『本朝法華験記』巻上に記されている「愛太子山《あたごやま》は、地蔵・竜樹の久住利生の地なり」という言葉にも知られる）。そしてこれとどう繋がるか、問題であるが、天喜五年（一〇五七）十二月十九日の官符に、私寺の建立に当たって、貴賤ともに、「公家の御願寺に准拠して」「阿弥陀・観音・勢至・地蔵・竜樹等の五体を安置」することが例となっている（仁和寺諸院家記（顕証本））、といわれていることである。

さらにこれとかかわるものとしては、応徳年間（一〇八四―一〇八七）に建立を見た白河法皇御願の法勝寺常行堂では「金色等身の阿弥陀仏、三尺の脇士四菩薩」（本朝続文粋・一三）が安置されたことが知られる。この「四菩薩」がなにか、いま明らかではない。ただその後、大治四年（一一二九）、白河法皇崩御に際し、法事のため女院より法印円勢作の「半丈六の木像阿弥陀五仏」が送られ、これをならべて立てたことが『中右記』に語られている。しかもこの「五仏」と別に「脇士四体」のことを記しているから、『中右記』にいっている「脇士四体」はすでに安置されていた「三尺の脇士四菩薩」と同じものということになる。してみると、このとき、阿弥陀をめぐる四菩薩と別に、阿弥陀五仏が安置されたことになる。これらがどうちがっていたかは問題であろう。そしてこの年末、鳥羽天皇も故法皇のために忌日に当たって「阿弥陀五仏」を供養したのである。

ところで、白河法皇の帰依の厚かった三論の永観の『往生講式』に、釈迦、弥陀の二尊とあわせて、「観音・勢至・地蔵・竜樹」の四菩薩の名を明記していることが注目を引く。『往生講式』がいつ書かれたか、明らかではないが、おそらく応徳年間（一〇八四―一〇八七）を前後するころのものと考えられる。これは「阿弥陀五仏」とたしかに関係があると見られるが、いま、この「五仏」とより直接に関連のある問題を提供しているのは、鳥羽上皇御願の勝光明院である。その保延二年（一一三六）三月二十三日の「鳥羽勝光明院供養」には、堂内に安置された金色丈六阿弥陀像をはじめとする諸菩薩や四柱・四面扉などに描かれた絵像等に触れたあと、「階上に金色七尺五寸の金剛法利因語等の菩薩像、彩色四尺五寸の伎楽菩薩卅二体を安置す」と記されている。いまここにいう「金剛法利因語」とは、金剛界曼荼羅の中央、成身会《じょうしんえ》の、西方無量寿仏をめぐる法・利・因・語の四親近《ししんごん》の菩薩のことである。したがってこれからすれば、階上に安置されたものは真言密教の思想のなかで捉えられた阿弥陀の脇侍菩薩ということになる。ところが、これについて『長秋記』の筆者は、鳥羽上皇の意向がどこにあったかを伝えている。すなわち、勝光明院供養の前年六月二十日の条に、上皇が、本仏がすでに阿弥陀仏なのだから、階上の五仏には四親近菩薩がよく、四親近とは「世俗に云う所の観音・勢至・地蔵・竜樹」のことであると示された、というのである。このことは「四親近」という表現を用いただけで、内容は本来の阿弥陀の脇侍に地蔵・竜樹を加えた四菩薩であったことを語っている。いわば阿弥陀仏と密着した四菩薩の形態は密教では法・利・因・語の四親近があるから、その表現を借りて地蔵・竜樹を含む四菩薩を言いあらわしたまでで、他に適当な表現があれば、それでもよいといったていいのものである、と見ることができる。そして事実、そう考えることを許す実例として、叡山東塔の常行堂に安置された四菩薩について、『山門堂舎記』は「四《し》摂芉《しょうぼさつ》像各《かく》一躰」といい、『叡岳要記』は「四柱菩薩像一軀《く》」といい、また他の記録を掲げて「胎蔵《たいぞう》弥陀五仏像」ともいっていることを示すことができる。四摂は金剛界三十七尊のうちの四金剛菩薩であり、胎蔵界の五仏・四菩薩とはまったく異なったものをさす。また「胎蔵弥陀五仏」は、弥陀を中心にして他の四仏を含めたものか、弥陀に四菩薩を投合させたものか、はっきりしない。胎蔵と弥陀とは一つになって五仏と結びつかない。要は、阿弥陀と親しい関係に結ばれている四菩薩を表現する言葉であれば、それが実際には何を指しているか、既知のことであったから、どれでもよい、といった考え方が、このような記録の差異となったものであろう。『拾芥抄』巻下本には、「観音・得大（勢至）・弥勒・文殊」の四菩薩、あるいは「観音・勢至・地蔵・竜樹」の四菩薩とし、後者が普通一般の説である、としている。

とにかく、このように見てくると、勝光明院の四親近は地蔵・竜樹を含む四菩薩であったことが明らかであるが、ここでさらに注目されることは、上皇が示した「世俗に云う所」とは、既にこの四菩薩の形態が一般に固定していたことを示している事実である。源師時がはじめ「四親近」ということを伺ったとき、それがその言葉どおりなのかどうか理解しかねて、改めて上皇にたずねている事情を見ても、それが知られる。四親近は事情のわかっているものには早わかりであるけれども、わからないものには世間一般にいうところの方がかえって混乱を呼ばないのである。

さて以上の考察によって、白河法皇の法勝寺常行堂における脇士四菩薩もおそらく地蔵・竜樹を含むそれであった、と考えることができると思うが、それが許されるとすればそこに、断続するものはあるにしても、阿弥陀をめぐった、地蔵・竜樹を含む五尊形式が、阿弥陀と地蔵を結ぶ紐帯の底に流れていたことも認められるようである。もっともその時に応じて、阿弥陀と地蔵の関係が強く意識され、それによってかえって五尊形式が改めて蘇《よみがえ》る、といったこともあったであろう。

最後にもう一つ付記したいのは、熊野信仰を通して見られる地蔵の存在である。それを語るものは『長秋記』天承三年（一一三三）二月一日の条で、そこには、三所の本地を記したあと、五所王子の本地を記し、その中で「禅師宮俗形、本地地蔵菩薩。聖宮法形、本地竜樹菩薩」と書かれている。あとの三王子は観音に当てられているから、この地蔵・竜樹の比重は大きい、といわなくてはならない。そしてとくに熊野信仰の中心が、とかくの論はあっても、とにかくどこまでも阿弥陀を本地としたものであることだけは確実と考えられている（和歌森太郎・修験道史研究）から、ここでも阿弥陀と地蔵は竜樹を含めて、かなり接近したものとなっている、といえよう。さまざまな面で、地蔵は阿弥陀信仰をもりあげる役目を担っていることが、この僅かな事例によっても、考えられるようである。

しかし、いずれにしても、上記の事実は、ただ単に阿弥陀と地蔵の関係が密接であったことを語るだけにとどまらない。それだけではなくて、そこには、末法の意識を通して、地蔵による現世安穏を祈る想いを一方に含みつつ、救いから遠ざかった堕地獄の罪の意識を媒介として、浄土を欣う思いを培い養うものが地蔵信仰のうちにこめられ、それがさらに阿弥陀信仰をもりあげるものとなったことであろう。『梁塵秘抄』にうたわれている「我が身は罪業重くして、終には泥梨《ないり》（地獄のこと）へ入りなんず、入りぬべし、佉羅陀山《からださん》なる地蔵こそ、毎日の暁に、必ず来りて訪ふたまへ」の一首は、阿弥陀への指向を語るものであろう。

聖と沙弥

さて末法の意識のたかまりに応じて、浄土の往生を願うすがたは多彩な信仰形態と混在して、その与えられた一隅を拡大して行ったが、その普及にあずかって力のあったものに聖《ひじり》の存在があったことは無視できない。ただ聖の性格は雑多であって、単に法華持経者ないしは真言行者として終わったもの、あるいは所属の本寺に住むか、または本寺を離れてもやはり山林に籠って修行にはげんだものについては、いま触れる必要はない[4]。いまここで注目したいのは、本寺を離れて、山に籠ることもなく、別所にあって俗人と交わっていたものや、まったく市井に住んで民衆の教化にたずさわっていたものが、浄土信仰の普及にあずかって力があった点である。いってみれば、市聖《いちのひじり》などといわれた空也のようなひとの存在である。したがってこの観点に立つときは、諸国を遊歴して道俗を勧進し、講経を勤行しつつも、それが『法華経』のみに終わった六万部聖（拾遺往生伝・下）とか、積極的に在俗の教化に働きかけ、「山上・洛下の人」より尊敬を一身に集めはしたが、毎日読誦したものは『金剛般若経』であったという、叡山西塔の黒谷の善意（後拾遺往生伝・中）

などといった聖は、いまはあまり重要ではない。これらのひとも当然、念仏の普及にあずかったことであろうが、それは予想されるだけで、明確ではないからである。

それではどのような聖が在俗と接近して念仏の教化にたずさわっていただろうか。これについて、いま二つの型が考えられる。一つは雑信仰との夾雑のなかで念仏を普及したもの、いま一つは純粋に念仏中心の信仰を普及したものである。

このうち、前者に該当するものとして、源信以後の人物には、まず皮聖行円がもっとも注目を引く。かれの行なった宗教活動は多彩で、行願寺を教化の場として四部講とか百日講、あるいは法華八講・釈迦講・普賢講・千部経供養を行ない、念仏講としては四十八願講といったものを行なったことが知られる。また、教化の方法も特色があり、四部講について示された例では、聴衆を法師・尼・俗・女と区分し、それぞれに日を分けて講を行なっていることである（小右記）。これは、空也のあとをうけて、中信によって開かれた六波羅蜜寺の「結縁供花会」と称する「四日八講」（本朝文粋・一〇）にならったものであろうが、教化の実はじゅうぶんあがったにちがいない。そしてまた布教対象が堂上貴族から一般庶民に及んでいたことも、聖としての性格を発揮したものといえる。しかし行円の活動は寛仁三年（一〇一九）以後は、その消息を絶っている（平林盛得・平安期における一ひじりの考察、史潮七八・七九合併号）。

次に注目したいのは、備中国新山別所に住みついた定秀で、かれの場合は、時代はすでに像季末法である。かれはかつて叡山横川の楞厳院にあって密教を受学したが、早くより念仏に心を傾け、念仏以外にさとりをうる道はない、と知って、ついに山を離れ、土佐の鹿苑寺をはじめ諸国を巡行して一処として止住するところがなかった。その間、かれは『法華経』三千部の読誦をなしとげた、という。しかし新山別所に至って籠山すること十二年、その間、「弥陀丼びに大般若五部、大乗経等を造写、供養し、自余の行事、具《つぶさ》に記す」ことができないほどであった、というから、講経などによる教導も行なわれ、その声望も広く聞かれたことであろう。国司も屈請してかれの教化にあずかろうとしたが、籠山中は固辞して行かなかった、といわれる。権勢におもねることがなかった一面を語っている。また臨終には不断念仏を行なって終わっているが、その時、美作聖と呼ばれた日円は夢に、定秀が衆宝で飾られた四階の楼の第四層に坐って、大勢の聴衆に説法している姿を見た、と伝える（拾遺往生伝・下）。おそらくこの聴衆を前にした姿が定秀の平生の姿なのであろう。かれには聖における勧進と唱導の二面が認められる。没年は承保三年（一〇七六）、行年六四歳であった。

また少し下っては、雲州鰐淵山にあって『如法経』書写を行ない、後に四天王寺および良峯山においても同様のことを行なった永暹がある。かれは大きな仏事を修すること六遍、そのつど足の指を切って燃燈供養して、死の苦しみがいかに堪えられないものかを、これによって味わおうと努めた、といい、「毎日の所作、法華経一部、三時供養法、念仏一万遍」であった、という。つねに三衣一鉢と錫杖・金鼓を所持していただけであった、とも伝えられているところに勧進聖としての面目が見られる。しかしまた四天王寺を本拠として多くの僧を集めて『阿弥陀経』を読むこと四十八回、また百万遍念仏は幾度行なったかわからないほどであったらしい。臨終には四天王寺西門において念仏して終わった、と伝える。寂年は天仁元年（一一〇八）である（後拾遺往生伝・中）。

しかしこうした聖のうちで、いまとくに注目しなければならないのは雲居寺の瞻西である。かれは迎講を行なったことでよく知られ、『後拾遺往生伝』巻中の、書博士安部俊清の臨終のさまを叙したなかに、俊清が左右に語って、傍に音楽が聞こえるが、その儀はちょうど「雲居寺の瞻西上人の迎講」のようだ、といったことを記していることでもわかる。また『長秋記』の元永二年（一一一九）十二月四日の条に、後三条天皇の第三皇子、三宮輔仁親王の臨終のさまを伝えて、あるものは紫雲を見、あるものは異香のただようのをかぎ、あるものは金蓮の台を捧げて観音が寝所にはいるのを夢に見、あるいはまた、御所のなかで忽ち「迎接の儀」が行なわれ、さまざまな蓮華が雨とふるのを夢見たものもあった、と記し、瞻西がこれを聞いて感涙にむせんだ由を記している。瞻西の迎講と似たものがあったのだろう。かれは能説をもって知られていたから、さまざまな講会に招かれて講師をつとめ、その「弁説の妙言」をもって聴聞者をして感激の涙をながさせるほどであった、という（永昌記、保安五年四月二日の条）。藤原宗忠がその示寂を知って記した言葉には、「件《くだん》の聖人は延暦寺の人。学生にして説法、その道を得。年来《としごろ》道心を発し、種々の仏事を成し、かの寺の中に八丈の弥勒仏を作る。又東山の野面に百丈の弥勒像を成し、また極楽浄土の百日の行道を成す。講説に接せる天下の道俗男女、上下の衆人皆以て帰依す。今已に入滅す。仏日已に隠れ、法水長く滅せるか、ああ哀しい哉」（中右記、大治二年六月二十日の条）とある。いかに上下貴賤等しく帰依した唱導師であったかがよく知られ、また念仏とともに、求めに応じてさまざまな功徳行を行なったひとであったことがわかる。

こうした例はもちろんこれに尽きるものではない。大なり小なり、多くの聖の中にはこうしたさまざまな功徳行を行なうとともに念仏による往生を願い、山林抖擻《とそう》や諸国巡遊によってえた聖としての成果をたずさえて、上下貴賤と接触し、教化につとめるものがあったのである。だからこそ、本寺にあって宗義を研鑽し、種々の行法にはげんだ知識名僧よりも、かえってこうした、本寺を捨てた、弊衣にして野卑下賤な聖でも高く評価され、上層階級の尊信さえもえてくるようになる。そこには山林・山居の修行によってえた聖の不思議な力、いわば霊験が期待されたことはもちろんであるが、また、たくましい人間的な、偽らない魅力が人の心を打ったからであろう。

さて第二は念仏中心の比較的純粋な信仰に生きたひとの例である。それにはまず安助をあげることができよう。かれは河内国河内郡の往生院を本院として修行し、その性潔白で、経を読み、念仏することをもって事とした、といわれる。たまたまかれと師檀の契を結んでいた高安郡の一古老が夢の告げによってその所領内に一堂を建て、安助をして住まわせたが、その堂はちょうど四天王寺の東門に当たり、だからまた極楽の東門にもそのままつながっていた。かれはこの堂に住んで、三年の間つねに「五念門」を修め、また月の十五日には多くのひとを集めて「講論」した、という。長久三年（一〇四二）八月十五日夜半、没しているが、その往生を讃えて、ひとはこの寺を往生院と呼び、爾来この寺には「念仏行者」が絶えない、と記されている（拾遺往生伝・上）。念仏一筋に努めるとともに、またそのようにひとを導いた姿がうかがわれる。

次に永久四年（一一一六）、七十歳でなくなった隆暹《りゅうせん》をあげて置こう。かれはもと叡山の僧であったが、「早くより顕密の学を捨て、偏に往生の行を修め、毎日念仏十二万遍、更に他の勤《つとめ》なく、三十年を盈つ」と記されているほど、半生を念仏一途に励んだ聖であった。没する前年には、往年、夢に見た「告命《ごうみょう》」を果たすため、わざわざ阿弥陀嶺に登り、その翌年正月、病によりたちまち嶺を下って、もといた村里の淳風坊に帰り、没している

（後拾遺往生伝・上）。

このような念仏に専念したひとは他と比して数は少ないが、それでも円空仙といわれた、伯耆国弘瀬寺の禅徒であった円空（拾遺往生伝・下）、盲目の栖霞館（観カ）の一上人（後拾遺往生伝・上）、出雲国能義南郡の良範（同・中）などが加えられる。ただこれらのひとがどの程度、民衆と接触して念仏の教化に当たったか、その辺は余り明瞭ではない。

ところでこのような聖と少しく趣を異にするけれども、等しく忘れてならないものに沙《しゃ》弥《み》の存在があることを加えたい。ただしここでいう沙弥は、いわゆる僧団の構成員である比丘になる前の身分とは異なる。菩薩の概念が日本で特殊な意味を与えられたこともあったように、ここでは、髪は剃っていても妻子のある在家者をいう。『元亨釈書』巻十七に「国俗には、髪を剃るも梵儀を全うせず、妻子有る者、在家に沙弥と称す」とあるものがそれである。かつて自度の沙弥が多かったが、それがこの風のおこりとも考えられる。『日本霊異記』にもそうした自度僧《じどそう》の話が多く載っているが、そればかりではなく、著者の景戒自身、僧としては薬師寺に属しながら、「俗家にいて妻子を蓄えて」いたものであって、このような半僧半俗の存在が、在俗者のなかに立ち交って、信仰の仲介者的役割を果たしていたのである。そしてそれはこのような時代においても、大きな役割を担ったものと考えられる。ただその実例は余り明確ではなく、古くは播磨国賀古の教信、美濃国の僧薬延、加賀国の僧尋寂などといったひとがあるから、この流れを受けたものの存在をいくらか推察できるだけである。僅かに大法師順源（拾遺往生伝・下）、僧円観（後拾遺往生伝・上）、沙弥寂念（同・下）、および円宗小綱（同・中）、延暦寺僧隆暹（同・下）などが、それと知られる。始めの二人は十一世紀半ばのひと、次は十二世紀初め、最後の二人はおそらくその中間に位するかも知れない。いずれも妻子を帯して在家生活を送っていた僧であって、とくに順源にいたっては娘を妻にしたほどの破戒無慚な僧であった、といわれる。このような半僧半俗としての沙弥が本来出家としての身分を承認されたものであったにしても（なかには勝手に僧を称した自度僧もあっただろうが）、みずから俗のなかに身を置き、そうした、一面では堕落した形において、他面では俗への働きかけにおいて、仏の救済の真実を信仰一途に徹底させようとしたところに、その意義が認められる。かれらの在り方は陰に陽に、俗に対して信仰への教導者的役割を果たしていたものと考えられる。したがってその意味では入道とは区別する必要がある。入道も出家であるが、この方はむしろ俗より出家へ純化しようとするものであって、沙弥とは逆の方向をとっており、どちらかといえば、在家的な、教えを受け、導かれるものの立場が強い。ただ「往生伝」に見える沙弥や入道の呼称は恣意的でいささか厳密性を欠くから、正確な捉え方はむずかしいが、『本朝法華験記』巻下の「筑前入道沙弥乗蓮」（『拾遺往生伝』巻中では「入道乗蓮」）といった場合の沙弥はいまここで問題にしている沙弥とは異なり、明らかに七衆のなかの一身分としての沙弥と見られる。沙弥と入道を同じものと見たら、これは全く概念の混乱を犯したことになる。

ところで、このような半僧半俗的な沙弥について当然その破戒的な在り方が注目されるが、ここで問題なのは、そのようなひとを含めて、どんな破戒無慚なひとも弥陀の救いからはずされないで往生した、と受け取られたことである。その例は極めて多く、いちいち挙げるのも煩わしいほどであるが、その一端を示すと、『本朝法華験記』巻上の「定法寺別当法師」、巻中の「薗城寺僧某」、『続本朝往生伝』の「但馬守源章任」および「前伊予守源頼義」、『拾遺往生伝』巻上の「浄尊法師」（『今昔物語集』巻十五にも収める）、「沙弥薬延」（同）、巻中の「藤原久任」（法名寂戒）、「鹿菅太」（名不明）、「下道重成」、巻下の「尊忍供奉」（叡山東塔の僧）、「肥後国の有る僧」、「沙門善法」（六万部聖）、『後拾遺往生伝』巻上の「上人安尊」（筑前国内山寺住僧）、「左衛門尉藤原忠宗」、「僧円観」（俗称鳥樟供奉）、「紀吉住」、「前安房守源親元」、巻下の、陸奥の「一女人」、「東獄所の西」の「一人僧」、『三外往生記』の、甲斐国の「一俗人」などが知られる。これらは多く殺生や盗みをこととした悪業・破戒のひとであるが、それでも臨終には念仏して、往生を遂げたひととして、讃歎されたのである。

『日本往生極楽記』の著者、慶滋保胤は、「往生伝」を編むに際して、いわゆる清浄業の念仏者とともに、『瑞応伝』に見える、「牛を屠《ほふ》り、雞を販《やぶ》った者」が「善智識《(ママ)》に逢って十念往生」した例に着目したことを述べ、「異相往生者」を収録したことを記している。しかしかれはそのように述べながらも、破戒無慚な往生人はひとりも収録していない。この意味では「異相往生」という表現は概念内容の明確を欠いている。あるいは、臨終のときに現われた、さまざまな異香・妙音・瑞雲・光明といった往生の相をさしていったか、あるいは「摂津国豊島箕面滝下」の松のもとに寄居した一修行僧の往生のさま（この話は『今昔物語集』巻十五にも収録されている）などに代表されるものなのかも知れない。保胤は破戒無慚の往生人といった捉え方に心を引かれながらも、それに踏み切れなかったものであって、そこにかれの限界がある、と考えられる。しかしその後の「往生伝」の編者は、すでに末法という強い時代意識の影響を受けて育てられていたから、破戒無慚のひとを除外して、もはや往生人を考えることは不可能になっていた。だから、『極楽記』の「遺漏を採り」、「その後事」を拾った大江匡房の『続本朝往生伝』が、この種のものを拾ったのは当然である。かれは「但馬守源章任」の伝を掲げて、章任が生来吝嗇《りんしょく》で、刺史（受領）に任じたときも、貪《むさぼ》り取ることに終始したひとであったことを記し、章任の往生は「宿善」によるものであろう、といい、また「一生、殺生を以て業と為し」、「唯闘戦を事とし、人の首を切り、物の命を断つ」ことに明け暮れた「前伊予守源頼義」について、「定んで知る、十悪五逆、なお迎接を許さる。何ぞ況んやその余をや」といい、これら二人を指して、「この一両を見て、大いに恃《たの》みを懸《か》くべし」と書いている。この著の成立年代は不明である（記述の最下限は康和年間、一〇九九―一一〇四）が、末法の意識のうちに書き止めたことは、「砂門覚尊」の項で、「末法の事、古《いにしえ》に恥じず」といっていることからもわかる。

こうした点は『今昔物語集』も同様で、巻十五には「北山餌取《えとり》法師」や「鎮西餌取法師」に代表される破戒無慚の往生人を多く収録しているし、また「江家（大江匡房を指す）の『続往生の伝』に接し、予《かね》てその古今の遺漏の輩を記」した、と『拾遺往生伝』巻上の序に書いた三善為康の言は、保胤がいった「屠牛販雞」の類の「異相往生」をも拾おうとした意のあるところを、よく語っている。そしてこの点は『三外往生記』を書いて後に続いた沙弥蓮禅にしても同様である（こうしたところに、「往生伝」の編者が往生をどう理解しようとしたか、その差もうかがえるはずである）。

そしてとくに注目されることは、蓮禅がいっているように、破戒無慚を含めて、こうした往生の姿を「尊卑道俗、随喜」するものが多かった、ということである。世のひとは等しく、みずからの身を振り返って、このような、破戒無慚の往生人を末法の燈火とも仰いだのであろう。その一例を『中右記』保安元年（一一二〇）二月十二日の条に見ることができる。宗忠は、三井寺の僧慶禅が語った話として法成寺上座法橋隆尊、および三井寺を本寺とした静暹（世に雉阿闍梨とよばれた）の二人の往生人について、ともに妻子をもった「破戒無慚の僧」が「念仏の力に依って往生を遂げた」ことを記録して、「思うにこれ弥陀の本願は重罪の人をも棄てたまわず。これに依りて、往生の志有る人、ただ念仏を修すべきなり。希有《けう》の事と為すに依りて、記《しる》し置く所なり。誠に末法に臨むと雖も、仏日《ぶつにち》未だ滅せざるか」と、その感激のほどを記している。

浄土の信仰は貴族階層から一般庶民へ、中央から地方へ、漸次下降して、ついにこのような破戒無慚な往生者を社会一般が上下ともに容認し、鑽仰するようになった。そしてこのような風潮がまた他方、極端な異相往生をも生みだしていたのである。

四天王寺と異相往生

ところで、このような破戒無慚な悪業のひとの往生とともに、往生を願うあまり、みずから生命を断った、その意味での「異相往生」があることをさらに付け加えておこう。そしてそれには、かの『今昔物語集』巻十九が、「讃岐国多度郡五位聞法即出家語」にいう、「金鼓ヲ頚ニ懸テ」、「我レハ此ヨリ西ニ向テ阿弥陀仏ヲ呼ビ奉テ、金ヲ叩テ答ヘ給ハム所マデ行カムトス。答ヘ不レ給ザラム限ハ、野山ニマレ、海河ニマレ、更ニ不レ返《かへる》マジ。只向タラム方ニ可レ行キ也ト云テ、音ヲ高ク挙テ、阿弥陀仏ヨヤオイ〳〵ト叩テ行」き続けた、という源大夫の話が想起される。このような西方を志向する観念は、たとえば和歌に「月の入るを見て」、「西へゆく心はたれもあるものを独りないりそ山のはのつき」（金葉和歌集、巻九、源師賢）と詠まれているものと一つであって、それがここにいう「異相往生」の決定的条件となったものとして、まず注目されるのは四天王寺信仰である。

当時、四天王寺は難波の海岸に近かったらしく、海に没する入日の荘厳なながめがこの寺の西の門から望まれたらしい。まさに『観経』にいう日想観そのままの光景がうかがわれたようで、『栄花物語』「殿上の花見」に、上東門院が長元四年（一〇三一）にこの寺に参詣したおりのことを叙して、「酉《とり》の時（夕方六時ごろ）ばかりに、天王寺の西の大門に御車《くるま》とどめて、波の際《きわ》なきに西陽《にしび》の入りゆく折しも、拝ませ給」とあるものは、それを語っている。また長暦（一〇三七—一〇四〇）のころ、河内の往生院を本院として修行した安助上人が河内の高安郡坂本村の檀越を訪ねて、依頼した言葉に、「汝が所領の園林は、天王寺の東門に当たる。定んで知る、極楽東門の中心なることを。加うるに西天の迎晴（ママ）を以てし、夕日に観ずべし。冀くは一小堂を建てんことを」（拾遺往生伝・上）とあるものは、極楽の東門に連なる四天王寺の西門・東門という一線を想定したことを語り、その線上に位置したところに小堂を立てて、日想観を行ないたい、と願ったことが知られる。[5]

しかし時代の下るとともに、この寺に詣でて百万遍の念仏を行なう風が盛んになったようで、治暦年間（一〇六五―一〇六九）、金峯山千手院の住僧永快は「天王寺を詣でて、一心に念仏し、百万遍を満」たしている（拾遺往生伝・下）し、『拾遺往生伝』の著者三善為康も、康和元年（一〇九九）九月十三日、「天王寺に参じ、念仏の行を修し、九箇日を経て百万遍を満た」した、といい（同・上、序）、雲州鰐淵山の上人永暹は天仁元年（一一〇八）の前年、「天王寺に衆（僧イ）徒を啒し、『弥陀経』を読むこと四十八箇度、又百万遍を満たすこと幾度なるを記さず」といわれる（後拾遺往生伝・中）ほどであった。永暹は天仁元年十月八日天王寺の西門で念仏した後、聖徳太子の廟所に赴いて、命終している。また『中右記』大治二年（一一二七）五月四日の条に見える道心比丘尼（名不明）が、「常に天王寺の西門に在りて、偏に念仏を専《もつぱ》らにし」たといわれるものも、百万遍念仏であろう。

しかしこのような四天王寺西門における百万遍念仏は徐々に、そのまま直接、極楽に迎えられたいという願いと直結するものとなったようである。さきの永快が百万遍を満たしたあと、弟子たちに自分の所有物を与えて処分し、夜ひそかに房を出て、高声に念仏を唱えながら、西を指して行き、海岸にたどりついてなくなっていることなどは、その現われで、これがその後、叡山の住僧、上人行範のような、入水《じゆすい》となったのである。行範は大治年中（一一二六―一一三一）、天王寺に参詣して七日の断食を行ない、浄衣に改め、衣服のうちに砂をいれて海に身を投げ、正念のうちに沈んで行った、という（後拾遺往生伝・下）。そしてこうした入水の最も顕著なものは、保延六年（一一四〇）八月九日の日付が見られる、僧西念の願文が語るところである。

そのなかには、かれが四十余年の間行なってきた、さまざまな経典の読誦・書写・印刷、仏像の図絵・彫刻、堂舎の建立、施入・供養などを事細かに列挙し、かねて天王寺の西門は極楽の東門に通ずる、と聞いているから、いまここに仏に、天王寺の西海に身を投げて往生したい、という願をのべるものであって、「仰ぎ願わくは、三世の諸仏、十方の大士「白牛の車を轄《かつ》し（動かすこと）、紫金の座に迎えたまわんことを」と結んでいる（平安遺文、新補・六四）。功徳行の一切をこの一事に投入しようとしたことがわかる。しかしかれはこの時は、それまで行なってきたこれら勤行や供養などを記した目録を頚に懸けて西に向かい、投身入水したけれども、往生の縁浅く、死ぬことができなかったもので、このことはその二年後、永治二年三月十七日に改めてしたためた願文に明らかである。かれは今度は、神仏の告げによって住宅の内に穴を掘り、ここにさきの目録やこの時の目録など、さらにかれの作った『極楽往生歌』をもあわせ埋めて、往生の素懐のかなえられることを願っている。『極楽往生歌』は、いろは四十七字をそれぞれ頭にすえた和歌四十七首と「別和歌」一首よりなる四十八首（これは明らかに阿弥陀の四十八願になぞらえたもの）で、

「和歌は仏神の道、後世《ごせ》を哀みて菩提《ぼだい》叶《かな》え給う道」と聞いて、作った由を記している（同、新補・六七、六八）。入水を思って作ったと思われる一首を掲げると、「ワタツミ《（海）》ノソコ《（底）》ノイロクツ《（魚）》ミナ《（皆）》ヽカラスクワム《（救）》コトヲ子カフ《（願）》アミタ《（阿弥陀）》ワ」と歌われている。身は海の藻屑《もくず》となり、魚はわたしを餌食とするだろうが、そうした魚をも等しく仏は救おうと誓われたのだ、という心であろう。

　ところで、こうした四天王寺の西門が極楽の東門と向かい合っているという信仰は、『今昔物語集』巻十一「聖徳太子建天王寺語」に「其ノ寺ノ西ノ門ニ、太子自ラ、釈迦如来転法輪所、当極楽東門中心ト書キ給ヘリ。是ニ依リテ、諸人彼ノ西ノ門ニシテ弥陀ノ念仏ヲ唱フ。于レ今《いまに》不レ絶《たえず》シテ不レ参《まいらざる》人無シ」とあり、『四天王寺縁起』にも見えるから、かなり古くから、太子によせて信じられていたもののようである。『今昔物語集』の成立した十一世紀末前後にはこの信仰がごく一般化していたことがわかる。したがってかなり古くから、この西門をあとに西海に漕ぎだして、入水するという異相往生の成立する条件は整っていたということができる。それを促す社会的な契機や、世相・風潮といったものが加われば、おのずから動き出して行くことができたのであろう。広く捉えれば、末法もまたそうした契機であった。

　このような四天王寺の西門から西海に向かって漕ぎだして入水する風潮は、ところがかわると、ただ西土を望み見て海に沈んで行った薩摩国府の一旅僧（後拾遺往生伝・上）や近江国の三津浦から湖水に漕ぎでて投身した入水聖（三外往生記）のような形をとるが、後者では、死骸が東岸にあがれば「堕悪趣」、西岸に遺体が壊れないであがれば「往生極楽」といった、「往生の定否」をこれによって確かめようとする一種のかけが試みられていることは、興味ある時代の反映であろう。入水は四天王寺の西門から伝播して各地に行なわれたにちがいない。

　ところで、この入水と似たものに焼身がある。この方は入水よりも早くから行なわれたらしいが、ただその根拠は『法華経』「薬王品」にあった、と見られる。『本朝法華験記』巻上が「日本国最初焼身」として掲げている熊野奈智山の応照の焼身は、「薬王品」に喜見菩薩がみずからの身を焼いて燈火として仏に供養し、再び生まれて、臂を焼いて供養したことを伝えているのを読むたびに、これを随喜・恋慕して、みずからもこの菩薩のごとく身を焼いて諸仏に供養したいと願ったところに発している。応照はこの時、「穀を断ち塩を離れ、更に甘味を食せず。松葉を膳と為し、又風水を服し、以て内外の不浄を浄め、焼身の方便と為し」、焼身に当たっては薪の上に坐って、西方に向き、身が燃えつきるまで経文を誦して終わった、と伝えられる。「薬王品」は『法華経』でただ一つの、阿弥陀仏について触れた箇所であるが、焼身は阿弥陀仏と関係はない。おのずから応照の焼身も西方往生を願うものとなっていない。またこれはいつの時代か詳かではない。もし『元亨釈書』が、康保年中（九六四—九六八）のこととして伝えている釈長明の焼身より以前とすれば、相当さかのぼるが、いずれにしても焼身が西方往生と直結するものでなかったことは注意しなければならない。『本朝法華験記』巻上の「薩摩国の持経沙門某」の焼身は「三宝に供養」するためで、『法華経』千部読誦の功徳によって極楽に生まれることを期待しているに過ぎないし、年代も不明である。またその後の『三外往生記』や『本朝新修往生伝』にも、焼身の念仏者のことを数例伝えているが、すべて年代を記さない。これらは『法華経』信仰を中心にして念仏をそれに付随させたもので、浄土信仰を中心に据えたひとが法華信仰の影響を受けて、その結果焼身する、といった形をとるのはおそらく稀な例であろう。

その一つに、伊予国久米郡の釈円観があり、かれは常に念仏を唱えたひとであった、という。康平五年（一〇六二）の中秋の夜に、みずから庵を焼いて死んでいる（後拾遺往生伝・上）。また同じ康平年中、ある上人が阿弥陀峯の下に「焼身入滅し、貴賤男女、攀躋《はんせい》（登ること）の徒、宛《さなが》ら楚《そ》越の竹の如し」（拾遺往生伝・中）といわれるほど、群をなしてこれを見物したことが伝えられているが、この場合は場所が阿弥陀峯ということだけであって、この上人が念仏者であったかどうかは、さだかでない。

そしてこのような風潮はさらにみずから身を土中に埋めたり、頚をくくったりする風をも呼びおこしたようである。中山忠親は『貴嶺問答』において、船岡聖人の「身燈」を批判して、「身燈の見物、甚だその用無し。真実の法に非ず、これ外道の教なり」とし、薬王菩薩の焼身は得忍（無生忍をえたこと）の菩薩の所為であって、狂惑の凡夫の行為とは異なることを指摘し、既に「焼身・捨身」は「僧尼」の「令条」に違反したものであるから、これによって罰しなければならない、と述べた。時代の流れが信仰をもここまで追いこんだものであって、真実の信仰がいかに願わしいものになっていたかが、この批判の言葉からもうかがえる。

さてここで再び四天王寺信仰にもどって、付記したいことは、この寺の西門に「転法輪所」があったことである。今様に「極楽浄土の東門は、難波《なにわ》の海にぞ対《むか》へたる、転法輪所の西《さい》門に、念仏する人参《まい》れとて」とうたわれたところは、すでに古くよるところがあったことが知られるが、それからすれば、ここではかなり古くから、念仏の講が行なわれ、多くの道俗が集まって念仏を行なったものである、と推察される。そしてこれが漸次盛んとなり、後に鳥羽法皇や入道前関白忠実が参詣して、念仏衆の一員に加わるほど、その名を高めるに至っている。法皇たちが参加した念仏は西門の外につくられた出雲上人の八幡念仏所であるが、出雲上人については永暹という説がある。しかしこれについては、さきに掲げた永暹とは別人と見るのが正しいだろう（井上光貞・前掲書）。ただこれから推察されることは、出雲上人を永暹に当てる考えが起こっているように、それだけ溯った時代においてすでにこのような念仏所としての転法輪所があったことを示しているのではないか、ということである。念仏者の結衆は早くからあったものにちがいない。

『末法燈明記』の成立

さて末法思想と浄土信仰の繫がりは以上で終えたいが、最後に触れておかなければならないのは『末法燈明記』である。すでに末法思想が念仏思想を高め、拍車をかける役割を果たしたことは述べたところであって、繰りかえす必要はないから、ここではこの書が成立した時点を平安末とおさえ（成立年代には少なくとも二つあって、一は最澄とするもの、他は最澄の偽撰とするものである。後者を取るひとは多いが、その年代についてはまた異説が分かれている。拙稿・末法燈明記について、印度学仏教学研究・二〇所収）、その説くところが末法思想の高まりにおいて占める意味とその特色とに触れておきたい。

先にも示したように、永承七年、末法の第一年を経験したのは、『春記』の筆者藤原資房であるが、かれが末法という観念において捉えたものは、王法の権威の失墜と仏法の衰滅とである。現実の悲しい堕落的様相を身をもって体験しなければならなかった資房は、そのよって生じた原因を末法と受けとめるしかなかった。いわば世は像季より末法に突入したからこそ、このような王法と仏法の陵夷《りょうい》が現われるようになったのだ、と解したものである。ここには末法を仏滅後、遠く二千年を下った時代として捉える、極めて安易な歴史観がうかがえる。言葉を換えていえば、末法は時間的な観念で捉えられた終末観的立場を一歩もでてはいないのである。その点、至極常識的な受け取り方である、といえる。そこには現実の破滅的な様相が度を加えて苛烈になるとき、宿命的な諦念《ていねん》をもって受けとめるしか、対処する道は生まれてこない。

　こうした姿勢は、藤原宗忠の『中右記』においても同様である。ただ宗忠においては、末法を既定の事実とする観念から出発しているところに、差がある。かれにあっては末法という破滅的な時代観念が先行し、これを第一前提としているから、一切は末法という時代のせいにゆだねられる。王法・仏法の破滅はもはやだれの責任でもなく、すべて時代が下ったという、それだけに帰せられる。したがってかれにおいては、末法に生まれあわせた薄福を宿命としてただ諦観することだけが、かれを慰める方法でしかなかったのである。こうしてかれは浄土信仰に思いをひそめ、源信の『往生要集』を座右の書とするに至った。

　このような諦観はこの後の公卿堂上の日乗[6]においてもおおよそ認められるが、ここで注目されることは、こうした末法の現実の把握が客観視の態度を一歩も出ようとしていないことである。だから、自分に身近なところで不祥事があれば、末法に帰して、たかだか恐れいましめる程度であり、不慮の災厄も末法に帰して恐れるといった安易な受け取り方に終わっている。したがって現実の破滅的様相はひとえに時代が下ったためで、わたしとはかかわりがないといった、すべてを自分の外に置いて見る態度が先行する。おのずから、現実の破滅的事実がたとい身近にかかわりをもっても、そこからみずからの在り方を反省自覚するという態度は生まれない。ただ「恐るべし懼《おそ》るべし」といった悲歎が口をついて出るに過ぎない。このことはかれらが宗教者でなかったこととも関連するものであろう。

しかし現実の破滅的様相はますます熾烈をきわめ、闘諍堅固《とうじょうけんご》（仏滅後、第五の五百年をいう）さながらの姿が見られるようになった。今様に「長刀《なぎなた》持たぬ尼ぞ無き」とうたわれたほど、京市中は、殺伐の空気に漲ったのである。そしてここに深い反省が生じ、『末法燈明記』が生まれることになる。ただ『末法燈明記』が最澄撰の名の下に、制作の年次を延暦二十年（八〇一）という時点におさえて偽作されたことは留意されなくてはならない。

『燈明記』では末法を時代の上に位置づける試みと同時に、機の反省がなされている。それを端的に語るものは、「無戒」の自覚である。すなわち、そこでは「末法の中に於てただ言教のみ有りて而も行証無し。若し戒法有れば破戒有るべし。既に戒法無し。何の戒を破するに由りて而も破戒有らん。破戒なお無し、何《いか》に況や持戒をや」といい、「末法にはただ名字の比丘のみ有り。この名字を世の真宝と為して更に福田《ふくでん》（福徳を生ずるものを、田とたとえたもの）無し。たとい末法の中に持戒の者有らんも、既にこれ恠異《けい》なり。市に虎有るが如し。これ誰か信ずべけん」といい、「像季《ぞうき》の後は全くこれ無戒なり。仏、時運を知りて末俗を済《すく》わんが為に、名字の僧を讃して世の福田と為す」といって、無戒にして名前だけの僧が世の真の宝であり、福田である、とする。そこには、僧尼の破戒・無戒の堕落を自己弁護するかのような安易な諦観も顔を見せているが、しかし単に時運の衰滅に責任をおわせるだけでなく、持戒・破戒・無戒という戒律問題を中心に、機の上にも衰滅の問題を移して考えているところに、大きな意味がある。また「末法は法爾《ほうに》として、正法毀壊す。三業無記、四儀乖《そむ》くこと有り」といっていることは、すでに末法という正法破滅の時代が前提であることを示し、「時運自《おのず》から爾《しか》なり。人の故に爾るに非ず」ということも、この方向を襲っていることを語っているとしても、それでもなお、『燈明記』に浮かびあがってくる無戒・破戒の自覚を否定することはできない。末法には、出家の無戒名字は当然で、僧尼ばかりか在家の信者さえも、信者の志を失っているから、「僧に僧の行無きを誹ることを得んや」といった非難の言葉さえ記されているが、無戒名字の僧を末法の真宝とし、燈明とする心の底には、深い罪の自覚と懺悔が働いていることを感じとることができよう。

しかし、ひるがえってみると、『末法燈明記』には、安易な諦観と自己弁護が罪の反省の懺悔と同居し、ややもすると、出家を弁護するあまり、在家信者を批判する態度に流れ、責任転嫁を感じさせるものがある。そこには、異なった意味での現実肯定が顔をのぞかせているのであって、ここに『末法燈明記』を受け取って、その理解の仕方に差を生じた理由があるのであろう。

この書にはじめて注目したのは、浄土宗の祖と仰がれる法然（一一三三―一二一二）である。かれはこの書の末法無戒を受け取って、末法には持戒も破戒も無戒もないのだから、持戒・破戒を沙汰する必要はない、「か丶るひら凡夫のため、おこしたまへる本願なればとて、いそぎいそぎ名号を称すべし」（十二の問答）として、この罪悪深重の凡夫には、念仏のほかに救われる道のないことを示し、「持戒・破戒」にかかずらうことなく、念仏に専念するよう勧めた。ここには明らかに、罪の深さを反省したものとしての『燈明記』の一面がとくに注目されている。しかし法然にはまた、この末法の無戒を無受戒（戒律を受けないこと）と解して、この戒を天台宗の円戒とは別の、南都旧仏教の戒（天台宗の最澄以来、日本では仏教の戒律は二つの流れに分かれ、一つは律宗に代表される南都戒、他は天台宗の円戒となって伝えられた。拙著・日本仏教における戒律の研究）において理解しようとする面があり（逆修説法）、『燈明記』に説くところを自己反省の場から追いだしたと考えられるものがある。栄西が『興禅護国論』巻上のなかで『末法燈明記』に注目したのも、こうした態度と一つのものであるようにみえる（拙稿・栄西—その禅と戒との関係、宗教研究・一七二所収）が、ここには末法を単に時代的な安易な諦《あきら》めと結びつけて理解する態度に対する反撥がうかがえる。これが親鸞になると、また異なった受け取り方になってくるが、それはいまの問題ではない。(7)

注

（1）この作品の成立年代は延久・承保の間（一〇六九—一〇七七）と推定されている（日本古典文学大系・解説）。

（2）往生の願いはここでも多くは上品にあったようである。たとえば『江都督願文集』の「右大弁奉明母被修逆修善願文」（天仁二年、一一〇九）に「時去り時来り、上品を慕う」と見えているし、『本朝続文粋』にも、この例が見られる。「前女御源朝臣為亡息弟三親王周忌願文」（保安元年、一一二〇。一三）、「待賢門院奉為白河院追善諷誦文」（大治四年、一一二九。同）、「鳥羽勝光明院供養」（保延二年、一一三六。一二）など、参照。

（3）『権記』長保元年（九九九）十二月十四日の条に、諸仏供養の日を定めている箇所があるが、それには「八日薬師、十八日観音、廿三四間不動尊」とあって、ここでは二十四日をも不動尊に当てている。これはかれの厚い不動信仰によるものらしい（長保元年七月二十二日の条に見える)。

(4) 聖については、堀一郎『我が国民間信仰史の研究』、井上光貞・前掲書、五来重『高野聖』など、参照。

(5) 後の、三論宗の珍海(一〇九一—一一五二)の『菩提心集』巻上には、天王寺西門の念仏を勧めて、天王寺は、太子の「御手の堅し給へる縁起の文に、宝塔・金堂は極楽の東門の最中にあたれり、と記されたり。しかれば東門に向はんとて西門へ参ることはりなり」と記している。

(6) 公卿の日乗などを通して細かに末法思想を跡づけたものに、数江教一『日本の末法思想』がある。

(7) 拙著『親鸞聖人点描』参照。

第五章　院政期の諸宗浄土教

諸宗の念仏の受容

浄土信仰は、この汚れた無常の世を遠離する度合が極端に及ぶとき、前述のような極めて狂信的な愚行にまで流れる結果を招来した。しかしそれはどこまでも信仰の正道ではない。往生は仏に強要するものでも仏の手から奪いとるものでもなく、心静かな念仏のうちに与えられるものと考えられた。だから念仏の主流は天台の思想を中心として、それに思想的な裏付けを与えられながら、観念・口称の双修を主体とし、平生と臨終の二時を踏まえて行なわれたのである。

しかしこのような天台宗のなかでの念仏は、実はすでに早く源信のころに天台宗以外の余宗に取り入れられていたものでもあった。たとえば法相宗興福寺の学僧であった定昭は、また後に真言宗東寺の長者ともなったひとであるが、みずから、その天元四年（九八一）八月十四日付の、興福寺・東寺・金剛峯寺等の別当職辞任の上表文に「定昭、若年の時より法華一乗を誦《じゅ》し、幷せて念仏三昧を修す。先年、往生極楽の記を蒙る」（高野春秋・四）というように、天台宗系の念仏者でもあった。その臨終には、右手に五鈷を執り、左手に『法華経』を持ち、真言を誦してから、『法華経』を誦し、「薬王品」に至って、「この命終に於いて即ち安楽世界の、阿弥陀仏と大菩薩衆の囲繞する住処に往き、蓮花の中の宝座の上に生まれん」（拾遺往生伝・上）と再三複誦して終わった、という。したがってこうしたことの影響を受けたためであろうか、東寺の別院である讃岐国多度郡の善通寺においては、法華三昧と六時念仏が盛んに行なわれている。このことは、寛仁二年（一〇一八）の「寺司解案」（平安遺文・四八二）に見える。この寺では後に不断念仏や西方会を行ない（同・八二四）、常行堂も作られている（同・一〇七二）。このような例は他にもあったに相違ない。少し時代は下るが、同じ讃岐国の曼荼羅寺の僧善範が書いた延久三年（一〇七一）八月十三日付の「解案」によると、曼荼羅寺および弘法大師空海が修行の「御行道所」、施坂御堂などを修治しようとして、康平の初め（一〇五八）よりこれに努めてきたが、「末法の、時に当たって邪見」甚だしく、思うにまかせないので、延久元年、曼荼羅寺と大師御前跡大窪御寺との両所で、千日の法華講を勤めた由（平安遺文・四六四一）を記している。したがって同時に念仏も行なわれたと見られる。

また、南院の阿闍梨と呼ばれた真言行者維範は西方信仰のひとであったが、死に直面したときは「法花経一部、不動尊一万体、摺り摸《うつ》し供養した」（拾遺往生伝・上。高野山往生伝）という。これは嘉保三年（一〇九六）のことである。また石蔵聖とか石蔵上人と呼ばれた沙門蓮待は仁和寺の僧で、金峰山《きんぷせん》に籠って山林抖擻《とそう》の修行に骨身をけずったこともあり、高野山を終焉の地として、一旦帰った郷里の土佐からまた再び高野に戻っているが、あるとき、極楽と兜率といずれを願うか、と問われて、こう答えたという。すなわち「法界はみな如」であるから、どことといって望むことはない、ただ「後世《ごせ》の資糧に宛てんが為に、法華経一万部を読」んできた、そしてそれまでは部数を知っているが、それ以上は数えていない、と。かれは承徳二年（一〇九八）六月、西に向かって定印を結び、「南無三身即一阿弥陀仏。南無弘法大師遍照金剛菩薩」と唱えて息たえた、といわれる（同）。これらはともに真言宗においても法華と念仏が一緒に取り込まれていたことを語っている。

また次のような例も注目されるものの一つである。これは播州の「極楽寺（これは天台寺院と見られる）瓦経銘」（天養元年、一一四四）に見えるものであって、そこには摩訶毗盧《まかびる》遮那《しゃな》仏をはじめとする顕密の諸仏・諸菩薩に誓って、弥勒仏の出現をたのんで、曼荼羅や経典、真言、塔婆、仏像など、おびただしい数にのぼるものを瓦に彫り、これを寺の後の峯に埋めたことを記し、またこの寺において法華・常行の両三昧を修し、各種のさまざまな講を行なうとともに、四十余人の僧俗に勧進して、小豆念仏を行なわせ、また諸国に勧進して千ヵ処において『法華経』千部を読誦させるなど、いま詳細を尽くすことができないほど多種多様な、法華と念仏を中心とした功徳行が行なわれたことを記している。そして願うところはもちろん往生極楽であるが、ただここで注目されるのは、この願主「極楽寺別当大法師禅慧」はまた「東寺真言宗僧禅慧」であるという事実である。逆に天台の僧がこの挙に結縁しているものである（平安遺文・金石文編・二九九）。

しかし時代の推移は、漸次、天台の法華に裏付けられた念仏、言い換えれば、常行三昧といった念仏の性格を脱皮して、真言宗のなかの念仏に移し取る操作をも行なわせた、と考えられる。これは、法華という袋にもられた念仏をそれとして摂取する行き方とほぼ幷行して、その半面に法華の袋から取りだして、真言密教のなかにもりこむ、といった形で行なわれた。そしてこの二つの典型的な姿を実範と覚鑁《かくばん》に見ることができるようである。これは後に触れたい。

また、真言宗のこうした傾向は当然、他にも影響を与え、たとえば東大寺においては、治安元年（一〇二一）、仁仙が助慶《じょきょう》の協力をえて三昧堂を作り、三昧僧六人を置いて法華三昧を行なわせ、また毎年夏には百日講を行なうとともに、八月十五日より三日間不断念仏を勤めさせている（東大寺要録・四）。ここにいう助慶は三井寺の僧であって、後に比叡山の横川の恵心院に移って、長く名聞を捨て、浄土を欣求した（本朝高僧伝・七〇）というから、源信の芳躅《ほうたく》を受けたものであろう。これらは一面では、天台宗の勢力が他に浸透して行った過程と相応するものであるから、時代が移れば、また当然、これに反撥する動きが起こる。

いまこういった時の動きを考えながら、諸宗における念仏者とその思想を概観しよう。

三論系　永観・珍海

凝然の『浄土源流章』に、源信以後の念仏者の名を掲げてこういっている。

中古に三論の永観律師有り。兼ねて浄教に帰し、『弥陀要記』・『往生十因』等を作る。中河の実範大徳なる有り。法相・真言、兼ねて律蔵を研《みが》き、幷びに浄教を翫《もてあそ》び、大いに章鈔を施し、世間に流行す。彼の世、同時に光明山重誉《ちようよ》大徳有り。即ち三論の碩匠なり。兼ねて密蔵を研き、浄土に帰投して『西方集』三巻を撰す。東大寺の珍海已講《いこう》、兼ねて浄教を研き、『決定往生集』一巻を撰し、浄影の『義章』に『浄土義私記』二巻を作る。天台の勝範、『西方集』三巻を作る。是の如く諸哲皆《かく》浄業《じようごう》を修す。

凝然が古今に稀な歴史家であることを思えば、源信以後の代表的な念仏者の名が示されたものと見て間違いない。しかし、それでも採り落とされたひとがないわけではない。たとえば、覚鑁・真源・忍空などが加えられなければならないだろう。したがっていまはこれらのひとたちも加えて、諸宗の念仏者の思想をうかがってみよう。

まず始めに三論系の永観（一〇五三—一一三二）についてみると、かれには『往生拾因』・『往生講式』などがあって、とくに遠くは三論の智光、およびその後を承けた隆海（八一五—八八六）などをしのばせるものがあり、とくに後の法然との繋がりからも注目される。

かれはみずから『拾因』に「念仏宗　永観」と記したほど、徹底した念仏者であった。『拾遺往生伝』巻下によれば、かれは学匠として華々しい令名を謳われたが、四十を過ぎたころから病になやまされ、これを善知識として名利を捨てるようになり、維摩会の講師を命ぜられたとき（応徳三年、一〇八六）も、これを念仏の妨げとして辞退しようとしたし、東大寺の別当に補せられたときも、再三辞退した、という。したがって、念仏をもって「往生の妙術、出離の要道」であるとし、「早く万事を抛って速かに一心を求」め、「道綽の遺誡に依りて火急に称名し、懐感の旧儀に順じて励声に念仏し」、「一切の時処に一心に称念して、小縁に依りて大事を退せざれ」（往生拾因、跋・序）と誡めたのである。毎日一万遍、後には六万遍の念仏を行ない、百万遍の念仏を三百回も行なったため、晩年には舌も乾き、喉も枯れて、ついに観想の念仏にかえた、といわれる。いかに「念仏宗」を称するにふさわしい念仏専修《せんじゅ》のひとであったかがわかる。ただそのような念仏者であったことに違いはないが、やはり行《ぎょう》は顕・密にわたっていて、尊勝陀羅尼《だらに》を誦えること三十八億遍を超えるほどであった、という。そしてこの点は、思想的には、阿弥陀という名の功徳を、サンスクリット語のアルファベット四十二字の最初の文字「阿」字によせて説いて、一切を包摂するものとしたり、また「一心に阿弥陀仏を称念すれば、法身《ほっしん》同体の故に必ず往生を得」と説いて、「今、法身とは阿字門に入りて一切の法の本不生際《ほんぷしょうざい》を悟る。これ則ち『中論』所説の八不の中の第一の不なり」（往生拾因）などといっているところにも示されている。後者では密教と三論の融合さえ見ることができる。

しかしそのような夾雑性を伴いながらも、往生浄土の信仰はかれの思想を占めるものであった。『往生講式』を作って、仏の迎接をねがったこと、その時、教化《きょうけ》の歌（仏前に法要のさい詠まれる一種の讃歌をいう）をよんで「皆人のわたさんと思ふ心こそ極楽にゆくしるべなりけれ」（千載和歌集・九）とうたったことも、それをよく語っている。

さて先に掲げた「一心に阿弥陀仏を称念する」という表現が、念仏の一行を十因（そこに『往生拾因』の名がある）と開いたそのすべてに説かれたことでもわかるように、永観ではとくに「一心」が強調されていることは注意されるところである。この一心は、かれによると、「定」とも「等持定（等持も定も三昧の異訳）」とも説かれ、称名念仏の支えであって、これを支えとして、あたかも怨《あだ》をなす賊より逃れようとするひとのように、ただ称名に専念し、相続して中断することなく、「唯願唯行」の「専修」の「念仏一行」に励まなければならない、とする（この一心は『浄土論』の「世尊我一心」の「一心」にうけ、『論註』につちかわれたものと考えられる）。したがって「凡夫の行者」の「散称（散乱の心で称える念仏）」も要は「専念を発す為」にほかならない、とし、この「一心」こそ仏の「本願」に相応したものだ、と見るのである。そして、かれが「予、先賢を知らんが為に、独り閑室に在りて、西に向かいて目を閉《と》じ、合掌して額に当て、声を励まして念仏して、即ち一心を得たり。敢て以て乱れず」といっているのを見ても、いかに永観が「一心」を重視したかが理解されると思うが、またかれはさらに、この一心の称念はただ口に称える念仏に終わるものではなく、実は身・口・意の「三業《さんごう》相応の口業《くごう》」であるから、たとい「一念」であっても、専念であるときは、それによって「引満の二果（浄土に生まれさせる因を結成し、そしてその通り往生を完成させること）」がえられる、とした。この意味では、永観は一念の往生を認めたことになるが、しかしかれのいう一念はやはり、臨終の一念に重点があるようである。かれは臨終の一念をもって「善悪の二道」の分かれ目としてとくに強調しているから、源信と同じ考え方を取ったものに違いない。おのずから念仏の数について往生の決定を語るときは、総じて「十念」にあった、と見られ、このことは、阿弥陀仏の第十八願を「十念往生の願」といったり、「臨終の十念は、謂《いわ》く、決定に在り」、「眠る毎に臨終を思いて必ず十念を唱えよ」などといっていることからも明らかである。『往生講式』には、その「第四念仏往生」をもって「凡そこの講の興《おこ》り、志《こころざし》、この門に在り。事《こと》、これ至要なり」として、『観経』の下々品と『無量寿経』の第十八願の文を掲げ、その双方に「十念」の語が認められることをもって、たとい仏に「十念の願」がなくても、十念によって浄土に五逆のものが生まれる以上、往生の望みを捨てるものはないし、たとい浄土に五逆のものは生まれないとしても、仏には「十念の願」がある以上、恃みをかけないものはない、といい、「決定往生の想いを凝《こ》らし、本願を讃歎し、弥陀仏を礼拝」するよう教えている。

ところで、こうした第十八の「十念の願」を救いの中心にすえる姿勢はかれの本領であると見られるが、ここで注目されるのは、本願のなかの「唯除五逆誹謗正法」と、下々品の「五逆十悪」も往生できると説くこととの差異について、かれの考えを述べていることである。かれはこれをいまは失われて無い『阿弥陀経要記』のなかで、「与奪《よだつ》の二釈（取と捨の二つの立場からの解釈）」を行なって、次のようにいっている。

まず、前者の立場から見るとき、本願のなかで五逆が救いから除かれたのは、それが「十念以後の五逆」だからで、折角の念仏の善も五逆によって消滅するためであるが、下々品の説くところは五逆「以後の十念」であって、「一念能く億劫の罪を消す」のであるから、両者の説くところに齟齬《そご》はない。また後者の立場でいうと、本願にとく「十念」は「欲生（浄土に生まれたいと願うこと）の十念」であって、称名を説かないが、下々品のそれは「仏名を称念して十念」に及ぶと説くもので、説くところがすでに領域を異にしている。したがって両者に相違があっても、誤りではない。また「欲生」だけでは「唯願無行」であって、生まれることができないから、そこに念仏という行が具わらなくてはならないが、ただし「仏意に契うときは、願も往生を得る」ものとなる、とする（往生拾因私記・下）。いずれにしても、両経の説くところにかれなりの解釈を加えたものである。かれもいうようにこの問題にも古来十五家(1)の解釈があって、赴くところは定まっていないし、源信も私釈を加えているが、かれもこれについてはそれぞれの思索にまかせているからであろう。

ただこの「十念」についてもう一つ注目されることは、この「十」を数と見ないで、「業事成弁」と見た曇鸞の『往生論註』の釈に着目したことである。智光が『論註』を参照したことと考え合わせて注目されるが、ただこの釈にあきたらなかったという事実は、もっと注意されるところであろう。かれはやはりより多く道綽や懐感に引かれて、具体的な数の念仏を重視した、と見られる。そしてそれが励声の念仏となって強調されるのであって、その念仏が「一心称念」に行なわれてゆくとき、「見仏」の三昧となる、としたのである。永観がただ念仏専修を説くに止まらないで、こうした見仏をとくに期待したことは、「行者、若し衰老に及びて励声に堪えざるときは、試みに地想観を作せ」といい、「往生の業は観地の法に如くは無し」といい、さらに「十因の興意（十因に就いて書こうと思い立ったこと）は、この因（第八の因で、ここでは「三昧発得《さんまいほっとく》」が掲げられている）に在り。身命を愛せず、ただ三昧を惜め。若し宝地を愛せば、必ず浄土に生ず」といっていることからも理解できる（『往生講式』には三昧の発得と臨終の来迎を強調している）。ここでも道綽や懐感の影響が著しいのである。

最後に、『往生講式』の第一に「発菩提心」の項を示して、第十九願をその証とし、臨終に当たって仏の引接《いんじょう》を得たいと思うならば、「堅固の道心を発して菩提心を讃歎し、弥陀仏を礼拝せよ」と教えていることを注意しておこう。この視点が発菩提心にあることは当然であろうが、その奥に仏の来迎を望み見ていることは忘れられないところであろう。第四の「念仏往生」の項でも、往生を引接に託して、臨終に仏と聖衆の姿を見ることの感激を語り、「南無西方極楽化主阿弥陀仏。本願誤らず、必ず引接を垂れたまえ。南無九品蓮台清浄大海衆。如来と共に定んで来迎を為したまえ」と結んでいることは、これを端的に語るものである。

このように見てくると、永観にも源信の影響が濃厚であるように思われる。迎講を行なったこと（中右記、天仁元年十二月四日の条）も、その証として加えることができるが、とくに注目されることは、『拾遺往生伝』に「承徳元年（一〇九七）、丈六の弥陀仏像を造顕し、薬王寺に安置す。これ、祇園精舎の無常院の風に擬するなり」とあるもので、これは『往生要集』の第六章の「臨終行儀」に示されているところを想起させるにじゅうぶんである。

　以上は、源信との影響関係であるが、後に与えた影響としては、とくに「一心」に対する着目で、これを媒介として「信」が異状に重視されたことを注意しておこう。かれは、信・精進・念・定・慧の五根（さとりに導く秀れたはたらきのあるものを五つ数えたもの）の上で、念は念仏、定は一心、慧は厭離穢土・欣求浄土とおさえて、「信と精進を得れば、自《おのず》から念・定・慧を具す」といっているのである。これは後の珍海の思想を大きく培ったものにちがいない。

　次に光明山の重誉が『浄土源流章』に示されているが、重誉の師である東大寺の覚樹（一〇二四—一一三九）も注意される人物で、覚樹は永観—慶信—覚樹と承けた孫弟子である。その著に、竜樹の『十二礼』（この著はつとに源信によって注目され、永観も『往生講式』に礼拝の歌頌《かじゅ》として一部を引用している）を注釈した『十二礼疏』があった、という（長西録）。念仏者であったことがわかる。重誉はこの覚樹について東大寺東南院で三論を学び、かねて密教にも通じたが、後に光明山に隠れて浄土の念仏にはげみ、ここに終わったひとである。光明山は東大寺三論系の別所で、覚樹もここに住んでいるし、永観も俗塵を逃れてまず蟄居したところがこの光明山である。したがって光明山には永観以来、念仏の流れが構成されていたのである（井上光貞・前掲書）。重誉はここに隠棲して、その間に『西方集』三巻を著わしているが、この書は現存しない。

この重誉と同じく、覚樹の英才十一人の弟子に数えられたのが珍海（一〇九一―一一五二。本朝高僧伝・一二）である。かれは三会の已講（維摩会《ゆいまえ》・御斎会《みさいえ》・最勝会の三会の講師をつとめたひとをいう）として令名をはせ、文殊《もんじゅ》の化身とまで尊ばれた碩学《せきがく》であるが、浄土の信仰にも心をよせ、著に『決定《けつじょう》往生集』二巻、『菩提心集』二巻などがある。後者は珍しく和語で書かれている。

いまこの二書を通して珍海の浄土思想をうかがってみると、永観が一心を強調したことを受けたのであろうか、まず信心がとくに重視されていることが注目される。それを端的に示しているのは『決定往生集』の組織構成であって、かれは浄土の教えの中心を「決定往生」と捉え、それは教文と道理と信心の三つによって示されるとし、前二者について説明したあと、それを受けて、「上の如き文・理の中に於いて心に信受を生ぜば、即ち決定と名づく。決定を以て信の相と為すが故に」と説いていることである。いわば信は決定という形においてつねに働いている、と見たのである。これはまた「信はこれ決定の義。故に信に約して決定を明《あ》かす」という表現にも知られる。さらにこの決定を果決定・因決定・縁決定の三として捉え、そしてこの三を十に開いて、それらを詳説することに本書全体をついやしていることも、注意されてよい。しかしそれにもまして、これを強調したことは、信をもって「乗」としたことに見られる。すなわち仏の「四十八願は衆生を運載する」「車乗」であり、「船舫」であるが、ひとは「信心を以て本願の船に乗る」るのであって、信心こそ「乗」である、としたのである。かれはこれを「第十八弘誓《ぐぜい》決定」において説いているが、この弘誓決定がさきの縁決定を開いた一つであることも注意されるところで、仏の願と信心とが織りなして決定をもたらす微妙な関係がここに語られている、と見られる。しかし他方においてかれが疑心往生を認め、疑心のひとは極楽浄土の中の辺地《へんじ》・懈慢《けまん》のひとであって、第三生に決定をうるとし、さらに辺地は九品に配すれば中品・下品としたことも留意される。とくに『菩提心集』巻上において「われらこの世の人、九品往生の中には、いずれの品にか生れぬべき」と設問して、「下品上生・下品中生の間にあるべし」としたことと考え合わせて、注目される。

さて珍海は往生決定の因として、その第一「種子決定」において、内因と外縁《げえん》を分け、前者は仏因としての中道仏性で、これを正因とも本覚（本来的なさとりそのもの）ともいうとし、聞法・発心等の外縁をまってここに因縁が具わり、さらに宿善を加えて、往生を決定する、としたが、かれがより重視したのは因決定の第二「修因決定」である。いわば先の外縁に当たるもので、かれはここでとくに「菩提心」を取り上げ、嘉祥大師吉蔵や浄影《じょうよう》寺慧遠《じえおん》によって「発菩提心を以て業主《ごうしゅ》（浄土に生まれるためのもっとも肝心な行為の主体）」とし、第十八願や下輩の文を依りどころとして、これらは「十念菩提」を説くものである、と解し、ここに立って仏を念ずることはすなわち菩提心をおこすことである、とした。これは、第十八願の「至心・信楽・欲生」や下輩の文の「一向専意」を「菩提心」と捉え、「十念」の念仏を菩提心に所属させようとしたもの（その根拠は、下輩の文に「当に無上菩提の心を発《おこ》し、一向専意に、乃至《ないし》十念、無量寿仏を念じてその国に生ぜんと願うべし」とあるところに求められたもので、十念は一向専意に属すると見たからである）であって、念仏を菩提心に融合させることによって、念仏の意義を高めようとしたのである。したがってここから当然、往生のための「正業」を問い、善導の『観経疏』「散善義」の「正雑二行」の釈によって、「称名は実にこれ正中の正」である、という結論を導き出してくるが、称名を「正中の正」とする根拠を第二十願の「わが名を聞いて念《おも》いをわが国に係ける」といっているところに置いたことは注意されてよい。願としては第十八と第二十が重視されたといえる。

ともかくかれは念仏をもって「正中の正」としたが、この念仏についてかれが述べている考えの一端を示すと、「一念・十念」の問題については、一念は因とはなっても、いまだ「定業（いまの行為の報いをこの世と次の世とさらにその次の世とに分けて、この三時に報いを受ける行為を定業という。それに対して時期の定まらないものを不定業という。ここでは往生を決定する行為）」ではなく、「十念を具するとき、乃《すなわ》ち定業と為る」としたこと、「十念」に相似と真実とあって、「一の分位に連声して名を称し、十声を具足すと雖も、若しこの間に於いて余縁散乱し、その心重からざれば、業道《ごうどう》即ち成ぜず、真の十念に非ず」としたこと、また「十念」に現生《げんしょう》（平生を指す）と臨終とを立ててその勝劣を判じ、「現生の十念」には、後心《ごしん》（死後の生を招く思い）が働いて、そのような後心のない臨終のそれと異なるが、しかし後心が働いてまた悪業を作るとしても、「若し成就を得れば、亦《また》定業と為る」から、ただ「現生の時、精勤修習《しょうごんしゅじゅう》すべく、徒然にして以て臨終を期すべ」きではない、とし、平生のとき努めたからこそ、臨終に正念であることができるのだから、平生こそ上、臨終は下、としたことなどが注目される。

　またこのほか、第十八願の「唯除五逆誹謗正法」について説を掲げ、まず五逆については、慧遠の説を受けて、過去に菩提心をおこした「善趣《ぜんしゅ》（天と人と阿修羅は善の行為によって生まれるところだから、三善趣という）」のひとは逆罪をたとい犯しても往生するが、常没《じょうもつ》流転《るてん》のひとは犯せば、多く、は生まれないから、願のなかでこれを「除」いたので、この場合は言ってみれば不定である、とした。謗法についても、五逆にならって、不生とする嘉祥大師吉蔵の説を捨て、善趣のものは当然生まれるが、常没のものも、謗法の後に念仏などの三昧（心を静めて妄念を払う精神統一であるから、これを定善《じようぜん》という）を行なうときは浄土に生まれるとした。この考えは、さらに、大乗では、かならず因縁、を俟って業《ごう》（行為）の報いをある時期に受けると考え、その時期の差によって定業と不定業を分けるから、「位」の上でいえば、常没の位にあるものの五逆は定業で、善趣のひとの場合は不定業、「行」の上でいえば、心が散乱したままで念仏する散善のひとの場合は定業、定善のひとの場合は不定業とも敷衍されている。いずれにしても、かれは経文の「唯除」をこのように解釈したのであるが、かれはこうした凡下のひとが念仏によって救われていくのは、そこにさまざまな因縁が加わりはたらくから、決定して浄土に往生するのだとして、その因縁を「仏の大悲本願の力、護念摂取光明の力、内有の仏性の力、先有の結縁の力、現在の善友の力、得聞大乗の力、信受教誨の力」などと数えている。先の内因、外縁や宿善と関連して注目される。

以上によって、珍海の考えをおおよそ述べることができたと思われる。個々の点には特殊な理解がまま認められる。しかし、「正中の正」とした称名のほかに、やはり「観念をまさしき念仏といふ」（菩提心集・上）という立場からこれを強調し、またこの「正業」に真言の弥陀呪を加えたこと（決定往生集・下）、さらには諸善功徳をも決定往生の業として許したこと（菩提心集・上）などは、従来の行き方を追うものであって、かれの限界を語るものといいえよう。

真言系　実範・覚鑁・仏厳

先にもあげたように真言系の念仏者には定昭がある。またほぼ時を同じくして東寺の法務、元杲《げんこう》（九一一—九九五）は永延二年（九八八）、法務を辞して醍醐山に籠り、法華を読み、弥陀を念ずることをもって日夜の勤めとし、生きたその身のままで極楽に往生した（高野春秋・四、東寺長者補任・一）といい、その後にも深覚（九五五—一〇四三）、性信法親王（一〇〇五—一〇八五）、済暹（一〇二五—一一一五）などの念仏者を知る。このうち深覚は東寺長者の職を辞して高野山に籠り、念仏に専念し、高野の念仏の中心となった無量寿院を開いている（高野春秋・四・五。伝燈高録・五）。また性信については『後拾遺往生伝』巻上、『三外往生伝』等に二品親王として比較的長文の伝を載せているが、念仏者としては応徳二年（一〇八五）八月二十九日の法勝寺常行堂の供養に大阿闍梨として参勤したことをのせるのみで、他は臨終に五色の糸を引いて称名念仏して終わったことを伝えるにすぎない。しかし法勝寺常行堂のことは既に親王自身不予の折であるから、列座しなかった、と伝える『御室相承記』巻二の伝があるいは正しいかもしれない。『相承記』には別に、延久三年（一〇七一）、円宗寺常行堂の供養に証誠《しょうじょう》の役をつとめたことを伝えている。したがって余り注意されるものはない。

この性信の弟子が済暹である。「古徳を拉《くじ》く」ほどの法匠であった（仁和寺諸院家記）といわれ、念仏者としては、多くの浄土教関係の著述を行なったことが知られる。ただ現存するものが一部もないことは、残念なことといわなければならない。その著述の名を列挙すると、『観無量寿経中略要問答集』、『十六相観私記』、『観極楽遊心鈔』、『遊心法界念仏鈔』、『念仏滅罪因縁略鈔』、『阿弥陀大呪秘要決』それぞれ一巻があった、という。あるいは『観経』中心の念仏思想を抱いていたのかもしれない。(2)

しかしこの後に、真言系には、先の『浄土源流章』が掲げる中川の実範《じつはん》（一〇八九―一一四四。ただし生年は推定）と、覚鑁《かくばん》（一〇九五―一一四三）とが輩出したことは注目に価する。

まず実範は『浄土源流章』にいうように法相・真言・律・浄土といった多彩な兼学のひとである。中川の実範の名で呼ばれるように、中川寺の創建者であって、この寺は「法相・真言・天台」の兼学を立て前としたことが『東大寺雑集録』によって知られるから、さらに天台の教学をも加えなければならない。かれは天台を横川の明賢より学んだと伝える。しかしかれは法相より真言に移ったひとであり（頼瑜、秘鈔問答・一）、晩年には光明山に籠ったというから、帰するところは念仏にあったのであろう。そしてそれを証するように、かれには長承三年（一一三四）に書かれた『病中修行記』や、『養神記』など念仏関係の著述があり、そのほかに名前だけ知られるものでは『観無量寿経科文』、『般舟三昧経観念阿弥陀仏』、『眉間白毫集』、『臨終要文』、『往生論五念門行式』（これを龍谷大学蔵「念仏式」と見る考え方がある。佐藤哲英・中ノ川実範の生涯とその浄土教、密教文化・七一、七二所収）があった、という。

かれの念仏思想を『病中修行記』によってうかがうと（『養神集』は、良忠が『往生要集義記』巻七に引用した一文しか、知られていない。そこには禅瑜の『阿弥陀新十疑』の第七疑が一部分引用されている）、かれは阿弥陀仏を金剛界曼荼羅の五部のうち、蓮華部の部主とたて、この仏の一身にそなわる四種法身（自性身・自受用身・他受用身・等流身）を念じなければならないとし、これを念ずるとき、その機根が熟するに及んで、その仏身を見るが、そのとき仏と念ずるものの心とは平等一如である、と説いた。このかぎりでは、さして天台の領域を出たものではないが、さらにかれは「弥陀の四種曼荼羅を念ず」るよう教え、これを阿弥陀仏の白毫より放つ光りが一切を摂取することによせて、この白毫に四種が一体となって備わっていると説き、たとえば白毫のその鮮やかな白色は五色の随一であるから、まさに大曼荼羅であるし、光りを放って摂《おさ》め取り、念仏のひとをしてその身を見させるすがたは羯磨曼荼羅である、と示している。ただここでも白毫の光りが一切のものを摂取して捨てないとする表現の仕方は、具体的には『往生要集』をそのまま受けたものであって、その光明摂取の説明に僅かに特色があるのみである。

しかし実範がここからさらに弥陀の観想を阿字観《あじかん》において行なうよう説いていることは、真言者としての性格をよく発揮したものといえよう。かれは、弥陀の根本の印を結び、弥陀の根本の明《みよう》（真言）を誦え、その明の字義を観ずる、いわゆる三密加持《かじ》によってそれぞれにかなった妙果がえられる、と説き、その明の本体は「阿字」であって、これには「空《くう》・有《う》・不生《ふしよう》」の三義があり、この三義を一つと観ずるとき、これを「本尊の法身」というが、それはとりも直さず念仏者の心に外ならないから、その心もそのまま三義一体である、という。そしてその上で、この三義について説明を加え、これは「不思議の空」であるから、すべての悪の行為による障害は消えうせ、「不思議の有」であるから、願う浄土が願いどおりに成就するが、「不生」とは「中道」であるから、この中道によって、その消除する業障も成就する浄土も、実はそれとして固定したものではなくなり、ここに行なうところはすべて理にかなったものとなって、ついに「最上の悉地《しつじ》（妙果）」がえられる、と説くのである。ここには『観心略要集』が阿弥陀の三字を空・仮・中の三つに当てた考え方を援用しつつ、阿字観を阿弥陀仏の上に行なおうとしたことがうかがえるが、さらに阿弥陀の三字について、こういっていることが注目される。「若し字義に拠らば、三字の真言（阿弥陀の三字をさす）は、初めの阿を体と為し、余はこれ転釈（阿の意味に基づいた解釈）なり。阿は不生の義、即ちこれ中道なり。弥は吾我〔無我か〕の義、及び自在の義、陀は如如《にょにょ》の義、及び解脱の義なり。かの仏の不生・中道の万徳、一切の辺を離れ、此も無く、彼も無し。無我の大我は自在ならざる無し。能く無我を知りて自在を得る時、如如を証得す。則ちこれ解脱なり」というものである。この一文の一部は覚鑁の『阿弥陀秘釈』に参照されている。

以上は真言行者としての実範の考えをよく語ると思われる。しかしかれはこれだけをもって真言の念仏とは見なかった。能力の劣ったものの念仏や、僅かの余暇に行なう念仏としては、ねんごろに称名念仏すれば、すでにそのなかに身・口・意の三密を行なったと同じものがなされている、と見たのである。そこには病の床にあるものに対する細かな配慮が認められ、それはまた明らかに『往生要集』のものであった、といえよう。

『病中修行記』が語る要は、ほぼ以上で尽きると思うが、すでに散佚したものをもって推察するときは、かれの著述の多くは天台系に立つものであって、とくに源信の影響を強くしのばせる。たとえば、『眉間白毫集』は源信の『白毫観』を、『往生論五念門行式』も『往生要集』の「正修念仏」を連想させるにじゅうぶんである。しかしこれとまったく趣を異にしたものは『阿弥陀中川』である（これについては、前掲論文に詳しい）。これは、大日・弥陀・観音を同体異名と見て、その観自在王如来の三摩地《さんまじ》（三昧のこと）についてのべた、いわゆる阿弥陀法（阿弥陀の修法《しゅほう》、つまり阿弥陀護摩《ごま》である）に関するものである。

さて、実範は保延七年（一一四一）のころ、中川から光明山に移ったが、その三年後、天養元年九月十日、そこで入滅している。『台記』は実範の入滅を伝えて、「件《くだん》の聖人は年来、心を安養に懸くるの由」と記している。臨終には音楽を聞いたひとのあることを伝え、「奇異の事」である、とも記している。

次にこの実範とともに注目される覚鑁についていうと、かれはもと仁和寺で出家し、そののち高野山に移ったひとであり、鳥羽上皇の帰依をえて、空海以後ようやく衰微した祖山の法燈を昔日にもどそうと、大伝法院を供養し、さらに高野山の座主につくことによって、東寺の支配から独立しようとしたが、この短時日における目覚ましい復興はかえって、高野山の諸寺や東寺の反感をかい、覚鑁の身辺さえ危険におちいった結果、七百余人の僧徒とともに下山し、根来《ねごろ》において新義真言宗を形成するもとをきずいた人物としてよく知られている。かれは政権を後だてとして祖山を復興しようとしたが、もともと念仏聖の出であったことが大きく作用し、強引なやり方にも反感をかったため、ついに失敗に終わったものと考えられている。

ところで、念仏聖としてのかれの一面を語るものは、かれが幾つかの浄土教関係の著作を残していることである。その重要なものは『五輪九字明秘密釈（五輪九字秘釈）』・『阿弥陀秘釈』などであるが、かれをもって天台の源信に比するように、はじめて真言の立場から浄土教を咀嚼しようとしたものとして、従来には見られない面が濃厚である。たとえば、かれには実範に見られたような天台教学、とくに源信の影がなく、むしろ対蹠的でさえある、と考えられる点である。そしてこうした、全く足を真言教学にすえて、浄土教を包容吸収しようとした態度は、次のようなかれの所論に明瞭である。

まずかれの阿弥陀仏観をうかがうと、「大日《だいにち》（密教の本尊、大日如来）即ち弥陀、極楽の教主」という命題に立って、「十方の浄土は皆一仏の化土。一切の如来は悉くこれ大日。毘盧《びる》（大日のこと）と弥陀とは同体にして異名。極楽と密厳（大日の浄土）とは、名の異にして、一処なり」（五輪九字秘釈・序）とする。したがって阿弥陀仏は大日如来のなかに所属せしめられたものにすぎない。たとえば、阿弥陀仏を五大・五臓・五智に配して、水・肺・意識・妙観察智と捉え、大日は空・脾・奄摩羅識・法界体性智とおさえている（同・第二正入秘密真言門）のを見ても、阿弥陀仏は、法界体性智としての大日の働きの一部に属するのであって、だから先の文につづけて、「妙観察智の神力の加持をもって大日の体の上に弥陀の相を現ず」（同・序）といい、『阿弥陀秘釈』の冒頭にも、「阿弥陀仏とはこれ、自性法身の観察の智体」である、というのである。また、阿弥陀仏を含めた「十三の翻名（阿弥陀仏といわゆる十二光仏。十二光仏は阿弥陀仏の別称）」について、一々それが大日如来であることを説いて、「この故に十方三世の諸仏菩薩の名号は悉く一大法身（大日のこと）の異名、又十方三世の諸仏菩薩は皆大日如来の差別智印」である、ともいうのである。

したがって、既に明らかなように、極楽もまた密厳浄土の異名にすぎない理であるが、密教は即身成仏を立て前とし、この一心においてさとりの蓮台を認めるのであるから、極楽に往生するということは、とりもなおさず、この「当処に得る」（五輪九字秘釈・序）ことに外ならない。いってみれば、みずからの一心を観じて、一心はすなわち一切諸法（一切の存在）と知り、仏の世界はそのまま衆生《しゆじよう》の世界であると知るとき、「この心はこれ仏」であり、本来一体である、とさとるのであって、ことさらみずからのほかに仏を求め、この当処以外に浄土を求めることはない。それを示すとすれば、それは「深著の凡愚を勧め、極悪の衆生を利する為」であり、「随機説法」であって、「実義を秘して、浅略を顕わ」（阿弥陀秘釈）したものに外ならない。そしてもし本当に、「娑婆を厭い、極楽を欣《ねが》い、穢身を悪み、仏身を尊ぶ」ならば、それこそ「妄相」である（同）。迷いもさとりもすべてみずからのうちにあるから、穢土にこそ浄土があるのである。そしてそれを可能にするものが、身・口・意の三密の修行である。真言の行者は、たとい勝れた深智はなくても、深く真言を信じて、身に印を結び、口に真言を誦え、心に仏を観ずるとき、この「密誦の明力と観念力」とによって清浄となり、「四種法身の恒沙の徳が即身に自《おのず》から得」られる（五輪九字秘釈・第四所作自行密行門）のである。

したがって、いま真言行者は数ある種々の行法の中から、「弥陀の一法を修して現当（現在と未来）の悉地を期する」（同・第五纔修一行成多門）のであって、口に、阿弥陀の真言（𑖌𑖼𑖀𑖦𑖴𑖝𑖝𑖸𑖕𑖸𑖮𑖨𑖮𑖳𑖼の九字、oṁ amṛta teje hara hūṁ）を唱え、手に根本秘印（「二手外に相叉《あいか》い、中指を蓮華の形の如くす」る、といい、これを「決定往生の印」とも「九品往生の総印」ともいっている）を結び、心に弥陀を観ずるのである。だから「九字の真言行者は𑖮𑖿𑖨𑖱𑖾
𑖡𑖦𑖀𑖦𑖰𑖝（南無阿弥陀）仏の名号」を称えて、あえて「浅略の思いを作す」（同・第一〇）ようなことをしてはならないのである。しかし覚鑁は三密がともに備わることによってのみ成仏するとはしないで、そのなかの「一観一念」でも可能であるとしたことは注目される。

かれは即身成仏の行に四種を分け、その第四を「随於一、密至功行」と呼んで、ただ印を結ぶだけでも、また「一明・一字を誦する」だけでも、「一義を観じ、一法を解する」だけでも即身に成仏する、とした。それは、三密相応して即身成仏する「正成仏」ではないけれども、一密を修する不思議の加持力によって余の二密を生じ、三密具足して即身成仏する、としたもので、念仏門の易行化をたくみに取りいれた、換骨奪胎ということができる。

そしてこうした点は、先にのべた十二光仏の説明においてもいえることで、源信の『阿弥陀経略記』に受けたものであるし、阿弥陀の三字の釈は直接には実範に受けたようであるが、明らかに源信の三字の釈を知っていて（同・第六）、納得ずくで用いているようである。また、先に源信・永観、あるいは下って珍海に見られた、弥陀の本願に対する信の重視が、かれにおいては大日や真言に対する信に置き換えられ、その意義を強調するという形をとったこととも似ている。かれでは「深く弥陀の本願を信ずる」ことは「高く大日の悲願を仰ぐ」（同・第六）ことを経て、はじめて意味があったのである。いわば、一見、弥陀を信ずるに似ているけれども、実はどこまでも真言の絶対優位から生じた当然の変態であったに過ぎない。阿弥陀や極楽が単に大日の現われに外ならない以上、覚鑁の浄土教は密教の埒内を一歩も出なかったのであって、あえていえば、浄土教の盛行に対応するための措置であった、といえよう。そこに実範などの真言系とはちがった厳然とした一線が画されているのである。

したがってかれは、当時のひとたち（念仏者を含めて）が心を寄せた末法という時機観に対しても否定的であって、「正像末の異を論ずること無し。これ（一密）を修する時、これ即ち正法」（同・第五）としたし、「真言行者の往生極楽は、九品の中」では上品上生（同・第六）とした。

しかしここで注意されるのは、往生の語義であって、それはいわゆる死後に浄土に往って生まれることではない。かれは往生に現身と順次とを分けているが、現身の往生ということで察せられるように、往生とは成仏以外のなにものでもないのである。だから往生について「五輪九字を念誦し、兼ねて臨終の四印明を結誦して志を極楽に懸け、相続の心を止めて、当に断末摩水の時を待つべし。往生、この時なり」（同）といって、いかにも死後の往生を考えさせるかのような、まぎらわしい表現をしていても、これは平生のときをさし、平生にかねて臨終を思って、臨終の四印明（覚鑁はこれを「金剛合掌と金剛縛と開心入智」と説明し、「各〻真言往生の秘事なり」といっている）を結誦することをいっているものであって、たとい「この時」が臨終であっても、まだ現生であることにかわりはない。それはいわば即身成仏であり、そしてこれを期するものは上根上智の勝れたひとであるが、それでは順次往生をかれはどう考えたのか、問題である。しかしこれは余り明瞭ではない。

おそらく順次の生における成仏の意と思われ、順次往生は「但信行浅」のものが期する（同・第一〇）といっているのも、それであろう。またこれとどう連絡するか、はっきりしないが、かれは「十住心（空海が『十住心論』や『秘蔵宝鑰《ほうやく》』のなかで説いた、宗教意識の発展過程に対する十種の分類法）」の行者の往生に触れて、最後の第十、秘密荘厳心（これが真言行者の心である）について、「秘密荘厳は内証三密の行者の往生人なり。謂《いわ》く、実慧《じつえ》・真《しん》然《ねん》は先に極楽に生じ、後に都率《とそつ》に往く」（同・第六）といっている。実慧は空海の後を承けて東寺第二代となったひと、真然は空海の後をついで金剛峯寺第二代となったひとであるが、この二人をもって極楽に往生したものの証としたことはなにを意味するか。しかもこの証拠を掲げたあと、「雑学、心を惑して一生を空しく過さしむることなかれ。ただし、雑学の善根を以て極楽に廻向すれば、定んで懈慢の浄土に生じて、娑婆に還らずして進んで極楽に生ぜん」（同）といい、疑心のものも辺地より極楽に生まれる、といっているのである。雑学や疑心のものが、辺地・懈慢に往生する、ということは、浄土教一般の思想を許容したものであるが、それが実慧・真然の往生とどう繫がるか、また実慧・真然を三密の行者と認めた上で、このように先に「極楽に生じ、後に都率に往」ったとしてよいのかどうか、その辺に疑問がある。覚鑁は往生の語の使用に統一を欠いたのではなかろうか。

さらにこうした疑問は、「第九所化機人差別門」で、往生に現身と順次を分け、現身の即身成仏について細説しながら、ついに順次について一言の説明もしないで設問に移って、「世間の真言行者并びに道心者の但念の者を見聞するに、未だ必ずしも皆浄土に往生せず。何《いか》なる用心を以てか、今度《このたび》往生の願を遂げん。既に一念十念を以て往生の親因と説く。心有らん男女、何ぞ往生の思いを絶たん」といっていることにも見出せる。この答えには仏の知見に対する不信など、心しなければならないことが示されているが、ここで「一念十念」を「往生の親因」とすることは、阿弥陀仏の第十八願および願の成就文などを指すのであるから、これによる限りでは、真言行者で念仏の道を歩くものは、いわゆる極楽に往生する、と見たように見え、それが順次往生であるかのようである。もしそうとすれば、それは従来の念仏を理窟はどうつけて会通《えつう》しようと、それとして認めたことになる。順次往生は従来どの念仏思想もとってきたところであるから、それをそれとして真言行者の上にも認めたとすれば、往生の理解はかれにおいては不徹底な、統一を欠いたものとなった、と見なければならない。真言密教のなかに浄土信仰を収めとって、そのなかで全く異質なものに作りかえたかのように見えながら、竜頭蛇尾に終わった観が深い。

しかしそうした不徹底はあったにしても、かれほど念仏門を真言密教の埒内に吸収しようと試みたひとはいない。その点、傑出した特異な存在と見なくてはならない。

ところで、覚鑁の著述としていまここで注目したものは上記の二書に止まったが、従来かれのものと見られてきたものに、『一期大要秘密集』と『孝養集』があることを記して置かなければならない。このうち後者については、すでにかれのものではないとする評価が定まったと考えられるが、まず前者についていうと、これについては仏厳《ぶつごん》の『十念極楽易往集』の第六巻が、まったくこの書と同じものであることに注意する必要がある。『十念極楽易往集』(大屋徳城・仏厳と十念極楽易往集、日本仏教史の研究・三所収)は第六巻だけの零本として、東寺金剛蔵にかつて蔵していたと伝えられ、いまその原本の所在は不明であるが、第六巻の巻首に書名を記し、次に「四一期大要臨終門」とあって、傍点の部分が『一期大要秘密集』という標題と一致しないだけで、以下本文は差異がないようである。したがって『一期大要秘密集』は、『十念極楽易往集』の、第四章であった第六巻がいつの時か誤って独立させられて、覚鑁に帰したのであろう、と考えられる。だからこの書を仏厳の剽窃《ひょうせつ》と見ないかぎり、覚鑁のものとして扱うことはできない。仏厳と親しい間柄にあった九条兼実は『玉葉』(安元二年十一月三十日および治承元年十月二日の条、一一七六―一一七七)に、この六巻の書は、仏厳が「法皇の詔旨に依って撰集した所」であって、「珍重の書」、「広才の書」である、と讃えている。これを覚鑁のものとすれば、かれの念仏はますます混乱したものとなろう。

さて次は『孝養集』であるが、この書で注目されることは、上巻の「第十一、終人の生処を知りて孝養すべき様」の項で、「或人かんがえて、一期大要集と名づけり。其文に曰、彼地獄の相、一も顕れて終りたらば、……（中略）……普賢の行願を成ぜしめて、同無上道を証ぜん已上かの文の意」といっていることである。ここに「一期大要集」といっているものは、その引文が『一期大要秘密集』の「九、没後追修用心」に記すところとほぼ合致するから、『一期大要秘密集』（あるいは仏厳の「四一期大要臨終門」）のことである。してみると、『孝養集』が覚鑁のものでないことはもちろんのこと、成立年代もずっと下って（仏厳の『十念極楽易往集』の第六巻だけが別出され、その標題「四一期大要臨終門」が『一期大要秘密集』または『一期大要集』という独立のものになった、その推移を考えて）、鎌倉時代にはいってからのものと見るのが、あるいは穏当かもしれない。そうとすれば、いまここで『孝養集』を扱うのは妥当でない。思想的にも『孝養集』は覚鑁とは異質であるし、『一期大要秘密集』ともかけ離れていて、天台系の肌合いが感じられる。

以上によっていちおう『一期大要秘密集』は仏厳に帰したから、ここで仏厳について少しく触れておく。

仏厳は『玉葉』によると、医術をよくした聖人であったという。兼実との接触は承安三年（一一七三）から建久五年（一一九四）に及んだもののようであるが、没年も年齢も明らかではない。『山槐記』によると、東寺の僧であったらしい（大屋徳城・前掲論文）。

さてかれの考えの一端を『一期大要秘密集』によってうかがうと、阿弥陀を「大日の智用」とし、極楽を「密厳（大日の浄土）の別徳」とし、真言の正観を成ずるところがそのまま極楽で、その時「わが身は弥陀に入り」、したがって「即ち大日となる」から、これが「即身成仏の妙観」である、という。この考え方は覚鑁とほぼ大差がない。しかし言おうとしていることは覚鑁より、より明確であって、たとえば往生についても、心月を観じ、阿字を観ずる正観のひとで、「浅観小行の人はこの身を捨てずして、転じて極楽の上品上生を得」る、といっているように、極楽の上品上生を死後のこととしない。したがって「深修大勤」のひとを含めて、この正観をもって「易修易証」と説くのである。往生を死後とすれば、こうはいえない。この提言は浄土念仏門が従来説いて来た易行の旗幟を奪って、真言の行に収め取ったものであり、誠に鮮やかといわなければならないが、またたとい「懈怠の小機」であっても「順次往生の大願」はとげられる、とした。もちろんここでも往生は順次の生における成仏に外ならない。そしてこうした、生を現生において捉えて、その意味でのぎりぎりの成仏は臨終であるから、この時の用心を「決定往生の用心」と呼び、この用心が正しく行なわれるとき「極悪の人も」「四重五逆等の罪を消滅して必ず極楽に往生する」ことができる、とした。そしてその用心については、病人のまわりにはべる知識（信仰上の心の友）四人が協力して、病者をして「眼を本尊に懸け、合掌して五色

（五色の糸）を取り、真言念仏して、三密」に怠ることのないようにさせることが「決定往生の相状」であるとし、また四人が同音に真言念仏を唱えて、「五智の菩提を求」めることが「臨終の軌儀」であると説いて、さていよいよ最後のときが来たときのことについては次のように記している。

まず病人の心は「無記《むき》既に現じて分別の心が無」く、「熟眠するが如く、余気纔《わずか》に通じて宛《あたか》も死人に似」た状態にあるから、知識は病人に呼吸をあわせて「必ず出る息毎《いきごと》に念仏を唱え合」わせるが、いよいよ死ぬ時は、必ず息をはいて終わるから、息を吸うときに合わせて「観念して、口従《よ》り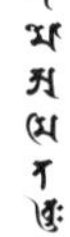の六字を唱」えるならば、「病者の引く息に従って即ち病者の口に入り」、ここに「日輪の相を現じ」、「病者は無始以来の生死長夜の闇が晴れて日相を見る」のである。

この仏厳の説明はまことに懇切を極めている。臨終の行儀は源信以来さまざまに示されているが、往生は死後と取るから、いまこの最後の息を引きとる瞬間について、このような解釈は見られない。いってみれば、従来の最後の一念の重視は病者の臨終正念を問題にしたものであるから、知識の協力はその正念を保たせるところに意味があり、したがって自力の念仏であるが、ここでは病人は全く死人に等しい熟睡状態にあるといってよく、正念は当然不可能である。しかもそうした病人の往生を問題にし、それを可能にするものとして知識の観念・称名が重視されていることを注意しなければならない。これは先に比べるなら、正に病者にとって他力である。仏厳は「若しわれ、正念に住せば、知識必ずしも何の用ぞ」といっているが、臨終正念であることができないもののために、こうした知識による他力を発見したことは、臨終を重視する考え方が辿りつく最後の段階に至ったものとして注目される。またかれがここに三密加持《かじ》（仏の三密と行者の三密の結合による働き、ないしは行者の三密による、その力の他者への移入など）の理念を持ちこんで、他力の「易修易証」を明らかにしようとしたものであることも注意されてよい。しかしこれはまた臨終来迎を重視する立場の限界でもあったのである。

天台系　良忍・真源・忍空

天台系の念仏者として凝然は勝範（九九六―一〇六七）の名をあげ、著書に『西方集』があることを示した。しかしこの書は現存しない。ただ伝によれば、源信の道を唱えたというから、先に述べた静照以下、隆国たちとほぼ同じ方向をたどったことは疑いないところであろう。

しかし天台系の念仏者はこれにとどまらない。それは既に先に示したとおりである。したがっていまここでは新たに院政期に登場して来た幾人かの念仏者、および重要な意味を担っている幾つかの著述をめぐって、天台系の念仏を跡づけてみよう。

まず融通念仏を説いたという大原の良忍（一〇七二—一一三二）について見ると、『後拾遺往生伝』に良忍（中巻）・良仁（イ忍）（下巻）の二人の伝があって、ともに叡山の僧で、後に大原に移ったことを説くが、前者は首楞厳院の禅徒、後者はその処を明らかにしないで「堂僧（イ衆）」というのみで一致しないし、その後の行業など一致点はまったくない。ところが『後拾遺往生伝』にもあるとして、その伝を掲げる『三外往生記』には「東塔常行堂衆」（凝然はこれを受けたのであろう、『声明源流記』に「叡山東塔阿弥陀坊堂僧」と記している）といい、大原に住したと伝え、死後の入棺のときのことや、夢に本意のごとく「融通念仏《ゆうずうねんぶつ》の力」によって上品上生をとげることができたと語ったことなどを記していて、先の良忍・良仁の伝を混合したかに見え、どちらかといえば前者の伝に近い。ただ「堂僧（イ衆）」・「堂衆」という記述をどう見るか、また首楞厳院は横川であるから、これと「東塔」とはどう関係するか、『三外往生記』だけがいう常行堂という明記など、さまざまな食い違いが大きいから、簡単に常行堂の堂僧という線（井上光貞・前掲書）を打ち出すことはできない。ちなみに「堂僧」は法華堂の場合にも多く用いられたことを知らねばならない（佐藤哲英・「堂僧」の解釈に対する疑義、真宗研究・第一輯所収）。

ところで、『後拾遺往生伝』巻中や『三外往生記』に伝える「融通念仏」とはどういう念仏なのだろうか。後の融通念仏宗の教義を確立した融観の『融通円門章』では、良忍が夢に感得したという「一人一切人、一切人一人、一行《いちぎょう》一切行、一切行一行、是を他力往生と名づく。十界一念、融通念仏、億万百遍、功徳円満」という言葉によって、その宗義を展開させているが、『元亨釈書』巻十一には、融通念仏の意を説明して、「わが唱うる所を廻らして衆人に融会し、衆人の唱うる、又われに通ずる、これ融通念仏なり」といっている。もし融通念仏がこのようなものであったとすれば(3)、その思想は、たとえば良忍がみずから書きうつしている『摩訶止観』巻五上に「若し一心一切心・一切心一心・非一非一切を解すれば、(中略)遍《あまね》く一切に歴《へ》て、皆これ不可思議の境《きょう》なり」といっているものとどれだけの距たりがあるだろうか。これを念仏という行《ぎょう》に置きかえれば、そのままあてはまるし、念仏は、源信も「五念門」の廻向の条で説くようにその功徳を「自他法界の一切衆生に廻向して、平等に利益」するから、本来融会するものともいえる。したがってこの限りでは、念仏の功徳は融通し合っているのであって、こと新らしいものとはいえないが、しかし『釈書』によると、念仏は本来そうしたものである、という考えから一歩進んで、相互の願いや約束においてたがいに融会させようとしたものが、融通念仏であったかのように受け取れる。なぜなら「衆人の唱うる、又われに通ずる」という表現は単に理念を語るものではなく、「通ずる」事実を予想しているからである。ここには、源信をめぐって横川首楞厳院で行なわれた、かの「二十五三昧」の集まりを想わせるものがある。『二十五三昧式』の末尾には「自他共に益を得、彼此《ひし》同じく浄土に生まれん」とあるが、良忍と時を同じくした真源（—一一三六）が永久二年（一一一四）に書いた『順次往生講式』、少しさかのぼって仁覚（一〇四五—一一〇二）の『順次往生講作法』、明賢の『往生論五念門行儀』、作者不明の『念仏式』（龍谷大学蔵。実範の作と推定する説がある。内容は五念門によって立てられている。長承四年、一一三五の書写。佐藤哲英・念仏式について、叡山浄土教古典叢書・六）など、同じような念仏の講式の存在は、当時いかに念仏が集団で行なわれたかを推測させるにじゅうぶんである。あるいはかれもこうしたものを作っていたのではなかろうか、と思われるが、ともかく融通が限られた集団の上で考えられたとすれば、かれは単に理念としてでなく、具体的な結縁者においてそれを考えたのだろう。「念仏帖」はこれに繋がるかもしれない。

ところで、かれについてもう一つ注目されることは、声明《しょうみょう》をもって仏事とし、ここに大原の地が声明の道場となったことである。『声明源流記』に、「慈覚大師、声明を弘伝して以後、おのおの一曲に達し」、名をはせたが、良忍はそれら名哲に会って「習聚精研して以て一」とし、興福寺のもののほかはすべて「諳練（イ精）一統」した、といっている。真源の『順次往生講式』をみると、「次音楽　想仏恋拍子十」、「次音楽　倍盧拍子十二」、「次催馬《さいば》

楽《ら》　准伊勢海音」といった風に、適宜に歌詠が挿入され、「麁言軟語、皆《みな》第一義に帰す。散乱歌詠、盍《なん》ぞ解脱の門と為らんや。況《いわん》や能く声音を調えて極楽界を讃し、聊かに妓楽を作して弥陀尊に供す。響音には皆妙法を唱え、歌曲には悉《ことごと》く浄土を慕《ねが》う。琴瑟鼓吹、並びに徒然《いたずら》ならざるをや」と記されていて、良忍についてほぼ同じ考え方をここから汲み取ることができよう。いずれにしても、かれはこのような音楽的な念仏によって世に広く勧進するところがあったのであろう。かれが勧進して書き記した「念仏帳」には三千二百十二人の名があった、という（古今著聞集・二）。そしてまたこうした音楽的な念仏と同時に観想の念仏にはげみ、仏前にあって「燈明の光を消し、極楽の依正二報を観」じた、といわれる（後拾遺往生伝・中）。こうした観想（念仏）の流れが大原の地にも永く伝えられたことは、後世、大原の三寂と謳われたその一人である寂然の『法門百首』を見ても、うかがうことができる。『摩訶止観』の常行三昧を説明した言葉である「清夜観星」、あるいは止観の心を説いた「繫縁法界、一念法界」（これにつづけて「一色一香無非中道」の句がある）などを詞書にした歌はその一、二の例にすぎない。かれはその歌に細かな説明を加えて、歌の[4]心を伝えている。

次に先にも掲げた真源について触れると、いまここで注目されるのは『順次往生講式』である。かれの言によると、これは「安楽の浄土に到らんが為に、弥陀の四十八願に依りて讃歎礼拝の誠を至し、観経の十六想観に寄せて発心修行の志を運」ぼうとしたものであるといっているように、その「正修門」に巧みに四十八願と十六観が織りこまれているが、それと同時に「常の儀に異」なって、礼讃称念のほかに「妓楽歌詠」を加えた、といっていることは、かれの得意の一面を語るようである。「声は仏事を為す」という考えに立ち、これによって「散心を一境に静め」ようとも意図し、浄土の木々の葉ずれの音がそのまま法性真如の調べともなることに準《なぞら》えようともしたものである。したがって先にも示したように、「音楽」や「催馬楽」が随所に挿入されていて、遠くは千観の『阿弥陀和讃』や源信の『極楽六時讃』を思わせるものがある。いまこの『講式』の最後の和讃を掲げて、往生の切実な願いをしのぶことにしよう。

こくらく《極楽》のみたほとけ《弥陀仏》、めてたきちかひ《誓》をわれ《我》よしたのむ《頼》。二反。はちす《蓮》のうへ《上》に、かならす《必》すへ《据》よ、ゆめたかふ《違》なよ。かへすかへすも、はちすのうへに、かならすすへよ、ゆめたかふなよ。叩頭。みたほとけ、みたほとけ。

しかしいまここでもっと注目されるのは、先にも記した四十八願と十六観について触れていることである。後者の一つ一つの呼称についてはほぼ静照の『極楽遊意』が参考されたと見られるが、その受け取り方や理解の深さは、善導の『観経疏』に負うもののようで、「仏身を観ずる（第九仏身観）が故に、即ち仏の心を知りぬ。仏の心とは無縁の慈、これなり。弥陀の智眼、法界を観見したもうに……平等一子の慈しみ、時として暫くも捨つる時無し」といい、「三輩往生の観」においては、「そもそもわれら、大乗、急ならず、上輩、望み絶えたり。小機未だ熟せず、中輩、分に非ず。戒行縦《たと》い欠けたりとも逆罪をば犯さず、観念浅しと雖も願力既に深し。下品三生、最も想いを係くるに足」る、としたことなどを想いあわせることができる。また「販雞屠牛」のものの往生を説いたことは、保胤の『極楽記』に負うている。

さらにこの観想のうちで、注目しているものは第十二の普《ふ》観《かん》で、自心に極楽にある思いを抱くものであるが、かれは「この観、尤も妙なり。寤寐《ごび》に忘るべからず。西に傾ける樹、斫《き》れば必ず西に倒るるが如く、恒にこの想を作さん。西方に生まれざらんや」といって強調している。しかしこうした普観の重視とは別に、ここでとくに注意したいのは、第八像観について、かれが触れている点である。かれは『観経』の文を摂り入れながら（傍点の部分がそれである）、「仏を念ぜんと欲《おも》わば、須《すべから》く自心を知るべし。諸仏如来はこれ法界の身なり。一切衆生の心想の中に入りたもう。心に仏を想う時に、是の心是れ仏なり。諸仏の正遍知海は心想より生ず。応に知るべし。一切衆生の一念の心の中に本《もと》よりこのかた三身万徳を具足せり。わが心月輪《しんがちりん》内に弥陀の相海を備えたり。極楽の依正、自心を出《いで》ず。迷えば内外と謂う。悟りは唯一心なり。法性本《もと》一なり。何ぞ彼此を論ぜん。かくの如く念ずれば、他の宝を数うるに非ず。往生極楽、掌《たなごころ》の中に在るが如し」といっているのであるが、ここには経の文によりつつ、「自心」を重視し、この「衆生の一念の心」に本来、仏の三身、万徳がそなわるとして、興味ある本覚思想を展開しているのである。しかもかれは経にとく「この心、作仏す」という文を捨てていること、さらにその自心を「心月輪」と呼んでいることなど、先の源信の『観心略要集』に見られたような密教を包容した考え方をも受け取ることができる。

また四十八願については、かれは一つ一つ[5]願名を付けているが、それはおそらく源信が『阿弥陀経略記』で行なった呼称や静照の『四十八願釈』などに負うようであって、かれはこれらの願名にもとづいて、さらに願の内容をいちいち、七言の頌に詠みこんでいることに特色がある。たとえば第十七願以下第二十願までの四を「諸仏称揚、十念往生、聖衆来迎、繋念定生の願」と呼び、頌には「十方諸仏称彼仏　彼仏十念生極楽　臨終迎接得往生　往生行願必果遂」と詠んでいるなど、その一例である。

しかしここで注意されることは、そうした呼称だけではなく、四十八願のうち、とくに第十七願以下の四願を重視したことである。そのことは、かれが、「四十八願の中に常に念を繋くべきものは実にただこの四の願に在るのみ」といっていることに明らかであるが、しかしさらにこの四つのうち、後の三願を注目したことは、先の言を受けて、次に願の重要性を説いた言葉のなかに知ることができる。そこには第十七願が触れられていない。ここに明らかに、かれがこの三願をもっとも重視した事実を知るのである。かつて源信は四十八願のいちいちに触れながら、この三つを「三種往生」の願と呼んで、別の扱いをしたが、それに通ずるものがある、といえよう。

さて真源については、もう一つかれの著書として『自行念仏問答』を帰する考え方がある。その根拠は、長西の『浄土依憑経論章疏目録』に「自行念仏私記　一巻二十二丁　真源　山《(イナシ)》法相」とある標題の類似にあるようである（井上光貞・前掲書）。しかしこれには幾つかの疑問があって、「自行念仏私記」は「私記」とはいっても論述書ではなく、講式・作法に類すると見られること、思想内容としては皇覚の『三十四箇事書』よりも少し遅れるのではないかと思われることである。これについては、詳細な論証が必要であるから、後に譲りたい。

最後に忍空（―一一五四―）の『勧心往生論』について触れておく必要がある。かれの伝は不明であるが、この書の奥書に、仁平四年（一一五四）にこれを書き、翌久寿二年これを再治したことを記すから、かれの生きた時代がほぼ推測される。

この書は、標題に見えるように、心に往生の問題が懸かっていることを重視する。したがって、心を正しく捉えることがもっとも重要なものとなっている。

多くのものはひとり静かに禅房にあって仏の観想にはげむことも、深山・絶域の精勤にも堪えないから、「類に随って念仏を修する」外はなく、そこにおのずから「境に託して観を修する規模」である「天台の覚意三昧（四種三昧のうちの非行非坐三昧のことで、身の在り方を規定しない三昧。随自意三昧ともいう）と恵心（源信）の随事三昧」を行なうことによって「縁を歴、境に対して法界に会入し、処に触れ類に随って弥陀を巧念」することが望まれることになるが、それは、一切の万法（存在）がそのまま仏法（仏の教え）だからであり、一切の境界は心によって変転するものだからである。いわばこの心がすべてのかぎだからこそ、「縁を歴、境に対して」「弥陀を巧念」することが可能なのである。したがってかれはこれを依りどころとして、この心について、第一に「心性は本よりこれ仏法」であるということ、第二に「万法は皆これ弥陀」であるということを明らかにしようとする。

その論証の仕方は、一念三千、三諦、三観などの理に立って、「心性は即ちこれ実相、実相は即ちこれ諸仏如来」と論じ、したがってまたこれを依りどころとして、とくに万法が弥陀である、と論ずるもので、構格はこれに尽きる。

ただここで注目されることは、一つには、阿弥陀を無量寿・無量光・清浄光の三つにおいて解釈して、無量寿等は縦の利益を顕わし、「法身常住の妙徳を表わす」、無量光は横の利益で、「般若照明の妙徳を表わす」、清浄光は利益のはたらきで、「解脱無累の妙徳を表わす」として、この三徳に万徳を摂し、これを「総略の論」として、これから細かな阿弥陀の三字の論証にはいっていることである。そして二つには、阿弥陀の三字に空仮中を配し、さらに進んで「三道（惑・業・苦）・三識・三仏性・三般若・三菩提・三大乗・三身・三涅槃・三宝・三軌（これらを十種三宝と呼んでいる）」に配し、これによって「一一の三法におのおの、九三を具し、百の三法有り。阿弥陀の三字、この百法を含む。この故にまた百光王と名づくるなり。何ぞただ百法のみならん。一一の三法に各三法を具し、三三各百にして皆三千を具す。数知るべからず。この故にまた無量光仏と名づく」とのべ、「これを延れば法界に偏し、これを促れば一念に在り。重重帝網《たいもう》（帝は帝釈天、すなわち因陀羅のこと。帝釈天の宮殿を飾る網の一つ一つの目には宝珠があって、その影が互に映じているという）、互に融じ、互に現ず。凝然《ぎようねん》の万徳、唯一心に在り」と論じて、「弥陀、誰人ぞ、汝、妙覚に登るなり」と断じている。しかしここにはかつて『観心略要集』が「われわれの一念の心性は無始已来、三身の万徳を備うるなり」といい、「阿弥陀の三字に於いて空仮中の三諦を観ずべし」といい、「わが身は即ち弥陀、弥陀は即ちわが身なれば、娑婆即極楽、極楽即娑婆なり。譬えば因陀羅網の互いに相影現するが如し。故に遥かに十万億国土を過ぎて安養の浄刹を求むべからず。一念の妄心を翻して法性の理を思い、己心に仏身を見、己心に浄土を見よ」などといっているものと同じ考え方を認めることができる。(6) いわゆる己心の弥陀の理解である。また同時代としては覚鑁などの考え方とも相応じていることが注意される。

ただ以上はどこまでも観想であって、だからこの「観に住して南無阿弥陀仏と唱える」ことが要求される。このことはたびたび繰り返されているが、しかし称名の必然性や重要性は説かれない。ただ観念・称名の並行に心を用いるとき「往生決定し、念仏三昧、現身に成就し、若し捨命の時は必ず安楽に往生」すると説くだけである。

注

(1) 第三章、注(7)参照。

(2) 済暹については、広小路亨「済暹の研究」(仏教研究・四ノ六)がある。また真言系には、ほかにもおびただしい念仏者の名前が知られている。千賀真順「平安朝時代に於ける密教と浄土教」(浄土学・一六・一七)

(3) 『古今著聞集』巻二「大原良忍上人融通念仏を弘むる事」に、阿弥陀仏の示現によって、「速疾往生之法」である「円融念仏」が示されたことを伝えているが、その説くところは、「以《テ》二一人《ノ》行《ヲ》一為《ニス》二衆人《ノ》一。故功徳広大《ナリ》。順次往生、已《ニ》以《テ》易《シ》レ果《シ》二修因《ヲ》一、已《ニ》融通感果《ス》。尽《ナンゾ》ル下融二通《シテ》一人《ヲ》一令《メ》レ往二生《セ》衆人《ヲ》一。尽《ル》二往生《セ》二」とあるのみで、余り意味は明瞭ではない。

（4）たとえば「繋縁法界、一念法界」について、「観心の人のおもふべきありさまをいふ文なり。法界にこころを思ひ、ひろくかくるを繋縁といひ、法界をこころにとどむるを一念といふ。中道すなはち法界、法界則止観なりといへり。十界十如三千世間、みなわが一念の心のごとしとおもひひろぐるなり」などと記している。
（5）第三章、注（5）参照。
（6）第六章で、本覚門思想との関係において、改めて取り上げる。

第六章　本覚思想と浄土教

源信の偽撰

さて以上によって特定のひとの念仏思想をほぼ摑むことができた。しかしこのほかにも『観心往生論』とか、『決定往生縁起』とか、あるいは『菩提要集』・『菩提集』・『真如観』などといったものがある。このうち、『菩提要集』は書写の年代が長治二年（一一〇五）とわかっているけれども、他は不明である。ともに等しく作者を源信に擬するが、説くところに出入があり、今日ではすべて源信以後のものとされている。その真偽はさだかでないが、『真如観』には、巻首に『菩提要集』の名を掲げ、その文を引いて、それにならって和文にしたむねが書かれているから、明らかに『菩提要集』以後のものであることが知られる。ただ『菩提要集』がどこまで溯り、『真如観』がどこまで下るか、また他のものはどこに位置するか、問題は複雑であり、困難である。そしてこれらとの関係において、先にその名を示した皇覚（—一一三五—一一五八）の『三十四箇事書』、および作者不明とみた『自行念仏問答』がどう繋がるか、さらに錯綜する（この二書もかつては源信のものとされていたもので、前者は『枕雙紙』とも呼ばれているが、中の二章は一致しない）。しかしどこかで、いつかはこの問題を扱わなければならないから、現在の時点で与えられる範囲においてこれを明らかにしてみよう。ただし末節に走ることは避けたい。

『菩提要集』

まず書写年代の明瞭な『菩提要集』について触れると、この書の和文体はたとえば「魚肉《モ》不食《シテハ》工安良須」すなわち書き下せば「魚肉も食せずしては、えあらず」となる）といった、時には万葉仮名を使用した和様漢文体で、これは先の真源の『講式』に見えるものより明らかに混雑したものである。真源では「音楽」の歌詠の部分などは、たとえば「極楽世界乃与呂川乃阿利左摩免天多之（極楽世界のよろつ《（万）》のありさま《（有様）》めでたし）となっていて、特定の二、三の術語以外はすべて万葉仮名の形式をとり、この方がむしろ統一がとれて、すっきりしている。これからみても、新しい方法をとりながらも、徹底を欠いた古めかしさが目立つ。しかしこれを源信にあてることは困難で、文体の上から源信の著述と類似性が全くない。また内容的には、その思想に多少の相似があるのは当然であるが、称名を強調しても、止悪修善を重視して、それが往生の因であるかのように説き、『往生要集』が

「助念の方法」のなかにいれたのとは、いささか趣きが異なるし、願と行を鳥の二翼にたとえ、願は念仏・誦経・香花供養などの功徳を振り向けて浄土に往生したいと願うこと（それはいかにも廻向のようである）とし、行は菩提心を発すことや念仏や誦経その他の功徳を修することとした点も、『往生要集』には見られない。さらに劣機のものの念仏や臨終念仏・平生の念仏を説明しても、とくに「此の三所仏菩薩像を甚だ貴く板の上に彫り、若《も》は書き奉りて鏡に当て押し奉り、若は水に当て、若は香の烟《けむり》に当て押し奉り、其の御影を鏡の上に浮し給ひ、香の烟に当り給」うといった、いわゆる印仏《いんぶつ》の作法（これは真言の修法である）が説かれていることは特殊である。また「観無量寿経一巻有るを必ず読み奉るべし」（以上、引用は適当にひら仮名に改め、また足らない仮名を補った）といって、『観経』をとくに指摘している点も、注目される。

しかし『往生要集』との関連が次のような点で緊密になっていることは興味あることで、たとえば、この書の巻頭で、『華厳経』の「破地獄偈」といわれる「若し人、三世一切の仏を了知せんと欲せば、応当《まさ》に是くの如く観ずべし。心、諸の如来を造る、と。……」を引いて、その要点を述べているが、このいま掲げた部分は『往生要集』では第七「念仏の利益」の四、「当来の勝利」に引用され、とくに『華厳伝』の王氏の説話を加えて、この偈が堕地獄を払う力のあることを示しているのである。これはまさに『往生要集』に教えられたものに違いない。しかも『往生要集』はこの箇所の前文で『観経』の「諸仏はこれ法界身にして、一切衆生の心想の中に入る。……この心、仏と作《な》る。この心、これ仏なり。……」という部分を掲げ、とくに「この心、仏と作る」という点に着目して設問し、先のような『華厳経』の偈などを引用したものであるが、この書でもこの「破地獄偈」について、「此の頌の意は、若し人早く仏に成らんと思へば、三世の一切の仏には我が心の成るなり。我が心を離れて外には仏なし。所以はいかんとなれば、真如と申すは仏を躰とせり。これを離れてはまた無し」といって、論理の進め方が逆になっているだけで、心が仏になるという点を論じようとしている点は同じである。

また臨終の行儀などにも『往生要集』に負うものがある。しかしそのような相似よりもここで注目されるのは『観心略要集』とのそれであって、すでにいま掲げた文の終わりにいう真如の問題など、それである。

たとえば『菩提要集』では、「真如の躰」は「山河大地大空とも申す一切の物の中に遍し」ているといい、「この真如をば、無明という煩悩の黒闇の如くに霞隠れして罪作れば、其の迷に依って六道四生の衆生と成」り、「顕れば、真如即ち我が心、及び一切衆生、山河大地の躰とも坐《おわ》す」のである、というが、『略要集』の方では、真如は「本覚真如」とか「中道」・「法性」などという言葉で表現されて、「譬えば明鏡の上に諸の色像の現ずること有るが如し。鏡は万像の体性にして、これ中道の、万法の体性たるに譬うるなり」といい、この中道を体性とする「諸法は万差なるも、一心ならざるなし」と語られていて、まったく同工異曲である。ただ後者がオーソドックスな天台教学をなまのままの表現で打ち出しているのに対して、前者は平易をむねとしようとした差があるに過ぎない、ともいえる。強いていえば、この本覚として真如が「山河・大地・大空」などといったものにも遍満している、といった表現には新しさがあるといえよう。

『菩提要集』が説く大要は以上でほぼ尽きるが、その成立年代については、源信を下ることだけは確実にいえると思われる。従来推測されたところでは、十一世紀の末葉、源信の流れを汲むものの手になったものであろうという（佐藤哲英・菩提要集に就て、叡山浄土教古典叢書・第三集所収）ことである。ただそれには『真如観』・『菩提集』などとの対比も考えられているから、次にこの二書について見てみよう。

『真如観』

先にも記したように、『真如観』には『菩提要集』の名が見え、「菩提要集云。見る事易く、識る事易からんとて、仮名字を加て註する所なり、といへり。今是に准ず」（かた仮名をすべてひら仮名に改めた。以下もこれを踏襲する）といっているから、『菩提要集』より後のものであることが明らかである。しかし『真如観』が直接受けたものは『観心略要集』のようである。『菩提要集』に学んだものは表現方法だったのではないか、と思われる。僅かに認められる相似を求めるなら、還相について『菩提要集』に「無智の人並に在俗の男女は」「ただ先づ善心を以て仏を念じ、経を誦み、香花を仏にたてまつり、浄土に生れんと願ぜよ。浄土に生れて大智恵大慈大悲等の心を具して、還つて此土に生れ、彼の六波羅蜜を悉く具して一切衆生を度して永く仏身を得てん」といっているものが、『真如観』では「我等は」「鈍根なれば、此身を捨て極楽に生て、三十二相を具して、神通自在にして、十方世界に遊び、仏を供養し、衆生を教化し、娑婆の古都に返て、最初に有縁無縁を利益せん事、極て近きなり」といっていることと似ている。還相については『往生要集』も「作願門」などに触れているが、ここでは前二者の間に、より密接なものが汲み取れる。また真如について『菩提要集』のいうところは先のとおりであるが、『真如観』も巻頭に示すように「行者の自心」も、仏も、衆生も、また「草木瓦礫・山河大地・大海虚空」などの非情も、すべて中道でないものはなく、他の表現をもってすれば、「真如・実相・法界・法身・法性・如来・第一義」に外ならない、といっていて、相応ずるものが見られる。また細かな例でいえば、先に掲げた『菩提要集』の「破地獄偈」の原文は「若人欲了知」で、『往生要集』の「若人欲求知」(これが経と一致する)と一致しないが、『真如観』は前者と一致し、また『観心略要集』と一致する。しかしより多く『観心略要集』と『真如観』は密接な関係にあると見られる。

たとえば、前者においては標題のごとく観心が強調され、この一心のほかに万法はなく、したがってこの一心において「本覚真如の理に帰する時」「本有の三千を顕わす」のであって、いわば「我等が一念の心性は無始已来、三身の万徳を備えている」のであり、この「一心の中の万徳の性を指して、仏性とも名づけ、法身とも称する」と説かれるが、後者でも「疾く仏に成らんと思ひ、必ず極楽に生んと思はば、我心《わが》即《すなわち》真如の理也と思べし」といって、真如を観ずることを強調し、「此《この》一実真如の理を我身なりと知りぬる、此《これ》則本覚真如の理に帰する也」といい、「心性すでに真如の異名なり。真如、法界に遍して万法の体なり」といい、また「真如と我と一つ物也と知ぬれば」「或は法華経等の八万法蔵、十二部経、乃至《ないし》、仏・菩薩、因位万行、果地万徳、凡《およそ》自行他化の無辺功徳、何物か我身の中に備へざらん」といっていて、言おうとする論理は同じものである。

したがって個々の点においても相似が認められ、たとえば即身成仏について、前者は「妄想の雲霧を払って心性の月輪を顕わす。これを即身成仏と名づけ（割註は略する）、これを直至《じきし》道場と名づく。実に髻《けい》中の明珠、亦《また》無上の宝聚なり。弥陀名字の所詮、往生極楽の指南なり」といっているが、後者も「万法は心が所作なりければ、万行を一心に具し、一念に一切の法をしる。此を坐道場とす。此を成正覚と云也」、「此を即身成仏といふ」といい、「真如を観ずれば、成り難き仏にだにもとく成る。況や生じ易き極楽に生れむ事、決定して疑なし」といっている。ただ前者のいう「心性の月輪」は後者では「心蓮華」と捉え、これについて「此蓮花の上に、胎蔵界には八葉九尊まします。金剛界には三十七尊住し給へり」と説明し、これは「一切衆生の身中の真如・仏性の理」を示したものだとするから、言うところは同じである。

またこの心蓮華と関連して注目されるのは、前者で、先の「三身の万徳」を述べたあとに続けて、『蓮華三昧経』の古くから着目されてきた文を引用していることである。それは「本覚の心なる法身に帰命したてまつる　常に妙法の心蓮台に住し　本来、三身の徳を具足し　三十七尊、心城に住し　普門塵数の諸三昧　因果を遠離して法然として具し　無辺の徳海、本より円満なり　またわれ、心諸仏を頂礼す」という七言八句からなっている詩で、天台の本覚思想を極めて端的直截に語るものとして智証の『講演法華儀』以来、しばしば用いられてきたものである（田村芳朗・鎌倉新仏教思想の研究）が、この詩句が後者では二カ所に引用されている。しかも前者ではこの詩句のあと『般若経』の文をあげ、つづいて先にも言った『華厳経』の「若人欲了知」の詩句を載せているのに対して、後者でも先の『蓮華三昧経』の詩句を説明したあと、「心則《すなわち》万法の体なるのみに非ず。心亦万法を作る。されば華厳経云」として同じ詩句を掲げ、しかもさらに説くところは、前者が『蓮華三昧経』の詩句を引きだす前文において語った「本覚真如の理」である。これは明らかに両者の密接な関係を語る好例であろう。

さらにもう一つ例を示すと、前者は「わが身は即ち弥陀、弥陀は即ちわが身なれば、娑婆は即ち極楽、極楽は即ち娑婆なり。譬えば因陀羅網《いんだらもう》の互に相影現するが如し。故に遥かに十万億国土を過ぎて、安養の浄刹を求むべからず。一念の妄心を翻えして法性の理を思えば、己心に仏身を見、己心に浄土を見る」といって、己心の弥陀、己心の浄土を説く。これに対して後者も、真如を観ずるとき、「我則真如なれば、十方諸仏も一切菩薩も、法界衆生も、皆我身中に法然《ほうねん》として具足せり」といって、「されば我本《もと》極楽を欣《ねが》ふ。并に彼土の弥陀如来、一切聖衆菩薩も、皆悉く我身中に坐《まし》ます故に、遠く極楽世界に行かず」、「此土に有りながら極楽に生れたり」と記している。言おうとするところはまったく同一である。

以上によってほぼ両者の密接な思想的繋がりを知ることができたと思われるが、後者は和文で書かれただけに平易をむねとしたこころがうかがえる。

しかしこうした連絡を持ちながら、かならずしも『真如観』は『略要集』の説くところをそのまま受け取ってはいない。もちろんそれぞれ執筆の意図が違うから、対応すれば多くの出入があるのは当然であるが、そうしたなかで同じものを捉えながら、異なった考えを述べているものを探ると、注目されるものは、竜女に対する理解である。これは『真如観』の成立を末法以後のものと理解させる一例でもある。そこでは、『略要集』は竜女（『法華経』「提婆品」に、竜女が忽然として男となって、さとりを開いたことが語られている）について、畜生でありながらさとりを開いたのは、仏性が内にあって、真如が熏じたから、釈尊の慈悲によってえたので、「畜生すら猶爾《なおしか》り、況《いわん》や人倫をや」という口吻をもらしているが、『真如観』では竜女は単に畜生ではなく、「竜女は初心凡夫」にして「畜生の身なれ共」として、「竜女が如き最上利根の者」と受け、「予が如き」「昨日までは、無始の悪業煩悩を身中に具足して、未来を尽すとも生死流転絶つべからざる衆生」と対応させている。竜女と人間との対照における鮮やかな相違が認められる。後者ではまだ末法の時機に対する表明は、「我濁世末代」といった程度で、明らかではないが、しかしここに見られる口吻はそれをうかがわせる、と思われる。そしてこうしたところに、以上の相似ともあわせて、『真如観』成立年代もあまり下らないことが知られよう。またこのなかには『法華経』の価値を高く評価する表現(1)が散見されるがこのこともそれを語るにちがいない。

とにかくこの書がもつ浄土思想との関連はあまり緊密なものではない。本書は冒頭に「空仮中の三観、大観を示すべし」として、真如を観ずることを主題としているから、極楽の往生は副次的に捉えられているにすぎない。「真如を観ずれば、成り難き仏にだにも、とく成る。況んや生じ易き極楽に生れむ事、決定して疑なし」とする。そしてそれは「十方の諸仏も、法華経も、皆真如を体とし給ふ」からであり、「我即真如と知らしむるを法華経と名」づけるからである、という。したがって本書は『法華経』に足場をすえて、その中に念仏を包容しようとしたものである。そこにおのずから、真如観に念仏を加える必然性が曖昧になるのは止むをえない。真如観を行なうことを強調してきて、忽然として「又娑婆世界の人は、必《かならず》極楽を願ふべし、有縁の国なるが故也」という程度の繋がりであり、だから「殊勝の功徳（念仏をさす）にかねて真如を観ぜむは云ふ限りに非ず。往生極楽の修因は別紙に書くべし」とも記されるわけである（ただし書かれた別紙が何であるかは、わからない）。ここには多功徳思想が根底にあり、念仏ははっきり主題でないことを示している。

『観心往生論』

ところで、同じように真如を観ずることを勧め、「観心を以て往生の業」として、念仏の意味を闡明したものに『観心往生論』がある。ここでは弥陀を念ずる一念がたくみに「真如の一念」と重ねられ、「且《しばら》く弥陀を念じて自《みず》から出離を希《ねが》」った、その一念が実は真如としての心を観ずる一念にほかならない、と示される。したがって念仏は観心とすりかわり、浄土も弥陀も「心」に求められるのである。「あに娑婆を離れて別に極楽を求めん。何ぞ己心を超えて別に弥陀を念ぜん」という表現は端的にこれを語っている。『真如観』がとかく疎略に扱った念仏が、『観心略要集』の意を汲んで、巧みに説かれていると見られる。ただここで注目されることは、本書がその末尾に「弥陀の本願はこれ本来、悪世の凡夫の為なり、安養の教文も亦末法万年の衆生の為なり」といっているもので、ここには明らかに本書が末法にはいって、ようやく時を経ていることがうかがえる。『真如観』より以後のものとしてよい、と思われる。

『菩提集』

さて、この『真如観』と密接な関係が指摘されているものに『菩提集』がある（佐藤哲英・前掲論文）。この書は三つの部分からなり、第一が「菩提集」、第二が「往生極楽証大菩提要文」、第三が「随求《ずいぐ》タラニ光明真言ノ義」で、かなり雑然とした、相互に重複のある、要領をえないものであって、第一・第二は、『真如観』に見られた『蓮華三昧経』（あるいは『無障碍経』ともいう）の本覚思想を中心に、自身（心）はすなわち仏である、と観ずることをすすめたものであり、第三は光明真言を信ずることによって、極楽に往生するよう勧めている。したがって第三だけは『真如観』との繋がりが稀薄で、わずかに、真言は信を先とし、信じて「たもら《(たカ)》は此身即《すなわち》仏」である、といっている点が、『真如観』の「真言宗の説にも、ただ我即大日と思ふて信を失はず、信ずれば即身成仏也」といっているものと相応ずるにすぎない。

しかし第一・第二はその関係が密接で、たとえば冒頭に、「トク仏トナラント思ヒ、決定ノ極楽ニ生セント思フ者ハ、我身ノ中ニ仏マシマスト観シ、或ハ我身即仏ナリト思ヘシ。我身ヲ離レテ外ノ仏ヲ求ルハ、仏道ヲトク悟ル事遥也」（後にも触れたいため、原文の体裁のままに掲げた。以下はひら仮名に改め、送り仮名も延べ書にする）とあるものは、『真如観』の「疾く仏に成らんと思ひ、必ず極楽に生んと思はば、我心即真如の理也と思べし。……悟れば十方法界の諸仏、一切の菩薩も、皆我が身の中にまします。我身を離れて外に、別の仏を求めむは、我身即真如なりと知ざる時の事也」とまったく一致するといってよい。仏と真如の差が一部に見えるだけである。したがっていまここでは一つ一つ連絡をつける繁雑を避け、とくにこの書がもつ注目される幾つかの点をしぼってみることにしたい。

まずこの書の表現方法が、『真如観』が参考にした『菩提要集』のそれにきわめて近い。それは先に掲げた僅かな引例を対比しただけでも、理解できるだろう。このことは、この書があるいは『真如観』に先行していることを語るかもしれない。

第二に、『華厳経』の「若人欲了知」の破地獄偈につづいて『華厳伝』の王氏の説話を引き、さらに『蓮華三昧経』を引いていることは、この書が『往生要集』と『観心略要集』の両方に受けていることを語り、とくに往生極楽を中心課題にすえている点、『真如観』とは少しく立場を異にしていることが知られる。

第三は、『蓮華三昧経』を証拠として論を展開していることであるが、とくにこの経を「法華経の同本異訳」としたことである。この書には「我天台宗と真言とは、一切衆生の身中に、無始本有の理性の仏在《います》と許すが故に、速疾成仏を明す」として、天台・真言両宗の勝れた立場を明らかにしているが、この経を「法華経の同本異訳」としたことには、真言でもこの経を依用した事実が背景にあることを語るようである。この経を天台宗正依の経として天台を真言宗よりも優位に置こうとした試みが察せられる。この経は真言宗では異本の『即身成仏義』（正本は空海の撰で、異本は六本もあり、ともに真撰ではない。ただ性心の『即身義鈔』の記述を信ずれば、実範以前と見ることができる。この経の引用は異本の第三以下、第六のすべてに見える。第三より第六までは第四の異本といわれる）に見えるから、第四異本の成立年代と興味ある関係を結ぶかもしれない。

第四に注目される点は、成仏と往生の関係を示したことで、それは「とく仏に成て、次生に必ず極楽に生」まれるとしたことに明示されている。いわば即身成仏して、死後また人と生まれて、次いで極楽に生まれるとしたもので、即身成仏と順次往生の混在がみられる。覚鑁に見られるようなものとは異なった、より素朴な考え方といえよう。

そしてさらに加えることができるのは、信の強調である。「我が身中に仏在りと信」ずること、『法華経』の言葉によって不信のひとは地獄に堕ちること、不信の人に聞かせてならないこと、そして先にもいったように、真言は信を先とし、「信じてたもら（たカ）は此身即仏」であり、往生は疑いない、などといったことが説かれている。そしてこれが自身の自覚と結びついて、「我は人身と雖、竜女より鈍根にして」といった考え方とつながっていることも付記しておこう。

さて、このように見てくるとき、『菩提集』の置かれている位置は少しく明らかになろう。あるいは『菩提要集』に接近し、『真如観』より少しく先立つのではないか。その扱う問題に多少の差異が見られるが、『菩提集』の雑然とした未整理を真如観にしぼって、これを中心に論じたのが『真如観』であろう。だから『真如観』は往生極楽の問題はあえて「別紙」に譲ったものと思われる。

『真如観』の成立年代

しかしそれでも『真如観』の成立年代が明らかにならなければ、はたして『菩提集』もどこまで下るか、わからない。そこでいまは年代のはっきりしている忍空の『勧心往生論』や皇覚の『三十四箇事書』[2]などを便りとして、これらとの対比の上で考えてみることにしたい。ただ後者は念仏を扱っていないから、純粋に口伝《くでん》法門の系列の上で『真如観』と対比することになる。

まず後者との対比から始めると、この書もその「相伝系図」にいうように「観心」を問題にしたものであるが、その観心がいわゆる四重興廃《しじゅうこうはい》（法華経を二分して迹門《しゃくもん》と本門《ほんもん》とに分け、両者に勝劣を立てるが、また法華経の説かれる以前を爾前《にぜん》と呼んで法華よりも劣ったものとし、法華より勝れたものとしては観心を立て、それを法華の精髄とする。したがって四者の間に、爾前→迹門→本門→観心という勝劣の関係が成立する。この考え方が四重興廃と呼ばれる）のなかのそれではない。まだこの時点では四重興廃の思想は完成していない。ここでは観心は本門・迹門から独立して説かれないで、本門・迹門を含む法華の上で説かれているにすぎない。「観心の意、迹本両観は只是《ただこれ》衆生一念の心なり」（第二十一）はそれを語る一例である。したがって観心の対象である自心、己心について、「妙法の唱は只、衆生の自体自心を指し、蓮華の唱は己心所具の旨を説く也。故に経に云く、帰命本覚心法身（この文は『蓮華三昧経』の先に掲げた詩である）、等と。」（第二十三）といっている理由もそこにあるのである。しかしそれでも、このように観心が本迹二門の上に説かれるようになったことは一つの発展であって、観心が本迹二門から独立して、優位を与えられる可能性をはらんでいる。ところが『真如観』ではそれがまったく見られない。ただ『法華経』によって「実相真如の理といふ」「己証の法門」が説かれた点を強調するだけである。これはまだこうした思想が成長しない過程において、この書が成立したことを語っている。

また『三十四箇事書』の第三十には「一念成仏事」が扱われているが、ここでいうところは、「名字即位に於いて知識に遇い、頓極の教法を聞いて、当座に即ち、自身は即ち仏と知り、実に余に求めることなく、即ち平等の大恵に住し、即解・即行・即証して、一念の項(頃ノ誤リ)に証を取ること、掌《たなごころ》を反すが如し」という即身成仏である。これに対して『真如観』は、わが身はすなわち真如であると観ずるとき、すなわち仏であると説き、それを知る位を「名字即の位にあた」っているとするが、「一念の頃に証を取る」とはしない。一念という考え方はここにはまったく現われていない。ただ「一すぢに我等則真如の体、其れと思ひて、夜ひる行住坐臥に、わすれずに心に懸けたれば、則《すなわち》身即仏なる事疑ふべからず」といって、信ずるよう強調しているだけである。前者が「教に遇う時、即証するなり」というのとは大きな差異がある。これもまた時代の隔たりを示すものである。

第三は、『三十四箇事書』の第十六が扱う「草木成仏事」である。ここではあたかも『真如観』などに説かれる草木成仏説が批判の対象になっているようにさえみえる。

『真如観』では、「真如の理、万法一如の道理」に立つから、一切は相即不二であり、したがって「人法を悉く和合し融通して、乃至一切の非情、草木山河、大海虚空、皆真如」でないものはなく、「此等皆真如なれば、皆真如は仏也」とする。ところが『三十四箇事書』では、「一家の意、依正不二の故に、草木成仏の事、疑いなし」とするけれども、しかし「今の意は実は草木不成仏と習う事、深義なり」とする。そしてその理由としては「草木は依報、衆生は正報なり。依報は依報乍《なが》ら、十界の徳を施し、正法(報カ)は正報乍ら、正報の徳を施すなり。若し草木成仏せば、依報減じて、三千世界の器世間に咸(減カ)少有るなり。故に草木成仏は巧みに似たれども返って浅きに似たり」と説かれている。ここで一切は真如だから、したがって仏である、という機械的直線的な判断を否定して、非情としての草木が成仏するとは、仏として有情になるのでなく、非情のままで有情の徳を持つことだ、といおうとして、あえて草木不成仏といっているのである。

しかもここで注意されることは、「依報乍ら、十界の徳を施」すといっている点である。施すのはだれか。これは仏でなくてはならないだろう。だから草木は草木のままで十界の徳を与えられるというのであろう。そしてさらに付記したいことは、この成仏・不成仏が皇覚以前につくられた口伝法門系の最初の著述に属する『円多《えんた》羅《ら》義《ぎ》集』(これについては、硲慈弘・日本仏教の開展とその基調・下、参照)の下巻にすでに扱われていることである。

そこには、成仏・不成仏のいずれが正しいかを決して、「林和尚の決に云《いわ》く。草木成仏は金剛界𑖪𑖽字より、大悲と大智との二旨在り。大悲門の故に草木〔不〕(不ノ字ヲ欠ク)成仏の義を説き、大智門の故に草木成仏の義を説く。……」といい、さらに「書に云く」として、「大智〔門〕の故には成仏し、大悲門の故には成仏せず。本仏不思議智力の故に」と補足している。皇覚が「施す」といったのは、このような「本仏不思議智」によることを指しているのであろう。ただ成仏・不成仏を真言の思想を借りて説こうとしなかったところに、かれの立場がよくうかがえるようである。

とにかくこのように、草木成仏(3)について三説を並べて見ると、『真如観』がもっとも素朴な直線的思考を追っていることが知られるが、『三十四箇事書』が「草木成仏事」で、上記の文を受けていっていることが、また『真如観』と関係を持つようであるから、それにも触れておく。それは「余も之に例せよ。地獄の成仏、餓鬼の成仏、乃至菩薩の成仏、皆爾《しか》なり。その躰を捨てずして已(己カ)心所具の法を施設するが故に、〔徳を〕(脱カ)法界に施すなり。若し当躰を改むれば、只仏界のみなり。常住の十界、全て改むることなし。草木も常住なり、衆生も常住なり、五陰も常住なり、能《よ》く能《よ》く之を思うべし」と語られるもので、『真如観』の「諸法実相と云ふ一句に、万法真如なりと明すなり。天台大師の釈に云《いわく》。諸法と者《は》十界に遍ず。実相と者、此れ真如の異名なり。是れ則《すなわち》地獄も真如也、餓鬼も真如也、畜生も真如也。真如を実相の仏と名くれば、十界本々仏なりと云ふ事明らか也」と相応ずることが知られる。しかしここでも、前者が論理の一貫性を追って、九界の成仏を論じているのに対して、後者は天台伝統の教学を祖述する程度に止まり、真如の上での展開を出ないのである。

以上のような例から、いま『真如観』の置かれる時代を推定すれば、当然、これが比較的早い時期のものと考えることができよう。しかしそれはすでに末法にはいった時期であり、しかも真言の影響を色濃く受けている状態に止まっている時期である。『三十四箇事書』を、皇覚が師忠尋（一〇六五―一一三八）の没後、あまり時を経ない時期に整理したとすれば、この三十四の切紙《きりがみ》（教義の大切な要義、いわば己証《こしょう》を紙片に書いたものが切紙とよばれ、これを口伝《くでん》として弟子に伝えたところから、口伝法門の名がある）はすでに忠尋在世時代にまで溯って考えることができる（しかしそれも晩年）から、これをいちおうの目安として十一世紀末より十二世紀初めにかかる時代をここで考えてみたい。上記の所論をいま一度整理して図示すれば、ほぼ次のようになろう。

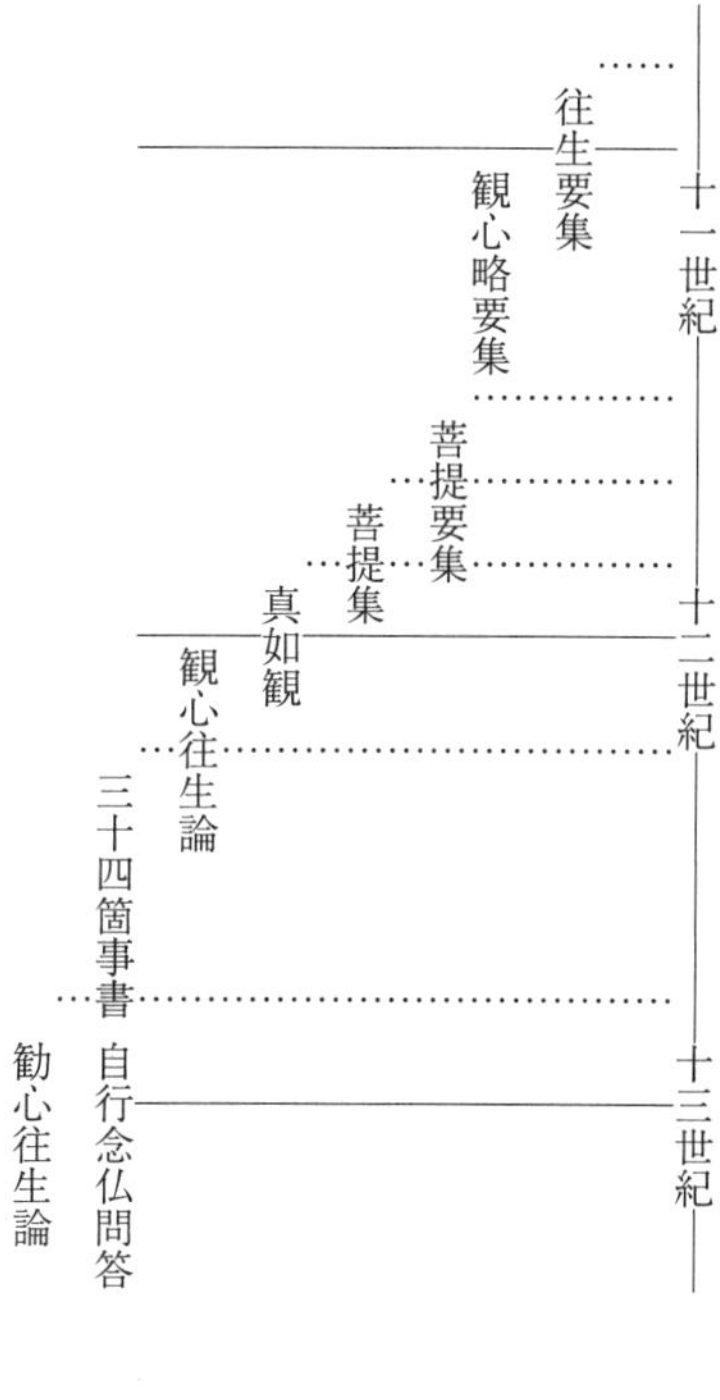

『自行念仏問答』

最後に真源に擬せられた『自行念仏問答』について見たい。

この書は、真源に『自行念仏私記』という一書があると伝えられること(4)から、『自行念仏私記』を『自行念仏問答』と同書と見て、真源に当てるようであるが、それは先にもいったように当たらない。いまは内容の上から、この書の成立年代に触れてみたい。

まずこの書が説く特色の第一は、『摩訶止観』を強調したことで、源信以来の観心、止観の重視が辿りつくところまで来たという印象が濃い。そしてそれは「法華の意は摩訶止観」であるという表現において、法華最勝という位置を止観に譲ったものであるが、しかしそうした止観最勝はさらに「四種の弥陀」という考え方においてとくに明らかに示されている。すなわちそこには「一爾前弥陀宿縁、二法華迹門弥陀宿縁、三本門弥陀宿縁、四観心弥陀宿縁」という、爾前・迹門・本門・観心の四つが語られ、その間に勝劣が認められている。ここでは弥陀とこの土（娑婆）との宿縁の厚さを比較して、観心の項ではこう説いている。「一家天台」では、一切衆生の心中に九識があるが、そのうち「第六意識は妙観察智」で、それは「西方阿弥陀仏」であり、したがって第七識までの「上の三浄土」は勝れていても「我が土の分」ではないから、この意味において「一切衆生が初めて菩薩（提カ）心を発して成仏すると謂う」のは、「皆阿弥陀仏を謂う」のである、といい、「前五識は北方で、智に約すれば成所作智」、「仏に約すれば」「釈迦牟尼と名づく」として、この「釈迦がこの土より撥遣《ほつけん》し、弥陀はかの土より来迎して」往生するのであるから、とくにこの「釈迦・弥陀二仏を本尊として偏《ひとえ》に憑《たの》」まなければならない、というのである。

しかしここには四種の弥陀を説いて、とくに「観心の弥陀」として示す、その観心の意があまり明確になっていない。それは、すでに観心が四重興廃という観念の上に定着していたことを予想させるものでもある。ここでは、四種の弥陀の差別を、たとえばその永遠性について、本門の弥陀は五百塵点で、始めがあるが、観心の弥陀は「無始無終無近無遠の仏」である、と説くように、観心についてその説明はまったく不要であったことが知られる。

したがってこれから見ても、この書はすでに四重興廃の思想が成立していて、それを浄土思想の上に適用しようと試みたものであることがわかる。ただその適用された観心が、しかしまだ「法華の心」として、法華の埒内から脱けでていないところに、念仏思想史の上では未成熟な点がうかがわれる。そしてこれを超えたものが、法然の弟子で、後の一念義の祖である幸西（一一六三―一二四七）の『玄義分抄』である、と考えられる。

ここでは四重の捨行が説かれ、定善・散善＝諸行・称仏＝多称・一称＝諸仏・弥陀といった四重において、前者を捨てて後者を行ずる（これは興廃の論理とまったく同じものである）とするから、最後の弥陀を最勝とするものであるが、同時にこの論理の根拠としては前の三は『法華経』に依り、「四の捨行の中の終りの一は唯観経也」としたところに、その勝れた特色が認められるのである（親鸞に三願転入の論理があるが、これはこの『観経』最勝とする論理をさらに発展させて行なったもので、思考方法や発想法はあるいは、幸西の四捨行などに負うていると考えられる）。

いずれにせよ、以上のことからして、『自行念仏問答』の成立時点は、幸西以前に属し、しかも皇覚を下ったものであることが明らかである。いまこれを十二世紀末葉、おそらく一一七〇—八〇年代ではなかろうかと推定しておこう（これらについてすでに詳しく論じたことがある。拙稿・口伝法門における四重興廃の成立、印度学仏教学研究・三〇所収）。

さて成立年代についていちおうの目安を立てたから、内容について幾つかの特色をうかがって見ることにするが、先の四種の弥陀の外に注目される点は、まず観心止観の心は「衆生即ち仏」、「衆生即ち菩提」であり、「わが初一念の心が即ち仏」であって、「全《すべ》て二念を隔て」ないから、その一念で成仏する、ということである。そしてこの即身成仏は如来の教説であるから、「一も疑うべからざること」、また「この教に値《あ》って現身に成仏せざるは、わが失《とが》」であることが説かれ、法華はもとより凡夫のために説かれたもので、「後の五百歳、濁悪」「末世の凡夫」に相応したものであるから、この経の受持読誦の利益は大きいが、経に説く、如来の室衣座（大慈悲の室に入り、柔和忍辱《にんにく》の心を衣とし、一切法空の座に安住すること）の修行にはげむ必要も同時に示されている。したがってここでは『三十四箇事書』に見られるものとほぼ同じ考えが認められる、といえよう。

しかし本書は、なんといっても念仏が主題であるから、その点に注目されるものがあるが、ここで一つ注意を引くのは、先にもちょっと触れた九識・五智と仏・浄土との対応を拡大して、「五戒（殺・盗・婬欲・妄語・飲酒）」、「五略（『摩訶止観』に説く、発大心・修大行・感大果・裂大網・帰大処）」、その他にも配当した考え方で、これはかの覚鑁の『五輪九字秘釈』に、五大・五字・五形・八識・五智・五仏・五転・五方・五行・四季・五色などを対応して、五輪（地水火風空）を表わしたものと極似しているものである。あるいは影響関係があるかもしれないが、阿弥陀仏を例にとっていえば、ここでは、同居第六識、妙観察智、勝応身、十回向、感大果、異（生住異滅の異）、秋、悟（開示悟入の悟）、西、盗、凡聖（凡聖同居）、鼻といったように、機械的な配当がなされている。真言の教えに負うことは歴然としたものがある。

さて念仏として注目されるものの一つは、己心の弥陀、己心の極楽が説かれる場合、阿弥陀仏の来迎や往生はどう理解できるか、という問題に対する解釈である。これに対して、本書は三つの解釈をあげているが、その一つは、見られる仏は心の作り出したもので、それは心外にないから、「心が実に弥陀」であり、「来迎とは心来迎を指す」とし、『蓮華三昧経』の前掲の詩の心もこれを示したものである、とする。これは本覚思想に立って説こうとしたものであるから、来迎というその言葉の意味を完全にすりかえたものに外ならない。次は平等と差別の二義で説明したもので、平等の辺ではもちろん来迎や往生などの「去来」はないが、差別の辺では「去来」はあると知らなくてはならない、とする。第三は以上と少しく趣きを異にし、己心の弥陀を知り、「わが身は即ち阿弥陀仏なりと聞いて覚《さと》りを開く」とはいっても、それは「始覚の智恵が初めて生来」した段階であって、この始覚の智慧のそのままで「阿弥陀仏に成る」のではなく、そこから「無始無終の阿弥陀仏」の存在をさとるのであるから、「是《これ》を、始覚、還帰して本覚を迎う」というのである、とする。これは『起信論』の心であるというが、従来一般の来迎の受け取り方に少しでも近づこうとしたものとして、注目される。即身成仏的な本覚思想をただ素朴にならべたてるだけでなく、そこに本来の観心修行の道を立てようとした試みが見られる。しかしそれでもこの程度の説明では、来迎はただ表現だけの問題に解消し、時代の一般風潮が言葉どおりに理解してきた来迎に対する説明としては不十分であろう。

またこれと関連して注目されるものに、いわゆる絵像・仏像などの礼拝対象をどうみるかといった問題があるから、これに触れておく。さきに『菩提要集』には印仏のことが記されていたが、『菩提集』では、『華厳経』の「破地獄」の詩に「心、諸《もろもろ》の如来を造る（ママ）」とあるところから、「世間には心なき木を仏の形に刻成《きざみつくる》を恭敬供養し奉るだにも、無益無辺功徳を得」とするが、あえていえば「心を以て仏像を作を心造諸如来と名」づけるのである、として、仏像は心の中に収めとられて、実際の仏像は「心なき木」の「仏の形」にすぎない、と見る。しかし『自行念仏問答』は、「われらが見る所の画像・木像は真実の応身如来」であって、「破地獄」の詩もそれをいっているのである、とする。そしてそのために、仏の三身相即の論理から説きおこして、仏は一切に遍満するが、それが見えないのは「われらの無明の病盲」のためで、見えるのは画像・木像だけであるけれども、その「画像・木像は衆生の心より出生」したものであり、「天台大師が応身如来を釈して、水銀、真金と和して能く諸の色像を塗るが如し、と云」っている、この心がわかれば、画像・木像も実は「真実の応身如来」であることがわかる、といい、この心がわからなければ、たとえ釈尊の在世にあって釈尊を見ても、それは「己心の外」に在る仏を見ているにすぎない、と論じている。

さらにもう一つこれと関連するのは、己心の弥陀を念ずるとすれば、西方の弥陀を念ずる必要がないのではないかという、『観心略要集』（第四。別の形では、『往生要集』にも見える）でも取り扱った問題である。しかしこれには『維摩経』や『無量寿経』を教証として、「設《たと》い己心の阿弥陀仏を知ると雖も、必ず西方弥陀仏に縁りて以て己心の阿弥陀も顕わるべきなり」とし、「四種三昧の行人、己心の弥陀を知らざるには非ず。然りと雖も阿弥陀仏を本尊とし」、「方を論ずれば必ず西方に向かう」と論じている。大乗においては空の理解と連なって常に論じられてきたもので、それが己心の弥陀との関連においても問題になっただけにすぎないが、ただここで触れなければならないことは、弥陀を本尊とし、西方に向かう、その「心」はなにか、と設問して、「弥陀・法華・観音は一体三宝の異名」だから、弥陀を本尊とすると答えていることである。そしてその文証としては空海と天台宗六祖湛然の言葉を引いて、『法華経』は観音の密号（秘密の名前）であり、観音は法華三昧をさとりえたから、三十三身を現ずることができるのであるし、浄土の仏としてはこれを弥陀と名づけ、五濁の世界にあっては観音となる、と論じている。空海の言葉としてあがっているものは、不空訳の『理趣釈《りしゆしやく》』の思想を発展させたものであろうが、ここで説かれる弥陀（仏）・法華（法）・観音（僧）の三宝同体の主張はまことに興味のある注目される考え方である。この思想は下って『修禅寺相伝私註及日記』にも用いられている（以上の一体三宝の思想についてはかつて触れた。拙稿・四種三昧の本尊について、真宗研究・三所収）。

以上によって、ほぼその説くところの特色を明らかにすることができたと思われる。

繰り返していえば、以上はほぼ、源信の『観心略要集』が試みた天台教学と念仏思想との融和、換言すれば念仏を天台教学の中に定着させようとした試みを踏襲したものと考えられる。そして源信の偉大さが、その流れに棹さした著述のほとんどを源信の名のもとに帰する結果を招いたもので、いってみれば、源信に名をかたった偽撰にほかならないが、しかしすでに見たように、そこには思想的な発展があったことはいなめない。

この本覚思想の系列は口伝法門という研究の未開拓な分野と重なるため、まだ多くの問題が残されているから、これについてはさらに機会をえて明らかにしなければならない。鎌倉仏教はこれをおいて十分な理解を期待できないからである。

注

（1） たとえば、「十方の諸仏も、法華経も、皆真如を体とし給ふ」といい、その真如について、「此《これ》より下は、真如の有様を委く令レ知《しらしむ》。又法華の大旨を明めんと也」といい、「されば事の詮は、只一切衆生に、我即真如なりと令レ知るを法花経と名く。三世の諸仏の大事因縁、出世の本懐とするなり」というものは、その一例である。

（2） 『三十四箇事書』（金沢文庫蔵本）と『枕雙紙』（大日本仏教全書・三二）との差異は、細かな文字や表現の差は除いて、大きな点では、双方とも三十四の問題をとらえながら、二つだけ重ならないもののあることである。すなわち前者の「識事」と「本迹二門実相同異事」が、後者では「鏡像円融之事」と「止観伝不伝中何之事」という問題になっていて、かみ合わない。これはおそらく相承中に別の分派が生じたことによるものであろう。どちらが主流とも、にわかに決することは困難で、この問題については詳細な検討が必要である。ただここで前者についていえることは、この書が湛睿の手沢本であって、後者よりも古いことである。

（3） 草木成仏の問題だけでなく、いわゆる「草木国土悉皆成仏」についてあつかったものに、宮本正尊「「草木国土悉皆成仏」の仏性論的意義とその作者」（印度学仏教学研究・一八）がある。

（4）長西の『浄土依憑経論章疏目録』に

自行念仏私記　一巻二十二丁　真源

とある。

第七章　法然・親鸞の浄土教

黒谷と法然

すでに早くから叡山では東塔・西塔・横川《よかわ》、三塔の教勢の伸張拡大につれて、山上を下りて人里に近づき、いつしか「三塔十六谷」といわれるように、谷々にまで及んだ。さきに源信のころ、飯室《いむろ》北谷を卜《ぼく》して安楽と呼び、ここに僧房を設けて僧俗同心の集まりが設けられたことを見たが、この飯室谷は横川六谷（般若谷《はんにゃだに》・樺《か》芳《ほう》谷・戒心谷・解脱谷・都《と》率《そつ》谷・飯室谷）の一つであり、この飯室の北に位置した安楽の地がいわゆる安楽谷とよばれた別所《べっしょ》である。こうしたところには、三塔の教勢下に起こってくる煩雑な世俗的確執《かくしつ》や軋《あつ》轢《れき》を逃れ、あるいはふとした機縁につとに無常を感じて、ひたすら仏道を求めようと志した隠遁の僧たちが住んで念仏にいそしんだのである。そしてこのような別所は後に、東塔の神蔵寺、西塔の黒谷、横川の帝釈寺・釈迦院・安楽谷をあわせて五別所というようになるが、しかし先に見た良忍の住んだ大原も別所であり、また浄土教をもっとも色濃く打ち出した四天王寺も別所であった。また遠く叡山を離れて大隅国噌唹郡の台明寺の別所は衆集院と呼ばれ、不断念仏が行なわれたと伝える（平安遺文・二二〇五）。したがって念仏の普及にあずかったものとして、別所の存在は忘れることができない。そしてこうした別所が陰に陽に果たした念仏普及の役割を、さらに唱導《しょうどう》において積極的に行なったものは、別所よりもさらに市井に近い里坊《さとぼう》であったと見られるし、あるいはまた先に見た六波羅蜜寺や皮聖行円の行願寺、瞻西の雲居寺などといった寺々であったのであろう。

しかしいまここで注目したいのは、浄土宗の開祖と仰がれる法然を生んだ黒谷である。この地には、かつて『新十疑論』を書いた禅瑜が住んだと伝えるし、『後拾遺往生伝』巻中が掲げる唱導師善意（―一一二九）も黒谷を本拠としていた。また真福寺本『拾遺往生伝』巻上が目録のあとに記している「或る記」には、筆者為康は保安四年（一一二三）に「黒谷聖人浄意」と力を合わせてこれを撰した、と伝えている。ただこれらが、黒谷を特別勝れた念仏の地であった、と伝えないのにたいして、『保元物語』「為義降参の事」の条には「西塔の北谷・黒谷と云《い》う所に、廿五三昧おこなふ所に」とあって、源信の『往生要集』と密接な「二十五三昧」が行なわれていたことを語り、つとに注目を引く。このことは横川首楞厳院の念仏が黒谷にも流れていて、それが法然に大きな影響を与えたことをうかがわせるにじゅうぶんである（菊地勇次郎・黒谷別所と法然、日本仏教・一）。

法然房源空（一一三三―一二一二）は美作国久米の押領使、漆間《うるま》時国の子として生まれ、父の非業の死を契機として、九歳で出家し、叡山には十三歳（十五歳とする説もある）で登っているが、ここで事《つか》えた師は西塔北谷の源光であり、ついで『扶桑略記』の著者として知られる東塔西谷の皇円を師とし、天台の教学を研鑽して、つとに栄名高才を謳われた。しかしその後黒谷の叡空（良忍の弟子）の門にはいり、再度の、いわゆる遁世によって聖の系列のなかに身を置くこととなった。ここでかれは師叡空より天台円戒の戒脈を授けられるとともに、『往生要集』の講義を受け、またみずから出離の要道を求めて一切経の披《ひ》閲《えつ》に努めている。そして伝えるところでは、その後、嵯峨の釈迦堂に参籠して求法《ぐほう》を祈り、また南都に遊学して、永観以来、南都に流れだした念仏の新たな勢いに接することになったようである。

しかし黒谷聖人としての法然が専修念仏《せんじゆねんぶつ》に帰したのは承安五年（一一七五）、かれが四十三歳のときのことである。かれはおそらく『往生要集』によって善導に導かれ、善導の『観経疏』によって口称念仏の道を見いだしたのであろう。かれには『往生要集』の註釈書が四種あるとされるが、すべてかれのものとすれば、いかにかれが『要集』に傾倒したか、推察することができる。とにかく『観経疏』によって法然は回心《えしん》をとげ、専修念仏の道を開いたその確信はかれをして黒谷を去らせ、吉水《よしみず》の地に移らせることになる。

そしてここが新しい念仏門の拠点となって、かれの布教活動が展開されていくことになるが、ここで一つ注意しなければならないことは、かれが天台宗の徒であることを放棄したのではなく、依然として黒谷聖人であったという事実である。この『観経疏』による回心と黒谷を去った事実は、かれが浄土宗という一宗を開いたことを語らない。少なくともそれと直結はしないのである。その意志は後に確かに密《ひそ》かに抱かれていることが認められるが、かれはその公言をはばかっている。

さて、その後の生涯[1]において特筆される幾つかを列記すると、まず文治二年（一一八六。一説に文治五年）に行なわれたという、いわゆる大原談義のほか、文治五年から始まった九条兼実との接触によってたびたび授戒を行ない、また建久九年（一一九八）にはかれのライフ・ワークである『選択《せんちゃく》本願念仏集』（『選択集』と略称される）を著わして兼実に与えたこと、元久元年（一二〇四）、延暦寺衆徒の念仏停止《ちょうじ》の訴えによって『七箇条制誡』を作り、念仏門人の署名をえて、これを座主に差し出したこと、しかもその翌年には興福寺衆徒も念仏の禁断を訴え、一、二の念仏門人の不祥事を機として、ついに承元元年（一二〇七）、念仏停止の宣下がなされ、法然以下主だった門弟があるいは流罪、あるいは死罪に坐し、法然は土佐に流罪となったことなどが注目される。法然は流罪の年十二月、勅免をえているが、翌年の十一月帰洛して、その二カ月後の建暦二年一月にはこの世を去っている。年八十。

しかし念仏停止の迫害はかれの死によって終焉《しゅうえん》をみてはいない。かれの主著『選択集』は生前ごく限られた門弟に与えられ、書写を許されたにすぎないが、法然没後、この書が開板上梓されたことによって、明恵上人高弁は『摧邪輪《ざいじゃりん》』を書いて論難し、その後の論争の口火がここに切られているし、そしてそれはついに法然没後十五年目の嘉禄三年（一二二七）の法難にまで発展する。この年、謀反の悪徒と同心したという嫌疑が専修念仏者にかけられ、延暦寺は専修念仏の張本人として隆寛、空阿弥陀仏・幸西の三人の名をあげた結果、(2)配流ときまったが、三人は行く方《え》をくらましたため、さらに四十余名の指名が追加され、専修念仏者は京より一掃されるに至った。そしてこのような事態はすべて『選択集』の一書にかかっているという判断から、延暦寺の衆徒は『選択集』の焚書を行ない、その板木《はんぎ》を焼くに至ったが、これと前後して、降寛らの配流が決定する以前、すでに延暦寺の衆徒は東山大谷の法然の墓堂を破却し、あまつさえ遺骸を鴨河に流そうとさえしている。墓堂が破却されたため、法然の上足である法蓮房信空らの計らいによって、遺骸は嵯《さ》峨《が》に移され、さらに太秦《うずまさ》から西山の粟生野《あおの》に移されて、ここで荼毘《だび》に付された。念仏門がこうむった迫害はこれにつきないが、今日、法然研究に大きな障碍を与えている法然直筆の手紙や法語類が皆無であるという事実は、おそらくこの嘉禄の法難によるものであろう。

法然の著作と『選択集』

法然の専修念仏の思想を知ろうとする場合、もちろん欠くことのできないものは『選択集』である。ここにはその巻末に「庶幾《こいねが》わくは一たび高覧を経たる後は、壁の底に埋みて、窓の前に遺すことなかれ。恐らくは破法の人をして悪道に堕せしめざらんがためなり」というように、信ずるものだけに許された、法然の心髄が語られているとみて、誤りはない。しかしそれでは表向き語られたものや記述されたものは第二次的なものでしかない、と言いきれるかどうか。これらもまた法然の思想を語る重要な資料である。いや存外、こうしたもののなかに、かえって法然の思想の性格が露呈しないものでもない。そして前者との比較において、その差異が鮮やかになれば、それもまた法然を捉えるためには大きな比重をもつにちがいない。ただその場合、注意しなければならないのは、法然の著作として今日伝わっているもののうち、どれだけ真作とされるものがあるか、という問題である。源信に仮託された著述が多かったように、法然にもそれが多く、夥《おびただ》しい数にのぼると見られる。したがって法然研究はこのテクスト・クリティークから始められなくてはならない。しかしいまはその余裕がないから、従来の研究(3)の土台の上に立って、叙述することにしたい。

法然がこの『選択集』において提言しようとしたことの一つは、まず「浄土宗」という一宗の確立であって、その宗こそは末法における時機相応の宗である、という確信である。それは、言葉をかえていえば、竜樹が難易二行に分類した易行《いぎょう》であり、道綽によれば聖浄二門の分類における浄土門であって、端的にいえば、この「大聖を去ること遥遠」な時とともに、「解《げ》微なる（理解能力の弱いこと）」機にふさわしい教えであり、諸宗の諸師（曇鸞も天台も慈恩も迦才も）が等しく抱いた考え方である、という証拠に立脚したものであった。したがってこの一宗を宗として確実なものとするため、この宗にも正依《しょうえ》の経論として『無量寿経』・『観無量寿経』・『阿弥陀経』の「浄土三部経」と『往生論』の「三経一論」があるとし、また「師資相承の血脈《けちみゃく》」（師より弟子へと承け継がれた、親子の血のつながりのような繫がり）としては、たとえば菩提流支―曇鸞・道綽・善導・懐感・小康といった流れ（『漢語燈録』巻七の「逆修説法」、『西方指南抄』所収「法然聖人御説法事」には曇鸞以下五人について記している。また小康を少康に作る）を説いて証明した（第一、二門章）。これはきわめて重要な意味を持つものである。かれが「黒谷沙門」を公称していたかぎりにおいて、それは重大である。外には天台宗の僧を装い、内には浄土宗の存立を許容していたことになる。ただこの考えは、すでに『選択集』以前と推定されるもの（前掲、「逆修説法」など）にも見えるから、『選択集』巻末の「窓前に遺すことなかれ」と警戒した所以のものではなかろうが、少なくともこれが根底をなして、それがいままでの浄土教家の所論には見られない独自な思想や大胆な発言ともなったのであろう。

　さて、かれが選んだ「三部経」もかれの独自性を語る一例であるが、かれはどのような観点からこれを選びだしたものか、その意のあるところをうかがうと、注目されることは、これらが「念仏を選択」することを「旨帰」としている、と見做されたことである。このことは、この書の標題と関連して重要な意味をもつと考えられる。したがってかれはこれについて細説を試み、三経に『般舟三昧経』を加えて、全部で八つの「選択」があるとするが、このうちの四つは「弥陀の選択」で、その一つは『無量寿経』に説かれる「選択本願」(法蔵菩薩が二百十億の誓いのなかから往生の行として本願の念仏を選択したこと)、次は『観経』にいう「選択摂取」(『観経』には定・散の諸行を明らかにしているが、「弥陀の光明はただ念仏の衆生を照らして、摂取して捨てない」といっていること)と「選択化讃」(経の下々品に、弥陀の化仏が仏名を称えたものを迎えとる、といっていること)で、それに『般舟三昧経』の「選択我名」(経に「常にわが名を念ぜよ」といっていること)を加えて四とする。他は「釈迦の選択」が三つ、「諸仏の選択」が一つである(第十六、慇懃付属章)。しかしこの「弥陀の選択」のうちでもとくに重要なものが「選択本願」であることは論を俟たない。だからこそ本書の標題となっているのであるが、同時にそれが「選択摂取」でなければならないことは、「本願」が弥陀の慈悲救済の表明であると同時に、それが達成されている

（このことは『無量寿経』の「願成就の文」に語られている）以上、当然である。そしてこの二つに「選択化讃」が加えられているのを見るとき、法然の「弥陀の選択」が、源信の『往生要集』の十の「念仏の証拠」に影響を受けていることを知るのである。

　ところで、かれはこの「選択」の意を説明して「選択とは即ちこれ取捨の義」といい、また「選び捨てて」「選び取る」のが「選択」だから、「摂取」と同義であるとして、「選択摂取」の表現を用いている（これは先の「選択」と混同されてはならない）が、これに立って、「選択本願」の理由を説明するために、「それ四十八願に約して、一往おのおの選択摂取の義を論ぜば」として、第一・二・三・四と第十八の五願をあげ、細説する。しかしもちろん焦点は第十八願にあるから（『選択集』以前の作とみられる『三部経大意』では、第十八願を掲げて「四十八願に一々に皆此心ろあり」といっている）、かれは第十八願になぜ「念仏の一行を選び取って往生の本願とした」かを、勝劣と難易の二つの立場から説くのである。そしてそこから、第十八願のなかに示す「乃至《ないし》十念」は、善導がいうように「下《げ》至《し》十声」と同じであり、要するに「十声・一声」の念仏をいうから、称名念仏そのことが示されているのだとして、善導がこの願を「念仏往生願」と呼んだことを高く評価する（先に源信のところで説いたように、日本では静照がこの称を用いている）とともに、善導に従って、この願は「上は一形を尽くし」「下は十声・一声等に至る」称名念仏の願である、と論じている（第三、本願章。ここに説く内容はほぼかれの『無量寿経釈』に見える）。

しかしここで注目されることは、かれは一切の経典から三部の経を選択し、そのなかに説く重点は念仏の選択であるとし、さらに三経の中心を選択本願・選択摂取とし、そこに第十八願を選択したのであるが、その願の内容を称名念仏と据えたときには、すでにもう一つの取捨が土台となっていたことである。すなわちかれはこれをやはり善導に従って考え、行《ぎょう》に正行と雑行《ぞうぎょう》の二つがあって、正行は往生の経である浄土三部経などによって行ずるものであるが、これにも『観経』等を読む「読誦《どくじゅ》正行」のほか、観察・礼拝・称名・讃歎供養の四つの正行があって、このうち第四の称名は正業《しょうごう》、つまり正定業《しょうじょうごう》、他の初め三つと後の一つは助業《じょごう》と呼ぶとして、雑行を捨てて正行を取り、正行のなかから正業を取って、助業と軽重の差をつけたのである。しかもかれはこの正雑二行についてはさらに「得失」を論じて、これに親疎対（念仏等の正行は阿弥陀仏に直接つながるから、仏と親しい関係が結ばれるが、雑行は疎遠である、と対応させる）以下、近遠対など、五種の相対を行なって、正行が往生の行であることを主張し、さらに善導によって、雑行は「千中無一」、正行は「十即十生、百即百生」（往生礼讃）だから、「雑を捨てて専（念仏）を修すべき」である、と論じて、行者の自覚を促している。そして称名については、善導の「一心に弥陀の名号を専念して行住坐臥、時節の久近を問わず、念々に捨てざるものは、これを正定の業と名づく。かの仏願に順ずるが故に」（観経疏・四）という文（聖光房弁長の『徹選択集』や『和語燈録』巻五には、この文に接して法然は心の眼を開いたという）によって、「称名念仏はこれかの仏の本願の行」であるから、「これを修するものはかの仏願に乗じて必ず往生を得る」と論じたのである（第二、二行章）。

このように見てくるとき、かれの所論はまさに「選択」「取捨」に終始し、既成仏教（浄土教を含めて）との対決の書といった感が深い。しかしそれは上記の所論に終わっていないのである。かれはさらに『無量寿経』の「三輩」の文を掲げて、そこには念仏以外にも、菩提心などさまざまな「余行」（すなわち諸行往生）が示されているのに、なぜ念仏往生だけをいうか、と設問して、三つの意があると答え、それを細説してこう記している。「凡そかくの如き三義、不同有りと雖も、共にこれ一向念仏の為の所以《ゆえ》なり。初めの義は即ちこれ廃立《はいりゅう》の為に而《しか》も説く。謂《いわ》く、諸行は廃の為に而も説き、念仏は立の為に而も説く。次の義は即ちこれ助正《じょしょう》の為に而も説く。謂く、念仏の正業を助けんが為に而も諸行の助業を説く。後の義は即ちこれ傍正《ぼうしょう》の為に而も説く。謂く、念仏と諸行との二門を説くと雖も、念仏を以て而も正と為し、諸行を以て而も傍と為す。故に三輩に通じて皆《みな》念仏と云うなり。但しこれ等の三義、殿最《でんさい》（上下の差異）知り難し。請う、諸の学者、取捨、心に在るべし。今若し善導に依らば、初めを以て正と為すのみ」（第四、三輩章）といって、みずからの立場が「廃立」にあることを明らかにしている。

そして法然は以上のような「選択」を『選択集』の末文（結勧）でこう整理している。

計《おもんみ》るに、それ速に生死を離れんと欲《おも》わば二種の勝法の中に、且《しば》く聖道門を閣《さしお》きて選びて浄土門に入れ。浄土門に入らんと欲わば、正雑二行の中に、且く諸の雑行を抛《なげう》ちて選びて応《まさ》に正行に帰すべし。正行を修せんと欲わば、正助二業の中に、なお助業を傍にして選びて応に正定を専らにすべし。正定の業とは即ちこれ仏の名を称するなり。称名は必ず生をう。仏の本願に依るが故に。

この考えは、想いを新たにしてみるとき、まことにエポック・メーキングなものである。それはだれしも認めてきたところであるが、かれは「浄土の教、時機を叩きて、而も行運に当たる」（結勧）といって、末法という時機にふさわしいものがこの称名の念仏以外にないことを痛感したのである。それはこの書の冒頭をまず道綽の『安楽集』の引用で始めたことから、すでに始められていたとみられる。なぜなら『安楽集』ほど、念仏が末法相応のものであることを、説いたものはなかったからである。

かつて法然以前の念仏の諸師たちは末法の意識を抱きながら、かえってそのために念仏と諸行とを幷行させ、それらがもつ功徳の累積によって往生を願った。しかしかれは同じ意識をまったく別なものに置きかえて、念仏一行を選び取ったのである。同じ末法の意識[4]

がこのように相反する方向を生みだしたところに、法然の透徹した叡智が感取される。そしてそれは同時に、弥陀の本願にもよおされた他力の発見があったからであろう。

かれはこうして選択の本願にもよおされて、時機相応の念仏を選び取ったが、その念仏を称える心については『観経』の「三心」（至誠《しじょう》心・深心・廻《え》向発願《こうほつがん》心）を取りあげ、善導の『観経疏』と『往生礼讃』を引用して、この三心は「行者の至要」であるから、「三を具すれば必ず応に生ずることを得」、「一も少《か》くれば」生まれることはできないとした。そしてその一々については、至誠心とは「真実の心」のこと、深心とは「深信の心」のことであって、廻向発願心は一切の善根を「真実の深信の心」（第八、三心章）に廻向してかの国に生まれたいと願う心である、と説いた。しかしこの三がどのように関係するかについては少しも触れていない。かえって『選択集』以前の『三部経大意』に「三心は区《まちまち》に分れたりと云へとも、要を取りて詮を撰て是をいへば、深心にをさまれり」とあるから、信心（深心とは「深信の心」である、と善導はいった）に中心を求めていたとみて誤りはないだろう。そしてまたこの三心を第十八願の「本願の三心」と対応させて、「至心は至誠心なり、信楽《しんぎょう》は即ち深心なり、欲生我国《よくしょうがこく》は即ち廻向発願心なり」といった『観無量寿経釈』の文も注意されてよい。

法然の二つの性格

以上は『選択集』が語る法然の念仏である。しかしすでにほのかにうかがえたように、かれの念仏は善導の影響を受けて組成されたといっても過言ではない。それはかれ自身も、「偏《ひとえ》に善導一師に依る」（選択集・末文）といっているところに明らかである。しかしどうしてかれはこうも善導に傾倒したのか。その辺の事情は注目を引くが、明瞭ではない。南都遊学によって、源信から善導へと、眼を開いたとする見方もあるが、『観経疏』が叡山になかったのではないから、ある何かの機縁が働いたとするほかはないだろう。

しかし善導に対する傾倒はまた法然に『選択集』には見られない幾つかの別の性格をも賦与したことを忘れてはならない。かれは従来の念仏のうけとり方を善導によって批判し、新たな方向と発展とを念仏に賦与したが、それが同時にかれの念仏の性格を限定することにもなったのである。その一つは念仏三昧である。

かれが「偏に善導一師に依」ったその理由は、かれの言によると、善導が「三昧発得《さんまいほっとく》の人」であったためとされるが、こうした三昧発得は法然自身の体験の上でも極めて大きな意味をもったと見られる。かれは『三昧発得記』（『拾遺語燈録』巻上。『西方指南抄』巻中本では『建久九年記』）のなかで、建久九年（一一九八。この年、『選択集』が書かれたとされる）より元久三年（一二〇六）までの間に、恒例の別時念仏や日々の日課の念仏を行なったおり、たびたび浄土の荘厳のすがたや仏のすがたをまのあたりにしたことを記し、それをもって、「経釈の文に依るに、往生疑い無し」と、その感激をもらしている。しかも『建久九年記』では、これを誰にでも見せてはならない、と法然みずから註記したことを伝えている。これらによってみると、法然の専修念仏は、その称名正定業の選択の努力にもかかわらず、形においては過去の念仏に専念したひとたちとあまり大きな差は認められない。この『発得記』も記すように、かれは念仏六万遍を称えたものであり、後には七万遍に増した[5]というから、その専修念仏はあたかも三昧発得をあらかじめ期待したものではなかったかとさえ、思わせる。そして念仏の利益として見仏を強調したのは『往生要集』である（拙稿・念仏と見仏、結城教授頌寿記念仏教思想史論集、所収）が、そうした思想が法然においては念仏専修による見仏として温存されたもので、このことは、さらにかれの理論と実践に一種の違和感を与える結果となった。それはかれの九条兼実に対する授戒においてもっとも著しい。

かれが天台宗円戒の血脈を師叡空より相承した当代随一の戒師であったことはつとに伝えられるところで、弟子親鸞もその『高僧和讃』のなかに「一心金剛の戒師とす」と讃えている。したがってかれが戒師として正式の出家授戒に立ち会ったことはたびたびのことであったと推察して、間違いないと思われるが、同時に当時の習慣にしたがって、病悩平癒のための授戒(6)をも行なっていることを注意しなければならない。かれは兼実の要望にこたえて再三再四、授戒を行ない、病気平癒を祈っている。こうした授戒が単に医者の投薬処方と同じものなら、問題にはならないが、それが密教的な祈禱と化している事実を承知のうえで行なわれるときは、戒師としてのかれの自覚が問われなくてはならない。

かれは、眼をあげて女性を見なかったといわれる善導の徹底した持戒堅固を師表としたひとである。かの叡山の衆徒に差し出した『七箇条起請文』にも、「戒は仏法の大地」であって、修行にさまざま道はわかれていても、これだけは同じように守らなければならないとし、善導の行跡は戒律以上に厳格だけれども、しかし浄土の業を行なうものにして、これに従わないならば、「惣じて如来の遺教を失し、別しては祖師の旧跡に背」くものである、と誡しめている。だから戒師としての法然の姿が推し出されるときは、天台円戒としての梵網《ぼんもう》の「十重四十八軽戒」を守ることを、「十重をたもちて十念をとなへよ、四十八軽をまほりて四十八願をたのむは、心にふかくこひねがふところ」である（拾遺語燈録・中、登山状）とのべるのである。この点は懺悔の強調にもうかがえる。

戒律では罪を犯したときは懺悔が重要な意味をもつのは当然であるが、授戒においてもまず懺悔がなされた上でそれが行なわれる。とくに天台の円戒においては、五逆・七逆などといった大悪罪を犯しても懺悔を行なうときは罪も滅して、再び受戒ができると説かれるほど懺悔の意味が高められるから、法然の戒師としての位置からすれば、それが重視されるのは当然とも思われるが、それが念仏に対する決定の信心との関係においても強調されていることは興味ある点である。すなわちかれは九条兼実の問いに答えた手紙のなかで、たとい平生に「決定の信心を起して一念十念を成就」しても、その後称念しなければ、その後の「罪悪は往生を障《さ》」えるから、往生は期しがたいし、また懺悔しなければ、どんな小罪を犯した場合でも往生の障《さわ》りとなる、といい、また言葉を改めて、「縦《たと》い深信を起こして常に専ら称念すとも、若し重罪を犯さば、即ち当に能く懺悔念仏すべし。若しそれ然らざれば、則ち順次往生を得ること難し」といい、「この義、尤《もっと》も善《よ》し」とのべている。（拾遺語燈録・上、答博陸問書）。ここではかれが念仏の三心のうち、深心として捉えたもっとも大切な深信さえも、懺悔によらなければ罪を消すことができない、と見られている。深信はすでに懺悔を含むより高次のものではないし、かの善導が説いた二種深信も懺悔とはまったく無関係と見られているようである。ここには克服されなければならない法然自身が突き当たった壁があるのであろう。

そしてまたこうした捉え方が念仏者は五逆のものでも極楽に生まれるとしながら、善悪の対照のなかにすえるときは、「悪人なをもて往生す、いはんや善人をや」という提言となって定着している。「悪をもすて給はぬ本願ときかんにも、まして善人をは、いかはかりかよろこび給はんと思ふへき」（和語燈録・四、十二箇条の問答）である、というのはその同工異曲であり、そしてここから念仏にしても一遍よりは十遍、十遍よりは百遍、あるいは下品下生よりは下品上生、下品よりは上品といった等差観念が生まれてもくるのである。かれが六万遍の念仏を七万遍に増したということも、ここに根ざしているし、かの「四修」にしても、「長時修」をもって「後の三修（慇重修・無余修・無間修）に通用する」ものとして、「この三修の行を成就せしめんが為に、皆、長時を以て三修に属」せしめる（『選択集』第一〇、四修章）としたのであって、同じ考え方からきているといえる。[7]

ところで、これらは源信の念仏が大なり小なり、内包していたものである。かの『往生要集』のなかには、このような性格が付帯していた。そしてそれを超えようとしたところに法然の選択の意義があった、と思われる。それが善導を導きの師として発見した道であったにしても、この選択こそはくずしてはならない新しい念仏を造り上げるための基盤であったはずである。しかしそれがこのような形で、法然自身のうちで明確さを失いつつあったことは不幸といわなければならない。そしてそれは、法然の念仏の二重構造であるが、同時に法然自身の人柄（自己に厳しく、他に対してはどこまでも導きの師として接した姿）にも起因したものであろう。

法然の念仏

しかしこのような事実は、また思いを新たにすれば、副次的な性格であって、それをもってかれをことさらに貶《おとし》めるならば、かれの念仏の正しい評価とはならない。すでに『選択集』など一連のものがそれをじゅうぶん語ってくれたはずであるけれども、いま改めてさらに補足すれば、かれが念仏について、「本願の念仏には、ひとりだちをせさせて、助をささぬ也」といっていることは注目されるところである。かれはこれを説明して、「すけと申すは、智慧をも助にさし、持戒をもすけにさし、道心をも助にさし、慈悲をもすけにさす也」といい、「善人は善人なから念仏し、悪人は悪人なから念仏して、ただむまれつきのままにて念仏する人を、念仏にすけささぬとは申す也」と示している。ただ念仏者といえども、ことさら悪を好むことは念仏の本意に反するから、「さりながらも、悪をあらためて善人となりて念仏せん人は、ほとけの御心にかなふべし」（和語燈録・五、諸人伝説の詞）とのべて、念仏者にともすれば道をあやまって造悪に走るもののあった事態に対処する配慮がうかがえる。

そしてこうした「助ささぬ」「本願の念仏」を称える念仏者としては、その念仏が称えられるもっとも適した道を選ぶことが望ましいから、かれはこれを「現世をすぐべき様は、念仏を申されん様にすぐべし。念仏のさまたげになりぬべくば、なになりともよろづをいとひすてて、これをとどむべし」という表現によって端的に示し、またこれを受けて、「ひじりで申されずば、めをまうけて申すべし。妻《め》をまうけて申されずば、ひじりにて申すべし」（同）といった一連の対応関係のうちに、念仏中心の生活を強調するのである。それはまさに仏のはからいに打ちまかせた、「法爾道理《ほうにどうり》」（同）の念仏ということができる。

またかれは本願の救いを疑わない信と称名念仏としての行についても、そのどちらも相応相助しなければならないと考えている。その言葉は「一念・十念にて往生すといへばとて、念仏を疎相《そそう》に申すは信が行をさまたぐるなり。念々不捨者といへばとて、一念・十念を不定におもふは、行が信を妨ぐるなり。信をば一念に生まるととりて、行をば一形にはげむべし」（一言芳談）に鮮やかに語られているが、(8) 専修念仏という旗幟がすでに称名に重点を置くように見えながらも、深心としての信の重視はここによく汲みとることができる。かれは信を強調して、「ねがはくはもろもろの行者、弥陀本願の宝珠をいまだうばひとられざらん物は、ふかく信心のそこにおさめよ。もしすなはちとられたらんものは、すなはち深信の手をもて疑謗のなみをくめ」（拾遺語燈録・中、登山状）といっている。信こそは称名と相倚《あいよ》り相助けて、念仏者を往生へ導く底のものであることが、かれにおいても認められる。

いずれにしても、さらに言葉を加えるならば、かれの念仏は、「詮ずるところ、信心よはしとおもはば、念仏をはげむべし。決定心えたりとおもふての上に、なほこころかしこからむ人は、よくよく念仏すべし。また信心いさぎよくえたりとおもひてのちの念仏おば、別進《べつしん》奉公とおもはむにつけても、別進奉公はよくすべき道理あれば、念仏をはげむべし。地躰は我《わが》こころをよくよく按《あん》じほどいて、行にても信にても、機にしたがひてたえむにまかせてはげむべき也。かくのごとくこころえてはげまば、往生は決定はづるべからざる也」(西方指南抄・中末、三機分別)に収約できよう。

かれはすでに知られるように、当代まれな勝れた念仏の師であった。したがってかれのもとには後の世を継ぐ偉才があらわれて、かれの念仏を広めた。隆寛・聖覚・弁長・証空・幸西・親鸞などといった多彩な念仏者はその代表的なものである。しかしそれだけ、その多彩な念仏思想の基盤を包容し、それらを成長させるに与《あずか》って力があったものである。換言すれば、それは法然の念仏そのものがすでに多彩な性格をもち、多彩な方向づけを可能にしたのである。その意味では、かれもまた過渡期のひとであった、といえる。

かれは源信の『往生要集』とその後の思想展開とを、善導の上に立ち、これに依りどころを求めて超えることができた。しかしその「偏依《へんね》善導《ぜんどう》一師」の立場は、それだけに限界をもっている。その限界も実は克服されなければならないはずである。かれは死が間近くなったころ、常随の弟子であった源智の乞いにまかせて、いわゆる「一枚起請文」を書いた。それは、『選択集』とともに、法然の生涯をつらぬく思想の二つの支柱と見做されているものであるが、そこに語られているものは、やはり善導の祖述である、といえよう。「もろこしわか朝にも、もろもろの智者たちの沙汰し申さるる、観念の念にもあらず、又学問をして念の心をさとりて申す念仏にもあらす、たた往生極楽のためには、南無阿弥陀仏と申して、うたかひなく、往生するそとおもひとりて、申すほかには別の子細候はす。たたし三心・四修なんと申す事の候は、みな決定して、南無阿弥陀仏にて往生するそとおもふうちにこもり候なり。このほかにおくふかき事を存せは、二尊（釈尊と阿弥陀仏）のあはれみにはつれ、本願にもれ候へし。念仏を信せん人は、たとひ一代の御のりをよくよく学すとも、一文不知の愚鈍の身になして、尼入道の無智のともからにおなしくして、智者のふるまひをせずして、たた一向に念仏すへし」と教えているところは、善導の念仏の法然による展開といってよいものである。

法然の後をうけたひとたち

法然の没後、その流れを受けたひとたちは蘭菊《らんぎく》その美を競うほど撩乱《りょうらん》としてはなやかであった。それはよく知られるところで、先にも掲げた凝然《ぎょうねん》の『浄土源流章』に明らかであるが、『法水分流記』にはより詳細に法然の門流の行く方さえ追い求めている。しかし法然没後、比較的早い時代の記録としては正嘉元年（一二五七）に集めたという住信の『私聚百因縁集』があって、その巻八には「一向専修の弘通《ぐずう》ここに盛んなり。門下に幸西成覚、一念義の元祖、聖光鎮西義の元祖、隆寛長楽寺の多念義の元祖、証空善恵坊、西山義の元祖、長西九品寺の諸行本願義の元祖これ有り。門徒数千万、上足はこの五人なり。その外に一人有り。選択集を付す」と記している。この五人の筆頭には幸西（一一六三―一二四七）が掲げられているが、これは『浄土源流章』が法然の弟子の思想を記述するに当たって、まず幸西に筆をおこしていることと軌を一にしていて、興味深い。おそらくその「一念義」という特異な主張にもよるのであろうが、かれが師法然の流罪のおりに遠流とさだまったことや、嘉禄の法難に際しても配流と決定したことなどが、大きく作用しているかも知れない。

次の聖光（一一六二―一二三八）は今日、浄土宗鎮西派の祖として、幸西の門流が早くから姿を消したのに対して、もっとも早く地方に教線を張った人物である。したがって法然が配流されたときは、すでに筑後にあって善導寺を興しており、法然の正流をもって任じたことは、その著『末代念仏授手印』[9]に明らかである。またこの流れは勝れた後継者良忠をえて、法然以後もっとも教勢をえたもので、日蓮が「念仏無間」と誹謗したのは、この聖光の門流である。

次に隆寛（一一四七―一二二六）は「多念義の元祖」と記されているが、その現存する

『一念多念分別事』、『自力他力事』などの著述（これらは親鸞が傾倒した著述である）からみるときは、簡単に多念義とはいいきれないものがある。毎日八万四千遍の念仏を勧めたと伝えられたことが、あるいはそうした呼称のもとになったのかも知れない。師より『選択集』の筆写を許された人物であるとともに、定昭が『弾選択』を書いて隆寛に送ったとき、『顕選択』を書いて、その非難の当たらないことを明らかにしたといい、嘉禄の法難には奥州に流されている。

その次は「西山義の祖」証空（一一七七―一二四七）である。早くより法然の門に入り、『選択集』が選述されたときには、証空が勘文の役をつとめたと伝えられる。嘉禄の法難のおりは、降寛らとともにあやうく処罰されるところであったが、誓文を書いて身の安全を得、京にあって上層階級に念仏を勧めた。その念仏は極めて天台的な性格をもつものといえるが、それは叡山の僧たちが「師の法然房は諸行の頭を切る、弟子の善慧房（証空のこと）は諸行を生け取りにする」といったという言葉（選択集私記・二）にもうかがえるようである。諸行を念仏のなかに収めとって、その所を与え、これらをそれとして許容しようとする、いわゆる天台の開会《かいえ》的解釈がなされているとみられる。この門流は今日も浄土宗西山派として伝えられている。

最後の長西（一一八四―一二六六）は「諸行本願義」といわれるように、法然の代表的な弟子のなかではもっとも念仏門を聖道門に近づけたひとであって、法然の念仏を逆転させたということができる。法然の流罪には師に随侍して讃岐に赴いているが、没後は泉《せん》涌寺《にゅうじ》の俊芿《しゅんじょう》（鎌倉初期の律宗復興に努力したひとで、この系統を北京律という）について天台の止観を学び、曹洞宗を開いた道元に禅を学んでいるし、証空にも師事している。洛北の九品寺《くほんじ》にいたので、この流れを九品寺流という。

以上は「上足」五人として『私聚百因縁集』が掲げたところをそのまま受けて、その簡単な素描を試みたものにすぎない。しかしほぼ法然門下において特異な存在がだれであるかは推察できると思われる。そしてここで特異な存在と思われるものこそ、もっとも法然に欠けていたものを補って、新しい念仏思想を開拓したものであり、法然がかえりみなかった『観心略要集』の流れを受けて、そのなかから新しいものを汲みとって念仏に融合させようと試みたものであった、と考えられる。そしてそれはすなわち幸西の一念義である。

邪義異端

法然の在世時代から一念義といわれる主張をしたものがいたことは、法然の伝記をしるした『法然上人行状画図』（勅修御伝、四十八巻伝などともいう）の末尾に「上人の門弟、そのかず侍し中に、宿老の世にしられたるをえらびて、その行状をしるしをはりぬ。このほか法本房行空《ぎょうくう》、成覚房幸西《じょうがくぼうこうさい》は、ともに一念義をたてて、上人の命にそむきしによりて、門徒を擯出《ひんずい》せられき」に明らかである。

行空[10]は『七箇条起請文』にも名を連らねている人物であるから、この時はまだ門弟の列に加わっていたことがわかるが、その二年後の元久三年(一二〇六)にはすでに法然の門弟のなかからはずされていたらしい。藤原長兼の日記『三長記』の元久三年二月三十日の条に院宣を掲げて、そのなかに、行空について、「沙門行空、忽ちに一念往生の義を立て、故《ことさら》に十戒毀化の業を勧め(殺したり・盗んだりすることに対する戒《いまし》めを破ってよいとするもの)、恣《ほしいまま》に余仏を謗り、その念仏行を願進せり」と記し、さらに「行空においては殊に不当に依り、源空上人、一弟より放ち了りぬ」と付記している。このときすでに美濃《みの》に住んでいたらしく、罪せられて佐渡に流されている(法水分流記)。

しかし幸西が破門されたという先の記述は虚構で、法然が配流のときも、一門のものとして遠流に処せられていることや、嘉禄の法難のときも、法然門下の隆寛・空阿弥陀仏・証空などとともに指名されていることなどからみて、明らかである。一念義の思想をとくに快く思わなかった『行状画図』の筆者舜昌(聖光の鎮西流の正統性を主張しようとしたものと見られている)によって、故意に「門弟の列にのせ」なかったもので、これは親鸞については、その名さえ記そうとしなかったことと同じ考え方に立つものといえる。そしてこのことは、同時に聖光の鎮西義がいかに一念義の思想と遠く距たっているか、ということを語るものである。

法然の手紙に「越中国光明房へつかはす御返事」(西方指南抄・下末。和語燈録・四)というものがある。この手紙は、越中の光明房が、幸西の弟子たちで一念の義を立てていたのをとどめようと考え、法然の手紙を申し受けて、これを国のひとびとに見せようと計ったことによるものである、といわれるが、(11) それにはこう書かれている。

法然の言葉によると、この「一念往生の義」は、「京中にも粗《ほぼ》流布するところ」で、「おほよそ言語道断」のものであるが、その依るところについては、「詮ずるところ、『雙巻経』の下に、『乃至一念信心歓喜』といひ、また善導和尚は『上尽一形下至十声一声等定得往生、乃至一念無有疑心』といえる、これらの文をあしくぞ、みたるともがら、大邪見に住して中候ところなり」と考えられている。しかしその主張は、わずかに「わがいふところも、信を一念にとりて念ずべきなり。しかりとて、また念ずべからずとはいはず」というう言葉に知られるだけで、これだけでは、ことさらに「十念・一念なりと執して、上尽一形を廃」したようにも見えないし、細かなことはわからない。ただ法然がこれを非難した言葉によると、「ことばは尋常なるににたりといえども、こころは邪見をはなれず。しかるゆへは、決定の信心をもて、一念してのちは、また一念せずといふとも、十悪、五逆なほさわりをなさず、いはむや余の少罪おやと信ずべきなりといふ。」このような、いわゆる造悪無碍に一念義の邪説とされる所以があったことがわかる。さきの行空の考えと似たものがあったと見られる。

しかしこの考えが、はたしていわゆる幸西の一念義を正しく伝えたものかどうかは、疑問である。すでに法然の弟子の間に異説がわかれたように、あるいは親鸞の弟子によって『歎異抄』が書かれ、本願寺三世覚如によって『改邪鈔《がいじゃしょう》』が書かれたように、幸西の主張がその弟子のなかで誤った考えを生みだしたとしても、さして奇異ではない。そして実際、幸西の一念義の正意はそのようなものではなかった、といえるようである。

いわゆる一念義というイメージは、聖光が『念仏名義集』巻中に示している三つの一念往生義によっても知られるように、邪義・邪説の印象が強い。たとえば、三万・六万の念仏は不要であって、それをするものは念仏の義を知らない「迷へる人」であり、念仏を称えなくても「一念に往生する」のである、と説き、その深義を教えると称して、起請文を書かせ、誓言をとり、そして示すことは「数返を申は一念を不レ信也。罪を怖るは本願を疑ふ也」という造悪無碍である。また一念とは、その文字を見てもわかるように、念は「人二たりが心とよ」まれるもので、一は「ひとつ」であるから、「一念と云ふは人二たりが心を一つにするとよむ」のであって、したがって「男女二人寄合て、我も人も二人が心よからん時に、一度に只一声南無阿弥陀仏と申すを一念義と」いうのである、と説くものもある。ここに至っては幼稚な俗耳にはいりやすい淫祠《いんし》邪教の類に堕したものでしかない。これは「相続開会の一念義」といわれ、肥後で行なわれたと伝えられている。

幸西と一念義

しかし幸西の一念義はこのようなものではなかった。それをもっともよく語るものは、凝然の『浄土源流章』である。このなかには幸西の今は失われて現存しない幾つかの著述が引用されていて、注目されるものが多く、同時に凝然自身の説明にもまた欠くことのできないものがある。

凝然の説くところによると、幸西のいう一念とはまず「仏智の一念」である、とおさえられている。それは、「正しくは仏心を指して念の心と為す」とされるから、凡夫の側でおこすものではない。凡夫はただ「信心」をおこすだけで、その「信心が仏智と冥会」し、その「行者の信念が仏心と相応する」のである。いわば、凡夫の心が「仏智願力の一念と契《かな》い、能所無二・信智唯一」となるのであって、この状態が持続するとき、往生が決定するのである。

これを仏の願でいえば、仏智は弥陀の四十八願の願力の所成であるから、この智は「智願」であるとされ、行者の信心はこの智願の「一乗海」に流れ入って往生するわけである。

しかしこうした冥会による「能所無二・信智唯一」という表現においては、能は行者の信心、所は仏智一念の心であるから、両者のかかわり合いはあたかも行者から仏智へと働きかけるかのように見えるが、それはそうとはいい切れない。かれの『一滞記』によると、「如来の能く度《ど》する（救うこと）はこれ心なり。心とは智なり。能く物《もの》（世に生を受けたもの）を度す。真実は唯一念の心なり。衆生、度せらるるも、これ亦心なり。心とは智なり。智をもって度する所、正門は外無し、これ即ち心。一乗は他ならず、これ即ち心なり。邪《じゃ》を捨つるも心なり、正《しょう》に帰するも心なり。……二河《にが》も亦心なり、白道《びゃくどう》も亦心なり。これ亦唯一念の心なり。これを真実心と名づけ、これを深心と名づけ、これを願心と名づく。故に云く、この三心を具すれば必ず生を得るなり」とあって、その言おうとするところは、かならずしも闡明ではないけれども、少なくともここでは、救いを働きかけるものは如来であり、それを受けるものは衆生であって、その働きかける仏「智」としての「真実」の「一念の心」が衆生に働きかけて、衆生の「智」として「心」に収まることによって、「白道」（仏であり、さとりである）としての心と「二河」（衆生であり、煩悩《ぼんのう》である）としての心とが、仏智の一念の心のうえに統合されるもののようである。そしてそうした一念の心が、開けば、衆生の三心と一つである、と示されるから、凝然もいうように、「義に約して三心有り、体を尅《よ》せば、唯一念なり」ということになるのであろう。

したがってこのようにみてくるときは、いささか曖昧ではあるが、仏の願の救いの働きかけにおいて信じ、その信がまた「願を信じ、願に詫(託カ)し、智に契う」「心」として、「仏智と冥体不二」になる、と言おうとしたものと考えられる。いわば、信を取っていえば信は能動であるが、仏の救いの心を取っていえば、この心こそ能動であり、この能動である仏智一念の心に信がかなうとき、三心も一念の心と昇華する、というのであろう。幸西が『略料簡』のなかで、この浄土門を「凡頓教」とおさえ、『称仏記』には「菩薩蔵頓教一乗海」といって、その理由として、これを「横超断四流」や「速証無疎生身」などの、善導の『観経疏玄義分』の言葉を援用しているのも、これと別のことではない。

したがってこの限りでは、かれには一念を衆生が称える一声の念仏と理解する片鱗も知られないし、まして一念で往生するといった考えも認められない。往生はどこまでも「信智唯一」の「一念」の持続である「念々相続」においてとげられると見ているし、『略料簡』によれば、「仏心と相応する時に、業成す」るといっているからである。

しかしかれはこの衆生の信（三心）を、「唯一念の心」と昇華させることによって重視したが、それと同時に称名念仏こそ仏の本願であり、往生の直接条件である、としている点は注目される。『略料簡』では、それは「本誓重願は唯名号なり」という言葉で端的に示されているが、かれはこの称名念仏に立って、『称仏記』に弥陀に化身と真身を分け、『観経』の第八像観は「仮立《けりゅう》の弥陀」であって、だからこれを行ずるものは「胎生」であるとし、『無量寿経』に説くところは「報身」であって、「別意弘願の弥陀」であり、『観経』では第九真身観である、と説くのである。凝然はこれを整理して、「像を念じ、唯《ただ》かの仏の本願に順ずるは真実の如来の本願に契《かな》うに非ず。報仏を称念すれば正しく本願に契う。超凡の直因、初地の妙業なり」といっているのである。こうしてその称名の上で、さらに「三業不離」が説かれてくる。

さて以上は『浄土源流章』による幸西の念仏の大概であるが、ここでは信と称名との関係は明確ではない。信がそのまま称名となってあらわれ、さらに三業不離となるようであるが、凝然の説明の言葉には、「称名念仏を生因の願と」する「第十八願」は「ただ仏名を称するなり。身意の業に非ず」といっていて、両者の結びつきははっきりしない。浄土の三経を取る理由について「大経（無量寿経）を用うるは本願を取るが為なり、観経を用うるは称名に帰するが為なり、小経（阿弥陀経）を用うるは仏証（諸仏の証明）を取るが為なり」といっている凝然の説明にしても、これを知る手だてにはならない。ただ幸西がとくに善導の『観経疏玄義分』をとって、その注釈である『玄義分抄』を著わしている事実に着目するとき、この称名の重視を知ることができ、その称名が一念と示されていることを通して、信とのつながりを強くうかがうことができる。それは次のような言葉を通して理解できると思われる。

その一つは、たとえば『玄義分』の「亦念仏三昧を以て宗と為す」とあるのを注釈して、「三部の経旨、正く称名念仏を宗とす」、「但定善を廃して散善を立し、衆行を毀して念仏を讃する事は、今経（観経）の肝心、三部の骨目なり」、「雖然《しかりといえども》念仏三昧の一宗に至ては諸師のいまだしらざるところ也、是《これ》仏の密意弘深にして教門暁《さと》り難く三賢十聖も測て闚所に非ざるが故也、然《しかる》に今両宗を弁じて教を立する事は、正く如来の密意を開し御すものなり、其《その》密意云何《いかん》とならば、観仏三昧を廃して仮宗の諸門を塞ぎ、念仏三昧を立して真宗の正門を開かむと也」（宗旨門）といっているもので、ここでは三経の説くところも、仏の密意も、称名（善導では念仏は称名念仏、観仏は観想念仏である）にあることが明白である。

そしてその二は、たとえば、仏の総・別の二願について、「凡す諸仏の因行、惣別二種の願、皆是《これ》垂跡の利生、果後の方便也、具に法華の本跡二門、賢愚経等に説《とく》が如し、利生方便云何とならば、惣願の方便は別願のため、……別願の方便は弥陀の為め、……四十八願の方便は念仏往生の為め、十念の方便は一念の為め也、故に観経には三世諸仏浄業正因と説き、般舟三昧経には三世諸仏持是念阿弥陀仏三昧皆得成仏と云へり」（二乗門）といっていることである。ここでは一念は正しく称名であって、しかもその一念に一切が決定する一念であるから、さきに信智冥会して仏の一念の心と唯一となった一念としての信をここに読みとることができる。したがって一念は称名とそのまま一つでありつつ、念々相続することが往生決定のために求められている、といってよい。

以上によって幸西の一念義は造悪無碍を許すものでも、一念以外を不要とするものでもないことが明白である。もしそうした考えや行動があったとすれば、それは幸西を誤って理解した弟子たちにあったのであろう。親鸞が弟子たちに一念・多念の争いについて諭《さと》したことや、「くすり（弥陀の名号）あり、毒（造悪）をこのめとさふらふらんことはあるべくもさふらはず」（末燈鈔・二〇）と戒めていることを想起することができよう。

一念の思想系譜

ところで、以上述べてきた幸西の一念について、その依って立つ思想根拠がなにか、改めて考えてみる必要がある。それはかれが受けた法然の思想のなかからは窺い知ることのできない異質なものを感じさせるからである(12)。

これを考えるために少しく、溯《さかのぼ》って、この一念の思想系譜をたどってみることにする。そしてそのためにまず、先にも触れた『三十四箇事書』が示している一念に関する説を眺めてみよう。

ここで一念が語られているのは、先にも示した「一念成仏事」で、一念は「一念の頃」として、時間と理解されている。この考え方は念仏としては遠く溯って、源信が「有るひと云く」「一念と為す」（往生要集、第十章、第五）として紹介した、千観の「六字を経るの頃を名づけて一念と為す」（十願発心記、第一願）にまで、あるいは師の良源にまでたどれるが、しかしこの「一念成仏」がいう一念は、十念と対応した一念ではないから、単に時間的に捉えられたものではない。すでに「即解即行即証」する「一念の頃」であって、むしろ時間を超えたところで把握される一念である、と見ることが可能である。そしてさらにこのことはいわゆる一念三千といった観心と別の一念ではないし、また「衆生の一念の心」（一心三観三観一心事）でもあるから、理と事（抽象と具体、理念と実践）との二面をふまえた一念と見られる。

このような考え方は『三十四箇事書』と相前後する時期に書かれたと推定されている[13]『五部血脈《ごぶけちみやく》』の「一念成仏義」、『天台法華宗牛頭《ごず》法門要纂《さん》』の「即身成仏」などにも見えるところで、前者の「成仏を一念に期し」、「本覚の法身を顕わして修証を仮らず、心性の仏体を証して時節を経ず」といっていることなど、その一例である。

ところで、ここにいう一念はどこまでも衆生の側のものであり、「衆生一念介爾《けに》の心（日常普通に起こす迷いの心）」（同、顕本事）であって、その一念において「即解即行即証」

するのであるが、それはここではまだ観心とはいっても法華のなかの観心として把握されていた。しかしこの観心は『自行念仏問答』ではすでに法華から独立しているから、一念もまたその上で捉えられたもので、たとえば、『摩訶止観』の言を引用して、「故に衆生介爾の一念に、三千の性相、歴歴として備わる事、法華の本門には尚《なお》顕われず。況や迹門をや。何ぞ況や爾前《にぜん》の諸経をや。故に今の文意、四種の釈中、第四の観心の意なり」（第九問）といっているものは、それを語っている。したがってまた成仏についても、「今摩訶止観の心は、ただわが初一念の心即ち仏と謂うなり。全て二念を隔てず。故に成仏の事、速疾なり」（第十一問）と示しているもので、観心止観の問題をはずせば、『三十四箇事書』と大差はない。ただこの一念が『自行念仏問答』では信としても捉えられていることを留意しなければならない。それは端的には「一念信」（『法華経』の「一念信解」と切り離して言われている）という表現に知られるだけであるが、観心という行としての一念に、さらに信としての一念を加える萌芽を見出すことができるようである。

信を仏道修行の初門として採り上げた長い時間の経過の後、院政期にはいってから異常なほど諸宗の学匠たちがこれを重視し、強調したことはすでに明らかなところであるけれども、それがここに至って、成仏の捷径にまで高められたことを知るのである。こうした信の重視は表現はこれほど闡明ではないとしても、『天台法華宗牛頭法門要纂』にもその片鱗を見ることができる(14)。

しかしこれらはどこまでも、一念を衆生の側において、仏のものとはしない。それが幸西においては仏の一念とされたところに、かつてない大きな飛躍(本覚門の機械的な思考法からの飛躍)がなされたといわなくてはならない。これは、従来の口伝法門がとって来た本覚としての一念を、もう一度衆生から仏にかえして、その一念を仏のものとして、それが仏から衆生の信を通して改めて与えられる、という論理につくりかえたのである。したがって一念は仏に推し上げられ、信だけが衆生の手に残る。言いかえれば、幸西は一念信として一つに結ばれるに至ったものを二分して、その結果、信を衆生のものとして強調することになった、ともいえる。ただこの一念が称名ともとられたときは、その称名はそのまま信であるから、信と行とは一枚となって動くはずである。それは切り離せない一つのものと考えられたに違いない。

以上によって、法然門下の幸西の一念義が、念仏は法然に受けながら、他方に天台の口伝法門の影響を強く吸収していたことを述べた。しかしこうした一念義のほかに、もう一人、長く公の法然の伝記から忘れられていた親鸞を加えておかなければならない。かれもまた鎮西流のひとたちからは一念義と貶称された一人なのである。

親鸞

親鸞（一一七三―一二六二）の家系については一応、下級貴族であった日野有範の子とする説が行なわれている。九歳で出家してから、二十年の間、叡山の僧として過ごしているが、僧としての地位は低く、横川の堂僧であったことが知られている（恵信尼消息。これは、親鸞の妻の恵信尼が親鸞の没後、末娘の覚信尼に書き送った手紙を集めたもの）。これを常行堂の堂僧と解する説が強いが、法華堂の堂僧と見ることもできる。二十九歳のとき、後世を祈る道を求めて、俗塵にまみれた叡山をのがれようと、当時今様に「観音験《しるし》を見する寺」と詠われた、京の六角堂にかよいつづけて夢の告げを得、以来、東山吉水の法然の門にはいった（同）。

こうしてかれは専修念仏のひととなったが、その後、三十三歳の元久二年（一二〇五）、とくに選ばれて『選択集』の筆写を許され、さらに師法然の「真影」を拝借して、これを図画することを許されている。このことはかれが門下の逸才であったことを語るかもしれない。しかしむしろ地味で平凡な浄行の僧として専修念仏にはげんだものと思われる。ただ易行の念仏が法然の教化によって都鄙の道俗のあいだに急速に浸透するとともに、それにつれて門弟のなかには他宗を軽視し、念仏さえ行なえば、どんな罪も往生のさわりとはならないなどといった理解を生じて、道を逸脱するものが現われた結果、旧仏教側から指弾されるに至り、元久元年以来すでに起こっていた念仏停止の圧力はついに承元元年（一二〇七）の法難と発展したため、親鸞も師法然以下数人の僧とともに罪科に処せられることとなった。かれはこの時、越後に流されているが、なかには死罪になったものさえいたのである。

かれはこのとき以来、みずから「禿」の字をもって姓とし、「非僧非俗（実は半僧半俗）」の身となり、越後に流された後、そこで土地の三善氏に仕えていた女、のちの恵信尼と結婚した。親鸞の結婚はつとに注目されるものであるが、それはさかのぼっていえば、六角堂の夢の告げに予見されていたことともいえるもので、その夢の告げを記した「親鸞夢記」には、夢に救世《くぜ》観音があらわれて、観音みずから女身に身を託して念仏の行者と結ばれ、臨終には極楽に導こう、と約束したという（親鸞伝絵・上）。そしてこの時からかれの念仏が在家主義に立つこととなったのである。

建暦元年（一二一一）、親鸞たちの罪は赦免となったが、翌年春、師法然の訃報《ふほう》をうけた親鸞は越後にそのままとどまり、その三年後には地縁・血縁をたよって、東国（関東）に移り、常陸《ひたち》（茨城県）に行って、主として稲田《いなだ》に居たようである。そしてこのころのことらしい。衆生のため「三部経」を千部読もうと思い立って、数日これを続けたが、念仏になんの不足があって経典を読もうとするのかと考えて、思い直して中止した、と伝えられている（恵信尼消息）。「三部経」の千部読誦《どくじゅ》は明らかに自力の執心である。親鸞は法然の門にはいってはじめて、自力聖道の雑行《ぞうぎょう》を捨てることができたが、それでもなお他力のなかの自力を捨てないでいる自分に、このとき始めて気付いたもののようである。こうしてかれはようやく真実の絶対他力に目覚めたと見られる。かれは流罪以来、禿をもって姓とし、非僧非俗の生活を送ってきたが、このようなことを契機として、いわゆる真の「非僧非僧」「愚禿親鸞」が誕生したものと考えられる。このことは、いわゆる「三願転入」においても認めることができる。

しかし関東での親鸞の行跡はまったくわからない。ただ、一人の山伏が親鸞に害心をおこしたけれども、かえって教化を受けて弟子となり、それが明法房である(15)、という伝が知られることと、稲田に幽居していたけれども、「道俗、跡をたづね」、「貴賤、衢《ちまた》に溢《あふ》」れた（親鸞伝絵・下）、ということがいわれているだけである。おそらくは一介の田夫として念仏に明け暮れするかたわら、布教に従う「自信教人信」の「まことの仏恩を報《むく》ゐたてまつる」（恵信尼消息・五。このなかには、寛喜三年四月、親鸞が風邪をひいて、「三部経」千部読誦の夢を見たことが語られている）生活を送ったことであろう。『門侶交名帖《もんりょきょうみょうちょう》』や『二十四輩』などの記録に知られる関東在住の弟子たちの存在はこの間の親鸞の行動の広さをかたるもので、それによれば、かれの教化は常陸・下総《しもふさ》（千葉・茨城県）、下野《しもつけ》（栃木県）、武蔵《むさし》（東京都・神奈川・埼玉県）、奥州などに及んでいる。

そしてこの間、元仁《げんにん》元年（一二二四）から、かれの主著である『顕浄土真実教行証文類《きょうぎょうしょうもんるい》』（略して『教行信証』）が書きはじめられたといわれる。ただこの著述年代については異論が多く、まだ結論を見ない。しかし一つだけいえることは現存のいわゆる「坂東本」といわれる『教行信証』ができ上がるまえに、その原初形態のものが書かれ、それが増広加筆されて、今日見るような体裁のものに作られていった、ということである。(16) しかし今日見ることができるものも、まだ未完成な部分を多分に残している、とみられる。

さて、かの「三部経」千部読誦の夢を見た寛喜三年（一二三一）を余りくだらないころ、親鸞は京都に帰った。その理由はさだかでないけれども、京都でのかれの生活が、伝道よりも著述に重点を置いたもののように見えることや、貞応三年（一二二四）以後あいついでおこった念仏弾圧と法然門下の異端邪説などを考えあわせるとき、かれはあえて京都での生きた現実のいきづまる体感を通すことによって、師法然が説き示した念仏の正道を著述のなかに吐露しようと決意した、そのためではなかったかと思われる。かれは京にあっては、妻子とも別かれ（恵信尼たちは越後に帰っている）、末娘（のちの覚信尼）と二人だけで、関東の門弟たちの仕送りを受けて、細々とした生活を送ったようである。そのことは、かれが門弟たちに書き送った手紙（今日、『末燈鈔』・『御消息集』・『血脈文集《けちみゃくもんじゅう》』などとなって整理されている）に明らかで、かれはまたこれらの手紙を通して、門弟の信仰をやさしく見守り、教え導いている。

しかしこのような門弟との心の交流をかき乱した事件がこの間におこった。それは関東における念仏弾圧とそれと関連した弟子性信らにまつわる訴訟、およびそれらに陰に陽に関係をもった親鸞の実子善鸞の異義事件である。善鸞は父からとくに夜ひそかに念仏の心髄をさずかったと詐称して、関東在住の門弟たちのあいだに動揺と混乱をまきおこし、他方、幕府その他の権力者をそそのかして、門弟たちに政治的圧力を加えさせたもののようである。このことは親鸞をして親子の縁を断ち切らせるに至っている。晩年の親鸞にとってもっとも悲しい事件である。

最後に親鸞にはかなり多くの著述が残っている。『教行信証』六巻を始めとして、『浄土和讃』・『高僧和讃』・『正像末和讃』などの和讃や、『尊号真像銘文』・『唯信鈔文意』などの和語の著述、その他がある。

親鸞の念仏思想

親鸞の念仏思想はきわめて豊富な内容を含んでいて、多彩である。そこにまた過去の思想を克服して、念仏に新しい息吹を与えた画期的な意味が認められる。

いまその思想を幾つかの焦点にしぼっていうと、まず注目されることは、念仏の教えも、念仏という行も、念仏に対する信心も、さらに念仏によるさとりも、すべては阿弥陀仏より「真実」として与えられた、「廻向」されたものである、という点であろう。かれはこれを「それ真宗の教・行・信・証を案ずれば、如来大悲の回向の利益なり。故に若しは因、若しは果、一事として阿弥陀如来の清浄願心の廻向成就したまえる所に非ざること、有ること無し」（証巻）という言葉で示しているが、しかしこの廻向は実は「往相」の廻向とよばれるものであって、廻向としてはその一面に止まる。それには浄土に生まれたあと、この世に立ちかえって、世の救いのはたらきに参加する、もう一つの面がある。かれはこれを「還相」の廻向と呼んで、この二つに仏の利他の正意があるとした。そしてこれが親鸞の主著、『教行信証』全体の命題であって、親鸞がこの書を書いたのは、このことを論証するためである、といっても過言ではない。それはこの書に点綴されている親鸞の言葉の随所にたたみこまれている。

ところで、この如来の廻向は、言葉をかえていえば、本願の他力であるが、その他力をもっともよく現わしているものは、「謹んで往相の廻向を按ずるに、大行有り、大信有り」（行巻）と示された、称名念仏としての行と、その念仏にこめられた仏の救いに対する信心とである。それらは大行・大信と呼ばれるように、仏のものであって、衆生のものではないから、すでにこの表現のなかに親鸞の他力の意味が躍如としているのである。

いまこれを少しく細説すると、かれはまず行としての称名について、これを「浄土真実の行、選択本願の行」と呼んで、それは第十七の「諸仏称名の願」の成就した名号として衆生に与えられたものである、とした。いわば、諸仏の称揚・讃歎する阿弥陀仏の名を聞かせたいという仏の願いと、その名号にすでに南無阿弥陀仏と帰依する衆生のすがたが誓われている、そうした名号を、衆生はこの第十七願の成就によって与えられている、と見たのである。

したがってこの大行が「諸の善法を摂し、諸の徳本を具せり。極速円満す。真如一実の功徳宝海なり」といわれるのは当然であるが、こうした救いの事実を親鸞はさらに詳細に、善導の南無阿弥陀仏の六字に対する注釈（玄義分）を手掛りとして、こう説明している。

まず善導が南無とは帰命であり、発願廻向の義であると説明したことを取って、帰とは「よりたのむ」「よりかかる」の意、命とは「教」「召」などの意と解し、「帰命とは本願招喚の勅命」であると説き、また発願廻向については「如来已に発願して、衆生の行を廻施したまうの心」であるとした。だからここでは、南無は衆生の側の心ではなく、仏が衆生に呼びかける救いの心であり、衆生の救われる行を与えようとする心である、ということになる。また善導が阿弥陀仏を説明して「即ちこれその行（即是其行）」といっていることに対しては、これはとりもなおさず「選択本願」そのものである、とした。いわば善導は阿弥陀仏を衆生の浄土に往生する行として示したのであるが、それを、「選択本願」という救いの行として凝収したのである。

したがってこのように見るかぎりでは、六字の称名念仏は衆生の称える念仏ではあっても、仏はこれを、すでに衆生を救いとって捨てない仏の救いの行として与えている、と考えられていることになる。いってみれば、衆生はこの救いの呼び声を諸仏の讃歎を通して聞くことによって、一片の疑心もなく信じて、念仏するのである。だから、衆生はどこまでもみずからの力において、「自力の行」としてこの念仏をさとりに廻向するのではない。親鸞は、こうした仏の真実に包まれた念仏を「不廻向の行と名づけ」ている。

しかしこのような念仏における自力性の克服は、「大信」の理解においてさらに顕著である。かれは、衆生の信心が仏から与えられたものであって、衆生の自力の信ではないとし、このことは仏の第十八願に示されている、とする。したがってこの点において、かれの第十八願の理解はきわめて特異な解釈を展開することになる。いまこれを『尊号真像銘文』（広本）の言葉によって語らせると、そこには、衆生のものとして示された「至心信楽欲生我国乃至十念」の言葉を、こう説明している。その一端を示すと、

至心信楽といふは、至心は真実とまふすなり。真実とまふすは如来の御ちかひの真実

なるを至心とまふすなり。煩悩具足の衆生はもとより真実の心なし、清浄の心なし、濁悪邪見のゆへなり。信楽といふは、如来の本願真実にましますを、ふたごころなくふかく信じてうたがはざれば、信楽とまふす也。この至心信楽は、すなわち十方の衆生をして、わが真実なる誓願を信楽すべし、とすすめたまへる御ちかひの至心信楽也。凡夫自力のこころにはあらず。欲生我国といふは、他力の至心信楽のこころをもて安楽浄土にむまれむとおもへと也[17]。

とある。ここでは「至心」が「真実」であるかぎりにおいて、すでに煩悩具足の衆生のものではないから、すべて仏の真実の誓いの心にほかならないのであって、その信じて疑わない心が衆生の心に芽生えるのは、仏の誓いの力が働いて、そうさせたからである、という意がよく語られている。おのずから「乃至十念」の意も、仏の誓いをたまわった以上は、「ただ如来の至心信楽をふかくたのむべし」ということである、と解することになる。

このような他力の信の理解は、第十八願の「成就文」にもうかがえる。そこでは従来「諸有の衆生、その名号を聞いて信心歓喜し、乃至一念して、至心に廻向し、かの国に生まれんと願わば」と読まれてきた「至心廻向」の部分に、「至心《ニ》回向《セシメタマヘリ》」という送り仮名をつけて読まれている。すなわちその「回向」が仏の側からのものであることを示すことによって、それまでの前文の意味するところをすべて仏による廻向と捉えたのである。

この読み方は、よく行も信も仏の廻向によることを伝えて、じゅうぶんである。かれにとっては、「若しは行、若しは信、一事として阿弥陀如来の清浄願心の廻向成就したまう所に非ざること、有ること無し」(信巻)なのである。

このように見るかぎり、師の法然や幸西と、どのような差異が生じているか、もはや極めて明白である。価値評価の基準はすべて仏の側に移しかえられているからである。

法然では、念仏は正定の業として往生の最要とされ、衆生は仏の誓いを信じて、その名を称えればよい、と説かれた。したがってそのかぎりでは行も信も衆生のものであった。その点、幸西は衆生の側の行・信をいったんは仏のものに転化したかに見える。それは「一念」を「仏智の一念」としたことにうかがわれるが、しかしその「一念」がかならずしも行・信の二つを包みとっていないことは、「凡夫の信心が仏智と冥会」すると考えた(浄土源流章)ところに明らかである。信心はやはり衆生のものとして確保されていた。しかもこの信心が幸西では仏への能動的なはたらきかけとして理解されていたものであって、かれは「能所無二、信智唯一」(同)といった形でこれを捉えていたのである。

しかし親鸞では、そうした行も信もすべて仏の側からの廻向と理解されたから、その意味では明らかに師の法然を超え、法兄の幸西をも超えた、ということができる。そしてそれはまた、言葉を換えていえば、源信以来の『往生要集』を中心とする念仏の観想的な一面を、善導の称名念仏によって克服しようとした法然の念仏に対する反省であり、同時に、源信以後、ようやく著しい成長を遂げた天台本覚門思想の、念仏門における正しい発展に寄与した幸西を、より進展させたものでもあったのである。したがって思想史的には、親鸞の念仏は辿るところに辿りついた、一つの頂点ということができるが、このような百八十度の転回の底にながれているものが深い自己反省によるものであることも、注意されてよい。

その自己反省は、たとえば『正像末和讃』の「愚禿悲歎述懐」にきわめて鮮やかであるけれども、その反省を信との関係において捉えるときは、先にも示した、「至心」としての「真実の心」は「煩悩具足の衆生」のものではない、という理解である。この考え方は、かの善導の「三心」の解釈(散善義)を採用した『教行信証』信巻や『愚禿鈔』巻下にも窺えるもので、とくに「三心」のなかの「至誠心」の解釈を引用した部分には、「真実」としての「至誠心」は仏の「真実心の中に」おいてなされ、衆生はもともと「内に虚仮を懐」くほかないものである、というように読みかえられている点が注目される。そしてこのような読みかえを通すかぎりにおいて、かの「二種深信」の引用も当然、新たな意味をもって蘇《よみがえ》るのである。それはかつて盛られたことのない新しい意味であったと考えられる。その意味では、親鸞は、ついに救われることのない、「出離の縁有ること無き」「罪悪生死の凡夫」であることを「深く信ず」る、その絶望を通して、仏の救いの絶対性を信ずることができた、といえよう。『歎異抄』にいう「他力をたのみたてまつる悪人、もとも往生の正因なり」(19)（第三）という表現も、これに応ずるものである。

さてこのように、親鸞は行と信とを仏から廻向されたものと受け取ったが、この二つの関係については、一つのものの二つの面として捉えているようである。それは「一念」という言葉の理解に窺えるものであって、その端的なものは行巻に見える「凡そ往相回向の行信に就いて、行に則ち一念有り、また信に一念有り」という表現であろう。このうち、行の一念は当然、一声の念仏で、これを親鸞は『無量寿経』巻下「流通文《るずうもん》」の「歓喜踊躍、乃至一念」とある一念に求めているが、信の一念については、その拠りどころを「願成就文」の「信心歓喜、乃至一念」に求め、これによって、信とは一思《ひとおも》いの信心であり、二心のない信心である、という二つの面から捉えている。前者は仏から信を頂くその時を捉えていったもので、すなわち「信楽開発《かいほつ》の時尅《じこく》の極促《ごくそく》を顕す」（信巻・末）とし、後者はその信のすがたについていったもので、「信心に二心無きが故に一念と曰《い》う。これを一心と名づく」（同）といっているところに明らかである。そしてこの一心としての信心はひらけば、第十八願の「至心・信楽・欲生」の三心であり、その三心はともに疑いのすべてをまじえていないから、またそのまま一心である、と示されている。

ところで、このような一念の捉え方はまた、その依って立つところに従って、信と行との、往生の正因としての比重の重さにも関係し、どちらかといえば、行よりも信に往生の重点を置き、信が先行し、行が伴うといった関係を認めることができる。「煩悩成就の凡夫、生死罪濁の羣萌《ぐんもう》（ひとびと）、往相回向の心行（信と行）を獲《う》れば、即の時に大乗正定聚の数に入るなり」（証巻）とあるが、こうした並列的表現は、どこまでもその差異を論外にして述べられたものであって、あえて言えば、信は内因、行は内縁とでも言うことができようか。親鸞の言によって示せば、行を論じて、「この行信に帰命する者は摂取して捨てたまわず」といいつつ、そのすぐ後で、「信心の業識《ごっしき》に非ずば、光明土に到ること無し。真実信の業識、これ則ち内因と為す」（行巻）といっていることなど、その一端を語るものであろう。

したがって、信心こそは往生の正因である。だから親鸞はこれを行巻の「正信念仏偈」のなかで、「往還の回向は他力に依る　正定の因はただ信心なり（原文では「往還回向由二他力一　正定之因唯信心」と詠われている）」といい、信巻では三心が一心であることを論じたなかで、「愚鈍の衆生をして、解了し易からしめんが為に、弥陀如来、三心を発《おこ》したもうと雖も、涅槃の真因はただ信心を以てす」と示したのである。正定聚の因も、涅槃の因も、ただ如来の廻向の信心である、とする親鸞の心はここに明らかである。そしてこれは、浄土教の長い歴史の道程が信を重視しつつ、到達できなかった卓越した一つの頂点を示すものである、ということができるのである。

さてこのように見てきて、ここでもう一つ触れておかねばならないのは、称名念仏について、これを仏の誓いの恩に報ずるものとも見られた点である。

それを示すものはたとえば、「正信偈」の竜樹を詠《よ》んだ部分の、「ただ能く常に如来の号を称して大悲弘誓の恩を報ずべし」といった表現であるが、ただ親鸞の原文では、この「報ずべし」の箇所に、「トイヘリ」という送り仮名（原文は「応報大悲弘誓恩」で、その「応」の右に「シトイヘリ」とある）が書き加えられていることは、注意を引く。これは親鸞みずから自分の言葉でないことを示したものであるから、これを親鸞の思想と取ることができるのは、竜樹の言葉を通して親鸞がみずからの思想を語ろうとしたと理解できるかぎりにおいてである。そしてこれはそう理解することが許されるから、称名を報恩の行ともみたとすることが、ここに新たに付け加えられたことになるが、それでは「大行」としての称名と報恩としての称名との関係はどうなるか、という問題がおこってくるはずである。しかしこれについては親鸞では明らかにされていないうらみがある。それは一つには、さきの「トイヘリ」が語るように、まだじゅうぶん思想的に整理されない段階に止まっていたためであろうし、また報恩はただ称名のみではなかったからでもあろう。『浄土和讃』

に詠まれている幾つかのものは、それを語っている。[20]

このように親鸞には、かつてない思想の展開が認められるが、しかしそこにもう一つの飛躍があったことを見逃してはならない。それは、かの信によってえられる「正定聚」が、浄土に生まれた後のことではなくて、この土《ど》で現に生きている、この今においてえられる、と考えられたことである。この理解は、「金剛の真心を獲得した者」は「必ず現生に十種の益を獲《う》」るとして、その十番目に「入正定聚の益」をあげたこと(信巻・末)に、すでに明らかであるが、さらには正嘉元年十月十日、親鸞が関東の性信にあてた手紙では、「信心をえたるひとは、かならず正定聚のくらゐに住するがゆへに等正覚の位と申なり。……その名こそかはりたれども、正定聚・等正覚はひとつこころ、ひとつくらゐなり。等正覚とまふすくらゐは補処《ふしょ》の弥勒《みろく》とおなじくらゐなり。……しかれば弥勒におなじくらゐなれば、正定聚の人は如来とひとしとも申なり」(末燈鈔)という理解にまで発展[21]したのである。ここでは、弥勒を弥勒仏と称すると同じように、「真実信心の人は」「心はすでに如来とひとしければ、如来とひとし」というのであって、その意味において「信心のひとはその心すでにつねに浄土に居《こ》す」ということもできる、と示されている。これは従来の理解を遥かに超えたものということができよう。

従来、正定聚は、阿弥陀仏の第十一願の文の解釈によって、浄土でえられる位という理解の障壁を抜け出ることがなかった。正定聚は先の世のことであり、浄土でのことと考えられ続けてきたのである。あるいは第十一願の文の当相ではそう見るのが穏当であったかもしれない。しかし親鸞においてはすでに行も信も如来廻向のものであった。その揺らぐことのない廻向の信・行がどうして、この現生の正定衆を与えないで終わるはずがあろう。そこに、当然の帰結として、正定聚が信の与えられるその今において与えられる、とした理由がある。したがって必然的に、約束される涅槃の境界もまた如来の願力の廻向による、と考えられたのである。そしてこのように理解することによって、親鸞は、それまで浄土教がその枷《かせ》のごとく負わされてきた死後の宗教としての性格に、新たな一面を賦与することにもなったのである。

さて、親鸞は往生の正因を信心に帰したから、当然、疑心の往生を否定し、疑心の場合は他力ではなく、自力の信心であるから、生まれる浄土も方便の化土である、としたことが知られる。ただこの化土が真実の報土とはまったく別の、報土の外の世界とは考えられていない点に、特色がある。親鸞が『教行信証』の真仏土巻で、「既に以て真仮はみなこれ大悲の願海に酬報せり。故に知んぬ、報仏土なりということを」といっていることはそれを語っている。それは仮と真の差、いわば自力の信と他力の信の差が、断絶ではなくて、同じ他力のなかの自力と他力の差であることをも語っている。

しかしこれをもっと広い視野に立って捉えているものは、「三願転入」の論理であろう。これはすでに触れたように親鸞の信仰の歴程とも直接係わりをもっているが、またかれの思想の整理を語るものとしても注目されるものである。それは次のように語られている。

> ここを以て愚禿釈の鸞、論主の解義を仰ぎ、宗師の勧化に依りて、久しく万行諸善の仮門を出て、永く雙樹林下の往生を離る。善本徳本の真門に回入して偏《ひとえ》に難思往生の心を発しき。然るに今、特《まさ》に方便の真門を出でて選択の願海に転入せり。速かに難思往生の心を離れて難思議往生を遂げんと欲す。果遂《かすい》の誓い、良《まこと》に由《ゆえ》有るかな。

ここには往生には三種の差があって、それぞれに相応した修行の在り方が示されているが、これらがまたそれぞれ経としては『観経』・『阿弥陀経』・『無量寿経』に相応し、願としては第十九願・第二十願・第十八願に相応することは、『浄土三経往生文類』によって明らかである。そこでは、「観経往生」は「修諸功徳の願（第十九願）により至心発願のちかひにいりて、万善諸行の自善を廻向して、浄土を忻慕《ごんぼ》せしむる」もので、「他力の中に自力を宗致とし」ているから、「方便化土の往生」、「雙樹林下往生」である、とし、「弥陀経往生」は「植諸徳本の誓願（第二十願）によりて不果遂者の真門にいり、善本徳本の名号をえらびて、万徳諸善の少善をさしおく」が、「不可思議の仏智を疑惑して信受」しないから、わずかに「如来の尊号を称念するゆへに胎宮《たいぐう》にとどまる。徳号によるがゆへに難思往生」という、と示している。最後の「大経往生」についてはもはや贅言を要しないだろう。これだけが第十八願の真実他力の行信によるもので、真実報土の往生なのである。

さて親鸞の思想については、ほぼその意のあるところを語ったと思われるが、もう一つ加えるなら、阿弥陀仏をどう見たか、ということであろう。これについてはすでに浄土を報土としたことからも、報身であるのは当然であるが、しかしこれについては、親鸞は法性法身と方便法身という二種の法身を立てて説明していることを注意しなければならない。前者については「いろもなし、かたちもましまさず。しかればこころもおよばず、ことばもたえたり」（唯信鈔文意）と説かれているから、いわば真如そのもの、と知られる。したがって「この一如よりかたちをあらはし」たものが、「方便法身」としての「報身」阿弥陀仏ということになる。しかしこの二つが別々のものでないことは、「ひかりの御かたちにて、いろもましまさず、すなはち法性法身におなじくして、無明のやみをはらひ、悪業にさへられず、このゆゑに無量光（阿弥陀仏は無量寿仏とも無量光仏ともいわれる）とまうすなり」に明らかである。二つは一つである。親鸞はまたこれは三身の上でも説いて、「然れば弥陀如来は如より来生して、報・応・化、種種の身を示し現」わす（証巻）といい、また「久遠実成阿弥陀仏　五濁の凡愚をあわれみて　釈迦牟尼仏としめしてぞ　迦耶城には応現する」（浄土和讃）ともいっている。報身阿弥陀仏は同時に三身の仏を具えている、と考えられていたことがわかる。

かつて三身即一の弥陀が考えられてきたが、それがややもすればただの抽象的理解に走った、救いのない仏に化してしまうおそれがあったのに対して、親鸞ではそれが他力の純粋性を通して、改めて捉え直されたところに、大きな思想的発展がある、といえよう。

注

（1）法然の伝記については、その史料が多いだけに、どれが真実を語っているか、きわめて困難な問題を多く含んでいる。とくに一宗の祖師であるため、研究者も正しい史眼をややもすると失いかねない。研究書として、気のついたものをあげると、中沢見明『真宗源流史論』、田村円澄『法然上人伝の研究』、赤松俊秀『続鎌倉仏教の研究』などがある。

（2）藤原定家の『明月記』安貞元年（一二二七）七月六日の条にこうしるしている。「山門の訴え強盛なり。神輿を振うべきの由、頻りに騒動を以っての間、今日、雅親卿、陣に参じ、左大弁参じて政を結び、張本隆寛本山の僧律師、空阿弥陀仏、成覚等流罪、と云々。……善恵房上人宇都宮随逐の僧なりは、山門の訴訟、その数に入るの由、これを聞き、周章して誓状を書き、且《かつ》公家に進む。妙香院（九条兼実の第八子、良快）又《また》披陳し給う、と云云。吉水前大僧正（慈円）帰依し、臨終の善知識たりしこと、これを以て証拠と為す、と云云。」ここにいう善恵房は浄土宗西山義を開いた証空で、内大臣久我通親の猶子《ゆうし》であったことが、難をまぬがれさせたものである。

（3） 法然の著述のテクスト・クリティークは余り進んでいない。『語燈録』・『西方指南抄』あるいはその他の文献に散在するものが雑然と集められ、異本と校合されて、全集の名のもとに刊行されている現状で、細部にわたった、真撰・偽撰の判定はなされていない。わずかに田村円澄・赤松俊秀・大橋俊雄などといった諸氏によって、幾つかのものが取り上げられ、論じられているが、それにしても相互に異論がないわけではない。したがって細かなことは今後の研究に俟つよりほかはないが、わたしの考えとしてほぼいえることは、異系統の伝承が一致したものを取り上げているものは、真撰と一応認めてよいのではないか、ということである。これは一つの規準になる。そしてその上でさらに広げて真撰を確かめていくことが必要であろう。ただここでは細説のいとまがないが、このような操作によって真撰を確かめたのちに起こるのは、年代順に配列することである。いま一部でいわれるところを伝えると、著作年代を三期にわけて、第一期は『往生要集』の註釈を書いた時期、第二期は『三部経大意』を書いた時期、第三期は『三部経釈』および『選択集』を書いた時期（石井教道編『昭和新修法然上人全集』序）とする見方がある。ほぼ妥当な線ではあろうが、ただ赤松氏が『往生要集』等一連の講義を比較的後期のものとする（鎌倉仏教の課題、続鎌倉仏教の研究所収）考えは見逃せない。

（4） 法然の末法意識に二つの方向があったことは『末法燈明記』の所述についてのべたところを見てもわかる（本書第四章『末法燈明記』の成立を参照）が、また時に対する機の自覚においてもみえる（拙著・日本仏教における戒律の研究）。

（5） 法然が七万遍の念仏をとなえたことは「基親取レ信信ニ本願一之様」（正徳版漢語燈録・一〇）や「諸人伝説の詞」（元亨版和語燈録・五）に見えるが、その信憑性が稀薄であっても、基親が「五万返」の念仏をとなえたことの正否をただしたことに対して、「一分も愚意に存じ候ところにたがわず候」と返事をかいていること（西方指南抄・下本）は注意される。このような念仏の六万・七万といった専修は『建久九年記』（同上・中本。『拾遺語燈録』巻上では『三昧発得記』という）にも見える。この念仏専修は不断念仏や百万遍念仏、あるいは「浄土宗」を称した南都の永観などの励声念仏に受けるところがあったものであろう。

（6） 病悩平癒や安産を祈る授戒が行なわれたことについては、拙著『日本仏教における戒律の研究』第四章「戒観念の変容」参照。

（7） かれの念仏が古い形をそのまま許容している点については、上品往生の考えがあったことにも知られるが、またこのほかに、かれには来迎を願う臨終行儀が注目される。五色の糸をとって終わる風は源信以来一般化されて来たものであるが、法然の臨終に弟子たちが五色の糸を手にとるよう勧めていることは、法然によってこの行儀が否定されなかったことの証左である。

（8） これと同じ趣意を語って少しく舌足らずの感を与えるものは『登山状』（拾遺語燈録）の一文で、そこには、「一念・十念」や「念々不捨者」の典拠を示しつつ、次のように表現されている。「一念・十念によりて、かのくにに往生するといふは、釈尊の金言也。『観経』のあきらかなる文也。善導和尚の釈（往生礼讃）にいはく、『下至十声等定得往生、乃至一念無有疑心故名深心』といへり。又（観経疏の散善義）いはく、『行住坐臥、不問時節久近、念々不捨者、是名正定之業、順彼仏願故』といへり。しかれば、信を一念にむまるとりて、行をば一形にはげむべし、とすすむる也。」

（9）『末代念仏授手印』の終わりにはこう書かれている（浄土宗全書一〇・八下）。

于時安貞二年（一二二七）十一月二十八日申時

以㆓自筆㆒書、無時形見《ナカラントキノカタミニモ》 在御判

左手印

右手印

授手印

源空

弁阿

念阿

嘉禎第三歳（一二三七）卯月十日巳時

沙門弁阿 在御判

弁阿は聖光房弁長で、念阿は良忠のことである。左右の手の印を押すことは師資相承を語るもので、密教的な性格を受けたものといえる。

（10）行空の一念義の思想的内容については、余り知られていない。『浄土宗要集』巻五に「法本房ノ云、念者ト思ヒトヨム。サレバ非ズ二称名一ニハ」といっているものは、その僅かなものの一つである。他に『末代念仏授手印』にも見えるが、直接、関係はない。

（11）この手紙が「光明房」宛のものであることは、『西方指南抄』に付記されているところで、『和語燈録』にはない。ただ『漢語燈録』巻十には「北陸道に遣《つかわ》す書状」（北越書）というものがあって、内容は多少違うが、一念義を停止させようとしたものであることは同じである。ここでも、この邪説を説いたものの名は知られないが、この方は、法然の門弟二十人のうち、この「秘義」「深法」をさとった「利根の輩は僅かに五人」で、そのなかの一人であると公言し、この義こそは「上人己心《こしん》中の奥義」であるといった、と記している。また「承元三年己巳六月十九日」の日付が記されていて、これを信ずれば、法然が赦免により四国を去って、摂津の勝尾寺に滞在していたときの手紙ということになる。しかし真偽はさだかでない。

（12）一念義については、拙稿「一念義の周辺」（仏教学研究・一八・一九）および「一念義と口伝法門」（伝道院紀要・一二）など参照。

（13）硲慈弘「日本天台口伝法門の発生及び発達管見」（日本仏教の開展とその基調・下）参照。

（14）「第七煩悩菩提」の条に「心性の本源は凡聖一如にして二如無し。これを本覚如来と名づく。……三世の諸仏はこの理を知らしめんが為に応用を三土に垂れ、……この道に趣向せんとする者は信心を以て源と為す」といっているのは、それである。

(15)『末燈鈔』第十九通、建長四年二月二十四日付の手紙に、明法房の往生のことが語られている。

(16)『教行信証』の成立については、赤松俊秀「教行信証の成立と改訂について」（続鎌倉仏教の研究）が詳細な論証を展開しているが、これで終わってはいない。細い点ではさまざまな論議があって、まだ帰趨を知らない、といった方が穏当だろう。

(17)このように、「真実」を仏の側のものとする理解は、善導の「三心」釈の「至誠心」の部分（散善義）を引用した場合にも、顕著である。すなわち、善導の「至誠心」の釈には、衆生の行為について、「必ず須《すべから》く真実心の中に作すべし（原文では「必須二真実心中作一」とある）」と書かれているが、親鸞はこれを「真実心の中に作したまへるを須《もち》いること」と読んだのである。「真実心の中に作」すことができるのは、仏だけである、という理解が、ここにうかがえる（教行信証・信巻・本。愚禿鈔・下）。

(18)この部分は、原文では「不レ得下外現二賢善精進之相一、内懐中虚仮上」と書かれているから、法然では「外に賢善精進の相を現じて、内には虚仮をいだく事なかれ」（往生大要抄）というように読まれているが、親鸞はこの文を二つに切って、「外に賢善精進の相を現ずることを得ざれ。内に虚仮を懐いて」（信巻・本）と読むか、あるいは「内に虚仮を懐けばなり」（愚禿鈔・下）と読んだのである。

(19)拙著『歎異抄・執持鈔』参照。

(20)「弥陀の名号となへつつ　信心まことにうるひとは　憶念の心つねにして　仏恩報ずるおもひあり」、「仏慧功徳をほめしめて　十方の有縁にきかしめん　信心すでにえんひとはつねに仏恩報ずべし」などは、それを語っている。

(21)信巻末に、弥勒と等しいことをのべて、「念仏衆生は横超の金剛心を窮むるが故に、臨終一念の夕、大般涅槃を超証す。故に便同と曰う」といい、この「便同」について、『一念多念文意』には「便はすなわちといふ、たよりといふ。信心の方便によりてすなわち正定聚のくらいに住せしめたまふがゆへにとなり。同はおなじきなりといふ。念仏の人は無上涅槃にいたること、弥勒におなじきひとゝまふすなり」とある。また関東の同行、浄信に与えた二月二十五日（年次不明）付の手紙には「諸仏等同と云事」という標題が付けられ、「まことの信心の人をば諸仏とひとし」というむねが語られている（末燈鈔・第七）。

第八章　結　語

本書は叙述の筆を親鸞にとどめ、中心を日本浄土教に置いて、それが移植と定着を経過したあと、どのように時の流れに動かされながら新たな展開を求めていったか、その移り行く思想の動きを扱った。主として思想に焦点を当てたから、それだけ他の面は手薄になったが、しかし必要な範囲でこれを明らかにしようと努めておいた。

ただ叙述を親鸞で終わったのは、限られた紙数を遥かに越えてしまったばかりでなく、さらに筆を進める場合は、また別の扱い方が必要になってくると考えたからである。それには法然・幸西・親鸞と結ぶ線を考えること自体が問題であって、むしろ法然を一つのピークとして、その下に輩出した、多くの流れを異にした弟子たちを同じように扱っていくことが求められるし、また一遍の時宗にも及んでいくのが当然である。そして執筆の当初はそう考えていたのであるが、書き進めていくうちに、紙数の関係から、法然以後は扱い方を変えて、このような形で扱うことにした。

しかしこれによって、源信以後の念仏思想の動きが、法然にどのように受け継がれ、親鸞に繋がっていったか、といった問題の捉え方をする場合は、夾雑的な雑多な問題の介在する余地を奪って、かえって都合がよいのではないか、ということができる。少なくとも、親鸞の念仏思想の独創性に目を塞がないかぎり、これを一つのピークと認めることができるし、親鸞にたどりつかないで浄土教の展開を解明したとはいえないから、ここまで叙述を進めるとすれば、上記のような捉え方は親鸞の思想を明らかにするには、必要な方法であったと考えている。

そしてその結果、本書によって、源信以後、念仏思想が、一方においては『往生要集』の影響を受けて、それに押し流され、その流れから抜け出ることができなかったことを明らかにすることができた、と思う。いかに多くが『往生要集』の亜流に甘んずるほかなかったか、それは臨終の重視一つを見ても明らかである。しかし同時にまた『往生要集』の示した、愚かなもののための称名念仏が少しずつ開拓されていったことも事実であって、これもまた明らかにされたと思う。それは念仏を称名一本に純化しようとする努力の方向をたどるものであって、それを最後になしとげたのが法然である。

ただ法然がこれを善導の名のもとに行なったことは、かれ自身を束縛する結果をもたらした。「偏依善導一師」という旗幟は、シナ浄土教がたどりえた偉大な成果を移植して、それを育てることになっても、そのためにかえって善導の限界を脱け出ないで、その弱点をも受けつぐことになりかねない。源信も善導の念仏に傾倒したが、それは法然ほど一辺倒ではない。それだけに、あれもこれも、といった念仏の多様性があるが、法然も二者択一の基準を善導に求めることによって、いわば他の権威に依りかかりすぎた嫌いを生じたのである。これは当然、克服されなければならないものである。そこに法然の弟子たちの新らしい道が残されているから、おのずから多くの傑出した弟子たちを輩出することになる。

さて源信にはもう一つ、『観心略要集』および『阿弥陀経略記』の流れがある。これが本覚門思想に棹さすものであったから、これを受けて、そのなかで口伝法門系の念仏思想が醸成されていったことはすでに述べたとおりであるが、ここに焦点を当てて、法然を克服しようとしたものに幸西があることを、本書はとくに注目しようとした。その理由は他の弟子たちの克服の仕方が、親鸞との連絡をあまり感じさせないことにもあるが、より多く、源信の流れを受けた口伝法門の念仏に繋がるものを持ち、さらにその念仏思想を克服しようとする努力をも加えていたからである。その意味では、幸西の占める意義は大きい。かれはいってみれば念仏思想の三叉路に立っているのである。一つは『往生要集』から『選択集』と連なってきた路、もう一つは『略要集』と『略記』とから流れてきた口伝法門系の念仏の路、そして第三の路は親鸞へと通じていく。これを時間の流れの上でいえば、かれはまさに二つの流れの合流点にある、といえよう。かれを受けて親鸞はその流れをさらに大河にしたてていったのである。

わたしのこのような捉え方は大胆に過ぎるかもしれない。いささか巨視的でもあるが、しかしこの視点は従来なされたことがなかったから、あえて注意したいと思う。従来の浄土教思想の研究がかえりみなかったものだけに、このような視点に立った研究も許されてよいだろう。しかしそうはいいながらも、本書は多くの点において突っこみのたらない部分を残している。それは今後とも補っていかねばならないものである。そしてその上でまた、機会をえて、鎌倉仏教の浄土教も別に捉えてみたいと思っている。

解説

梯　信暁

石田瑞麿氏（一九一七〜一九九九）は日本仏教研究の第一人者であり、特に戒律と浄土教の分野で顕著な業績をのこした学者である。一九八六〜一九八七年には、著作集『日本仏教思想研究』全五巻が法藏館より刊行されている。その内容は、「戒律の研究　上・下（第一巻、第二巻）」「思想と歴史（第三巻）」「浄土教思想（第四巻）」「仏教と文学（第五巻）」と多岐にわたる。

本書『浄土教の展開』は、著作集には収載されなかった単行書の一つで、初版は春秋社より一九六七年に刊行されている。インド・中国の浄土教を概観したのち、日本浄土教の特徴を、伝来期から鎌倉時代までを中心に論じた、浄土教教理史の総説である。以下、各章の概略ならびに特筆すべき論述を紹介してゆきたい。

第一章　序説

インドにおける浄土教の発祥、浄土三部経の内容、龍樹・世親による研究の成果、中国における浄土教教理の構築、隋唐時代さらには朝鮮新羅時代の浄土教教理研究の情勢について概観している。浄土三部経や龍樹・世親・曇鸞・道綽・善導の紹介に加えて、浄影寺慧遠や天台智顗の浄土教思想にも言及している点で、教理史の全体像を捉えるのに有益である。

第二章　浄土教の移植と定着

日本における浄土教の興隆について、飛鳥時代から平安時代前期の資料に基づいて論述している。聖徳太子に阿弥陀仏信仰があったか否かは断定できないが、七世紀の図像資料には阿弥陀仏像が散見すること、八世紀の南都諸学派で浄土教教理研究が開始されたこと、特に元興寺智光の研究成果に注目すべきこと、社会一般においては主として追善信仰の中に阿弥陀仏が登場することなどが指摘されている。また平安時代になると、比叡山において念仏の実践が隆盛となり、それが貴族社会から注目されたこと、それに応ずるように良源・千観・禅瑜・源信らが浄土教教理研究に取り組んだことなどが述べられている。仏教学の観点のみならず、文学・歴史学・美術史学などの資料を駆使して時代の情勢を捉えようとする姿勢は石田氏の特徴であり、後学が範とすべきところである。

第三章　源信をめぐる浄土教

勧学会・二十五三昧会という十世紀の比叡山で行われた念仏法会を紹介し、それと源信の活動とを関連付けるところから本章の論述が始まる。源信の『往生要集』が、時代の要請に応じて成立したことを指摘しているのである。その内容については、「正修念仏」の作願門に組織された発菩提心の教理、観察門に説かれた観想念仏の実践を概説し、さらに「助念方法」に示された往生の要行に注目し、善導の思想に依拠して「三心」の念仏を重視したところに『往生要集』の特徴があると述べている。のちに法然を輩出する素地をここに指摘したと言える。さらに「『観心略要集』と『阿弥陀経略記』」という項を設け、両書を源信の著として評価し、その特色を分析している。その中『観心略要集』については、現在では偽撰を主張する学者が多いが、石田氏は「観心」という見地から、これら両書に提示された念仏の教理を、『往生要集』の思想の展開形として位置付けている。源信は天台教学に立脚し、「観心」を頂点とする念仏の体系を提示したという見解が表明されているのである。

第四章　末法と浄土教

平安後期に隆盛となる末法思想と、浄土教との関連を論じた章である。広く諸領域の資料を用いて末法思想の実態を解明し、仏法なくしては末法の乱世を乗り切ることができないと考えた貴族の危機感と、それを緩和するための教えとしての浄土教の隆盛とが、密接な関係にあることを指摘している。加えて法滅後の教主とされる地蔵菩薩への信仰や、庶民教化の役割をはたした聖や沙弥の活動に目を向け、『末法灯明記』の存在価値などにも言及している。それらのすべてが浄土教隆盛の原動力であったと主張するのである。

第五章　院政期の諸宗浄土教

院政期の諸宗で隆盛となる浄土教教理研究の情勢を論じている。まず三論宗の永観・珍海の著述を分析し、発菩提心と十念の称名念仏とによって往生の因が成就すると説かれていることを指摘する。次いで真言宗の実範・覚鑁・仏厳の思想を分析し、三密加持と称名念仏に等しい価値を見出していること、極楽浄土と密厳浄土の一体を論じていること、順次往生を劣機のための教えとして評価していることなどを指摘している。さらに天台宗の良忍・真源・忍空の思想を分析し、観心念仏の教理が整備されたことを指摘する。本章全体の論述を貫くのは、院政期諸宗の浄土教が、すべて源信の思想を継承し展開していると見る立場であると言える。ただしそれは『往生要集』だけではなく、『観心略要集』『阿弥陀経略記』を含めた、天台教学に立脚する幅広い浄土教思想であると主張するところに本書の特徴を捉えることができる。

第六章　本覚思想と浄土教

天台本覚思想と浄土教の関係を論ずるための資料の多くは、源信の名をかたる偽書である。その中、特に『菩提要集』『真如観』『観心往生論』『菩提集』の成立について論じ、さらに「『真如観』の成立年代」「『自行念仏問答』」という二項を設けて詳細を論じている。石田氏は、『観心略要集』を源信の撰と認め、田村芳朗氏の説を根本的に修正している。その論述の基盤をなすのは、『真如観』の成立年代判定である。石田氏は『真如観』の成立を、すでに末法にはいった時期であり、しかも真言の影響を色濃く受けている状態に止まっている時期と見て、十一世紀末から十二世紀の初めと判定する。それを基準として、『菩提要集』『菩提集』をそれ以前、『観心往生論』をそれ以後に位置付け、『自行念仏問答』は十二世紀末葉の成立であると主張している。

第七章　法然・親鸞の浄土教

本書末尾に置かれたのは、法然・親鸞の思想とその背景を論ずる章である。まず法然の伝記と著述の概要を示し、次いで『選択本願念仏集』に説かれた教理の特徴について論じている。石田氏は、「選択本願」の「選択」とは取捨の意であり、「本願」すなわち第十八願に依拠して、念仏一行を選び取り、一切諸行を選び捨てることを説いた書が『選択本願念仏集』であると述べている。法然は、諸行と念仏の関係を、「助正」でも「傍正」でもなく、「廃立」と捉えたということである。次に「法然の二つの性格」という項を設け、善導を「三昧発得の人」と評価した法然は、称名念仏による三昧の発得を期待したと見ることも可能であると言う。ただし、それは副次的な性格であると言い、改めて「法然の念仏」という項を立てて法然教学の神髄を論ずる。そこで石田氏は、「助《すけ》ささぬ」つまり諸行の介入を廃除した、本願の念仏という「行」と、本願の救いを疑わない「信」とが、相応相助しなければならないと説くところに、法然の念仏の特徴があると主張している。続いて「法然の後をうけたひとたち」の項において聖光・隆寛・証空・長西らを紹介し、また「邪義異端」「幸西と一念義」「一念の思想系譜」の三項では一念義の展開を検討する。特に幸西が提唱した「仏の一念」という思想を、天台本覚思想の念仏門における正しい発展に寄与したものと評価している。その観点は、本書の帰結をなす「親鸞」「親鸞の念仏思想」二項の論述に引き継がれてゆく。石田氏は親鸞教学の特徴を「他力回向」という思想に注目して説明する。念仏の行のみならず真実の信をも他力すなわち阿弥陀仏の本願力によって回向されたものと見る立場は、親鸞の深い自己反省の上に成立した境地であると言い、それは法然教学の範疇を超え、幸西の思想を進展させたものであると主張する。加えて現生正定聚説の独自性を評価し、また独特の阿弥陀仏観に触れて、親鸞は阿弥陀仏の救済を他力の純粋性を通して捉え直した思想家であると述べている。

第八章　結語

総括として、本書の論述は、源信以降の念仏思想の動きが、法然にどのように受け継がれ、親鸞に繫がっていったかという問題意識を中心とするものであることを、改めて確認している。また源信には『往生要集』のほかに、『観心略要集』『阿弥陀経略記』という著述があり、それが天台本覚思想に連なる点にも注意が必要であると重ねて主張する。親鸞教学をその全体の流れの中に捉えるという立場が、石田氏の浄土教教理史の特徴であると言ってよい。

本書は、日本における浄土教の展開を、教理的観点から分析するとともに、それを社会一般の情勢と関連付けて評価するという、石田氏の仏教学研究の特徴が遺憾なく発揮された著述である。浄土教教理史の研究に従事するすべての学徒が、必ず読まなければならない本であることは言うまでもない。特に天台本覚思想と親鸞教学との関係についての石田氏の学説に対しては、今後も様々な議論が繰り広げられることであろう。私がここに述べた極めて狭い見識による解説に惑わされることなく、熟読いただければ幸甚である。

（大阪大谷大学名誉教授）

法蔵館文庫既刊より

価格税別

た-1-1
仏性とは何か　高崎直道著
「一切衆生悉有仏性」。はたして、すべての人にほとけになれる本性が具わっているのか。日本仏教に根本的な影響を及ぼした仏性思想を明快に解き明かす。解説＝下田正弘

1200円

い-1-1
地獄　石田瑞麿著
古代インドで発祥し、中国を経て、日本へとやってきた「地獄」。その歴史と、対概念として浮上する「極楽」について詳細に論じた恰好の概説書。解説＝末木文美士

1200円

た-3-1
改訂 歴史のなかに見る親鸞　平雅行著
数少ない確実な史料を緻密に検証することで、歴史研究者として親鸞の事蹟の真偽を究明する一方、民衆の苦難と自らの思想信条とのはざまで悩み苦しむ親鸞の姿をも描きだす。

1100円

た-7-1
法然とその時代　田村圓澄著
法然はいかにして専修念仏へ帰入するに至ったのか。否定を媒介とする法然の廻心を基軸に、歴史研究の成果を「人間」理解一般にまで昇華させた意欲的労作。解説＝坪井剛

1200円

お-2-1
来迎芸術　大串純夫著
阿弥陀来迎図や六道図等の美と信仰のあり方を、浄土教美術に影響を与えた『往生要集』の思想や迎講・仏名会等の宗教行事から考証。解説＝須藤弘敏

1200円

石田瑞麿（いしだ　みずまろ）
1917年北海道に生まれる。1941年東京帝国大学文学部印度哲学梵文学科卒業。文学博士。東海大学教授。1985年仏教伝道文化賞を受賞。著書に『日本仏教思想研究』全5巻（法藏館）、『日本仏教史』（岩波書店）、『日本人と地獄』（講談社）など多数。1999年没。

浄土教《じょうどきょう》の展開《てんかい》

二〇二五年一月一五日　初版第一刷発行

著　者　石田瑞麿
発行者　西村明高
発行所　株式会社　法藏館
京都市下京区正面通烏丸東入
郵便番号　六〇〇-八一五三
電話　〇七五-三四三-〇〇三〇（編集）
〇七五-三四三-五六五六（営業）

装幀者　熊谷博人
印刷・製本　中村印刷株式会社

ISBN 978-4-8318-2685-5　C1115

索　引

ア

イ

ウ

エ

オ

カ

キ

ク

ケ

コ

サ

シ

ス

セ

ソ

タ

マ

ミ

ム

メ

モ

ヤ

ユ

ヨ

ラ

リ

ル

レ

ロ

ワ